Das Paradies ist in dir

Maruscha Magyarosy

# Das Paradies ist in dir

Der Weisheit des Körpers vertrauen –
Lebensfreude durch Aktivierung
der Körperintelligenz

Integral

Die in diesem Buch vorgestellten Übungen sind in Kursen und Seminaren unterrichtet und ausgeführt worden. Bei gesundheitlichen Problemen können sie Rat und Hilfe eines Arztes nicht ersetzen. Autorin und Verlag übernehmen keine Haftung für Schäden, die sich aus dem Gebrauch oder evtl. Mißbrauch der in diesem Buch beschriebenen Übungen ergeben.

Erste Auflage 1999

Illustrationen: Beate Willich
Einbandgestaltung: Zembsch' Werkstatt, München

Dieses Buch ist gedacht für jene,
die den Garten Eden über den Weg des Körpers
wiederfinden möchten …

und für alle,
die ihren Körper als Ausdruck
der Höchsten Schöpferkraft
erkennen und erforschen wollen …

*In jedem Atom, in jeder Zelle des menschlichen Körpers*
*schlummert versteckt und unerkannt*
*die ganze Allwissenheit des Ewigen*
*und die ganze Allmächtigkeit des Unendlichen …*
*Der Himmel liegt im Körper,*
*in der Tiefe der Materie.*

AUROBINDO

# Inhalt

## Teil II
## Von äußerer Fitness zu *InnerFitness* mit praktischen Übungen für Körper, Seele und Bewußtsein

# Einleitung

## Wiedergeboren innerhalb des Körpers

Auf diesen ersten Seiten erlaube ich mir, den Leser mit *du* anzusprechen. Ich möchte deine Seele in deinem Körper erreichen und mit deinem Herzen, mit deinem wahren Wesen kommunizieren. Und sie bevorzugen es, mit du angesprochen zu werden, während dein Verstand eher auf *Sie* reagiert.

Vor einem Vierteljahrhundert trieb mich eine schier unerträgliche Sehnsucht aus dem Schoß meiner bürgerlichen, familiären Geborgenheit. Dieses Verlangen war wie ein Urschmerz, ein verzweifeltes, brennendes Sehnen nach etwas, das ich nicht definieren konnte. Etwas, das mich über Jahrzehnte mal hierhin, mal dorthin treiben sollte, von einem Beruf zum anderen, von einem Partner zum nächsten, von einem Guru zum anderen – von Asien über Europa bis in die USA. Immer und überall war ich auf der Suche, diesen Schmerz zu lindern, zu stillen. Manchmal wandelte er sich in Todessehnsucht, als ob ich mich selbst auslöschen wollte – fliehen in ein fernes ungreifbares Paradies, in einen Garten Eden, von dem ich glaubte, daß er niemals von dieser Welt sein konnte. Das Sterben erschien mir als rettender Ausweg: der Tod als letzte Möglichkeit, die schmerzhafte Sehnsucht endlich dauerhaft zu stillen.

Doch dann geschah etwas – es war wie eine Ironie des

Schicksals – ausgerechnet in einem Hotel mitten in der Spielhölle Las Vegas. Ich besuchte damals einen Kongreß mit dem Motto «Vom Kampf zum Spiel des Lebens», um für eine deutsche Zeitschrift darüber zu berichten. Am dritten Tag hatte ich – wie aus heiterem Himmel – einen schweren Kreislaufkollaps. Mein Brustkorb wurde plötzlich enger und enger, schnürte sich zusammen. Ich fühlte mich eingequetscht wie in einem Schraubstock, das Herz umklammert von einer Metallfaust. Panische Angst überfiel mich, Gefühle tiefster Verlassenheit und Einsamkeit. Es war gegen drei Uhr morgens. Ich war allein in meinem luxuriösen Hotelzimmer, mitten in Las Vegas. Die Schmerzen und der Druck in meinem Brustraum steigerten sich. Etwas später war mir, als ob dort ein Feuer brannte, glühend, unerträglich. Ich wollte schreien, brachte aber keinen Ton hervor. Mein Körper war wie gelähmt, um mich herum abgrundtiefe Finsternis, in mir plötzlich eine nie gekannte Todesangst. Ich hatte nur einen einzigen Gedanken: «Das muß das Sterben sein!» Und in diesem Augenblick hörte ich Swamiji (Swami Divyananda Saraswati) zu mir sprechen. Ich hatte zehn Jahre zuvor mehrere Monate lang mit ihm am Ursprung des Ganges im Himalaja gelebt. Sein Körper war jetzt in Rishikesh/Indien, doch seine Stimme erklang in mir:

**Das *Dies*seits und das *Jen*seits – beides ist in dir.**

Padma – *so nannte er mich immer* – deine immer wiederkehrende Todessehnsucht ist nichts anderes als der Wunsch, das Jenseits zu erfahren. Es ist der durchdringende Ruf aus deinen tiefsten Tiefen nach deinem wahren Wesen. Es ist nicht meine Stimme, sondern deine eigene innere Stimme, die aus deinem Herzen, aus deinem innersten Zentrum aufsteigt. Es ist die Sehnsucht nach deinem wirklichen Zuhause, nach dem Eintauchen in deine zeitlose Wahrheit hinter all dem äußeren

Schein, in deine unerschöpfliche Quelle der Liebe, die endlich aus dir strömen möchte. Du hast bereits das Erwachen in den Tiefen deiner Seele verspürt – deine Unendlichkeit, die zugleich deine Unsterblichkeit ist. Das Dies-seits und das Jen-seits, beides ist in dir. Doch ist es dir noch nicht möglich, die beiden Welten zu verbinden, die eine Welt innerhalb der anderen zu erkennen und zu leben. Die endgültige Befreiung von Geburt und Tod findest du im Hier und Jetzt, im Herzen der Welt der Erscheinungen, wenn du dich als Teil der unendlichen Schöpferkraft, als Mitschöpfer in deinem eigenen Herzen, im Herzen jeder Zelle deines Körpers – verbunden mit allem, was ist – erkannt hast. Deine jahrelange, unerträgliche Sehnsucht, deine Todessehnsucht ist ein Schrei aus dem Abgrund deiner Seele, eine Stimme, die dich erinnern möchte, endlich über deine gegenwärtigen, persönlichen Grenzen hinauszuwachsen. Sie kann von deinen Sinnen und von deinem Verstand allein niemals erfaßt werden. Der Weg ins Paradies führt nicht über den Tod, sondern über das verkörperte und gelebte Leben. Und dieses Leben heißt Liebe: Liebe und Mitgefühl, die das Diesseits mit dem Jenseits verbinden. Deine Todessehnsucht ist in Wirklichkeit die Sehnsucht nach deiner Unsterblichkeit, nach Leben, nach Liebe, nach dem wahren Leben, nach dem Leben im Hier und Jetzt …

**Der Weg ins Paradies führt nicht über den Tod, sondern über das bewußt gelebte Leben.**

In jenem fremden Hotelzimmer in Las Vegas erkannte ich auf einmal – während ich mich an der Schwelle zwischen Leben und Tod fühlte –, daß mein Nichtwissen um mein *ewiges* Leben, *um das Paradies in mir*, nur eine menschliche Kreation war, eine Verschleierung innerhalb der Grenzen von Raum und Zeit. Ich habe das wirkliche Leben, die wahre Liebe, die Unsterblichkeit niemals verloren. All dies war nur zugeschüttet von äußeren Einflüssen, Theorien und Dogmen, vergessen und vergraben hinter alten verrosteten Konzepten, Programmierungen und Glaubensmustern in meinem Inneren. Ich hatte mich verloren in der Identifikation mit der trennenden Welt der Dualität, verloren im Urschmerz der größten Wunde unseres Menschseins: der Trennung von unserem wahren Sein – vom Schöpfer und seiner verkörperten Schöpfung. Ich war zur Gefangenen geworden, verstrickt in die Identifikation mit meinen eigenen Schöpfungen.

Nach einiger Zeit erlebte ich mich und meinen Körper auf einmal wie die Form eines Kreuzes. Da war plötzlich ein Wissen in mir, verbunden mit der unmittelbaren Erfahrung, daß mein Körper gleichzeitig Schnittpunkt und Schmelztopf ist, der Ort, an dem Intellekt und Intuition, Gefühl und Verstand, das Männliche und das Weibliche, alle Elemente – Erde, Wasser, Feuer, Licht, Luft und Äther –, Licht und Finsternis und alle Planeten des Universums in einem pausenlosen Dialog stehen. Mir war, als ob innerhalb meines Körpers Zeit und Zeitlosigkeit, Fleisch und Geist, Gott und Satan, Himmel und Erde wie in einem ewigen Kreislauf miteinander kämpften, sich trennten und sich verbündeten, um wieder eins zu werden: Das «Spiel» der Schöpfung geschah in mir und durch mich selbst. Aufgrund meines Zustandes hatte ich keine andere Wahl, als mich diesem wechselndem «Kampf» und «Spiel des Lebens» hinzugeben. Und dann, ganz langsam, löste sich meine Panik. Die Angst wich einer Stille, einer tiefen Ruhe, einem Frieden, einer satten Glückseligkeit – Wahrnehmungen, die ich zuvor nur augenblicksweise hatte erleben dürfen. Es war, als ob sich in einem verborgenen Winkel meiner Seele nun eine bisher unbekannte Tür öffnete, eine Tür zu einem Raum, der jahrelang verschlossen war und der sich mit Worten nicht beschreiben läßt. Ich fand mich wieder in einem Meer von strömender

Dankbarkeit, eines der erhabensten Gefühle, die ich jemals erleben durfte. Und in diesem Augenblick wußte ich: *Ich Bin das Paradies* mitten im Spiel des Lebens.

Ich möchte dich mitnehmen auf die Entdeckungsreise zu einem zeitlosen Wissen.

In diesem Buch begegnest du uralten Traditionen und den verschiedenen daraus entstandenen Methoden, jahrhundertelang erprobt und weiterentwickelt. Wenn du dich auf diese Körper-, Atem- und Bewußtseinsübungen einläßt, ermöglichen sie dir die Einsicht und Erfahrung einer ewigen Weisheit, die in jeder deiner Zellen schlummert. Das Übungsprogramm aktiviert das Gedächtnis deiner Zellen und belebt deine DNS. Und das eröffnet dir Einblicke in die Weisheit des Universums, unterstützt dich dabei, das Wissen darüber, wo du herkommst, wer du *wirklich bist* und wo du hingehst, in dir selbst zu entschlüsseln.

**Du kannst das Wissen darüber, wo du herkommst, wo du hingehst und wer du wirklich bist, in dir selbst wieder entschlüsseln ...**

Der Widerstreit von Körper und Geist verlangt nach Aussöhnung. Dieser Prozeß kann aber nur in dir, in deinem Körper, in jeder deiner Zellen geschehen. Er beginnt tief im Innersten deines Herzens. Dein unbegrenzter Geist wird seinen Körper als verdichteten Teil seiner selbst entdecken, in dem Maße, in dem dein Körper sich der einströmenden heilenden Energie deines Geistes öffnet, sich ihr übergibt. Wenn du dir erlaubst, deinen Körper der Energie, die ihn nährt und belebt, zu übergeben – genauso wie zwei Liebende, die sich in ihrer gegenseitigen Hingabe empfangend und gebend ergänzen und erfüllen –, dann können endlich wieder Liebe und Leben in und durch deinen Körper gefeiert werden. Und das bedeutet Heilung und Freude, unendliche Lebensfreude. Und du erkennst: ICH BIN *Körper* – beseelter Körper, verkörperte Liebe.

**Und du erkennst: ICH BIN auch Körper – beseelter Körper, verkörperte Liebe.**

Dies ist eine allumfassende Erfahrung, basierend auf der Idee des «offenen Werdens» durch jene *strömende innere*

*Kraft*, die sich uns jederzeit erschließt, sobald wir uns ihr öffnen. Und das bewirkt die Lebendigkeit innerhalb deines ganzen Körpers: Kraft und Energie, die wie von selbst aus jeder deiner Zellen strömt und alle deine Sinne schärft, das schlummernde Bewußtsein in dir weckt und entfaltet, deinen Geist klärt und erhellt. Es ist die vollkommene Bewußtheit des gelebten Augenblicks: Du kannst das Leben, die Liebe spüren, hier und jetzt durch deinen Körper unmittelbar «erleiben».

Dieser Prozeß beginnt bei dir. Du wirst lernen, deine Widersprüche wahrzunehmen und sie zu einem wertfreien Ganzen zu verbinden. Du wirst dich aus der Dualität befreien, indem du sie ganz und gar akzeptierst und mit deinem wahren Wesen in ihr lebst, ohne dich dabei zu verlieren. Dann kann die Verbindung, die Integration und die Versöhnung aller polaren Kräfte in dir geschehen ... Dabei wirst du bald entdecken, daß dein Körper und dein Atem dein Reisefahrzeug und deine wertvollsten und intimsten Partner sind – und darüber hinaus auch deine weisesten Lehrmeister. Sie können im Hier und Jetzt, konkret, greif-, spür- und sichtbar, über alle Sinne erfahren werden. In deinem Bewußtsein, in deinem Körper, in jeder deiner Zellen, in der DNS sind alle zeitlosen Lebensweisheiten, das Wissen dieses Universums, alle Erfahrungen und die Erinnerungen daran gespeichert. Und du kannst sie Stufe um Stufe jedesmal wieder neu erleben – während deiner Lebensreise entlang der Spirale deines sich entfaltenden Bewußtseins durch deinen Körper.

**Hier und jetzt kannst du deine Wahrheit – das Leben, die Liebe – durch deinen Körper unmittelbar «erleiben».**

Dabei wirst du dein Gehirn als Landkarte deines Körpers entdecken und deinen Körper als Landkarte des Universums. Wie außen, so innen – wie oben, so unten! Dein lebendiger Körper in Verbindung mit deinem bewußten Atem ist das Lehrbuch zu diesem ewigen Wissen. Er ist deine «lebendige Bibliothek», jederzeit verfügbar, sobald du seine Sprache kennst, ihm zuhörst und vertraust. Dein Körper ist immer auskunftsbereit, wenn du es verstehst, das in ihm gespeicherte Wissen abzufragen und zu entschlüsseln.

**Und du entdeckst dein Gehirn als Landkarte deines Körpers – deinen Körper als Landkarte deines Gehirns.**

Die Reise, zu der ich dich einlade, beginnt im Außen und führt nach innen und – das ist das Besondere – wieder bewußt zurück vom Innen zum Außen. Auf einmal entdeckst du, daß zwischen beiden gar kein Unterschied mehr besteht: Beides ist gleich-*wertig*, gleich-*gültig*, gleich-*zeitig*. Und du fragst dich: «Was ist Spiegel, was die Spiegelung?»

*Das Paradies ist in dir* läßt dich Fragen stellen und die Antworten erfahren – tief in deinem Körper. Auf den verschiedenen Etappen und Stationen deiner Reise kann es geschehen, daß du dein «Mini-Universum» – deinen Körper – als Abbild des «Großen Universums» wahrnimmst. Du entdeckst die kreative Intelligenz, die in deinen Körperzellen zu Hause ist, die dich inspiriert und belebt. Es ist dieselbe schöpferische Intelligenz, die im gesamten Universum wirkt und deinen physischen Körper aus ihrer Essenz geformt hat. Sie ist überall – außen und innen, oben und unten. Sie ist Licht, aber genauso Schatten, der vom Licht erlöst werden möchte. Wenn du dich mit ihr vertraut machst, erkennst du, daß es die schöpferische Intelligenz ist, die dich wahrhaft heil und ganz werden läßt. Wenn du dich ihr hingibst, mit ihr verbindest, nimmst du sie als grenzenlose *Liebe* wahr – Liebe, die immer war, die immer ist und immer sein wird … Sie ist die Essenz deines Wesens.

**Liebe, die immer war, immer ist und immer sein wird … sie ist die Essenz deines Wesens.**

In diesem Buch wirst du auch dem uralten Menschheitstraum von Verjüngung und Lebensverlängerung, bis hin zu der Vorstellung physischer Unsterblichkeit begegnen. Konkrete Atemübungen lassen dich Begriffe wie *Prana* (Lebensenergie) tief innerhalb deines Körpers erfahren. Mit Hilfe einfacher praktischer Methoden entdeckst du deine Wirbelsäule als den tragenden Stamm deines kost-

**Es ist dieselbe schöpferische Intelligenz, wirksam im gesamten Universum, die deinen physischen Körper aus ihrer Essenz geformt hat.**

baren Lebensbaumes, deines Körpers. An ihrer höchsten Stelle findest du die «Geheime Pforte», die dich zu höherem Wissen führen kann, zu dem Urwissen, das du bist. Dies geschieht mit Hilfe einfacher, bewußt durchgeführter Energieübungen. Dazu gehören unter anderem das *Surya Namaskar* (der Sonnengruß), der Feuer- und Energie-Atem, Integratives Atmen sowie Bewegungsrituale und Bewußtseinsübungen, die auch für Anfänger leicht nachvollziehbar sind. Alte, überflüssig gewordene Strukturen werden sich beim Üben Schritt für Schritt auflösen, und du kannst dich immer wieder Neuem öffnen, zu der Energie werden, die du bist. In dir beginnt der erste Ansatz zur Transformation. In dir und aus dir heraus beginnen die ersten befreienden Schritte, die schließlich zu einer erweiterten Sicht von Innen und Außen, von Mikrokosmos und Makrokosmos, bis zu einem ganzheitlichen Gewahrsein führen. Die Erkenntnis verschiedener, vermeintlich unvereinbarer Aspekte in dir ermöglicht dir die Aussöhnung deiner Polaritäten, die Integration der Dualität in dir.

**Du findest dich wieder – im Herzen deines Herzens, im Kern jeder Zelle – als der Schöpfersame, als der Ursprung, der du bist.**

Dieses Buch kann dich dabei unterstützen, deinen kostbarsten Lebens-Reisebegleiter – deinen Atem und deinen menschlichen Körper – als höchsten Ausdruck schöpferischer Intelligenz wahrzunehmen. Das Übungsprogramm ermöglicht dir, lebendiger und bewußter zu werden und dich im «Orchester des Lebens» zur vollen Entfaltung zu bringen. Und vielleicht entdeckst du dabei auf einmal das «Königreich des Himmels» in dir – in deinem Körper, in jeder seiner Zellen. Denn die «Information des Himmels» wartet darauf, innerhalb deines Körpers entdeckt zu werden – als das «Garten-Eden-Mysterium» in dir. Dort – im Kern deines Wesens, im Zentrum deines Herzens, im Atomkern jeder deiner Zellen – findest du dich wieder, als den Schöpfersamen, dein Erbe, das du mit hierher gebracht hast, als den Ursprung, der du bist.

In den tiefsten Schichten deines Körpers, verkapselt in dichtester Materie, kannst du dein «verlorenes Paradies», das von dir vergessene Wissen, wieder neu entdecken und freisetzen. Dort kannst du deine «Vertreibung» erlösen. Und dabei kann es geschehen, daß du plötzlich erkennst, daß du in Wirklichkeit nie vertrieben und verlassen worden bist, sondern daß du dich immer nur selbst verloren und verlassen hast – deinen Körper von deiner Seele abgespalten und vom klaren Geist deines Bewußtseins getrennt hast. So hast du mit deinem unbewußten Körper einen häufig seelenlosen Alltag gelebt.

*Das Paradies ist in dir* unterstützt dich mit seinen verschiedenen Methoden, diese Einsicht zu erleben, und hilft dir dann mit seinem umfassenden Programm, wieder *nach Hause* zu reisen, wieder *du* zu werden, du, der oder die du wirklich bist. Schritt für Schritt lernst du, wieder *in* deinem und durch deinen Körper zu leben, von den Fußsohlen bis zu den Haarspitzen und darüber hinaus – eine Neugeburt deines Körpers, die Wiedergeburt deines Herzens und deines ganzen Wesens.

***Nach Hause reisen*** **bedeutet, dein verlorenes Paradies wieder neu zu entdecken und zu befreien. Es ist wie eine Neugeburt deines Körpers, eine Wiedergeburt deines Herzens, deines ganzen Wesens.**

*Und dann,*
*wenn alle Knoten zerreißen,*
*kannst du zu deinem Ursprung vordringen,*
*mitten in dein urtiefes Geheimnis tauchen.*
*Dieses Geheimnis aber kann weder in Dogmen*
*noch in Thesen festgehalten werden.*
*Es kann nicht gelehrt und nicht gelernt werden.*
*Es ist die Bewußtwerdung, das Aufwachen,*
*das jenseits aller Sinne und des Denkens geschieht.*
*Es ist der höchste Zustand …*

SWAMI DIVYANANDA SARASWATI

# Teil I

# Die Weisheit und Intelligenz unseres Körpers

*Die Wahrheit menschlicher Liebe kann nur im Körper erfahren werden.*
*Derjenige, der die Wahrheit des Körpers realisiert,*
*hat Zugang zu höchster Glückseligkeit.*

AUS TANTRISCHEN SCHRIFTEN

# 1 Der Strom unserer inneren Lebenskraft

*Wir suchen nicht, in den Himmel zu kommen,*
*sondern den Himmel zu «verkörpern» …*
KAHLIL GIBRAN

## Das Geheimnis der Körperbewußtheit

Ohne Körperbewußtsein sind wir gespalten in einen körperlosen Geist und in einen geistlosen, häufig kranken Körper. Wir sind getrennt von uns selbst, getrennt von der Welt. Wir haben einen Körper. Doch leben wir wirklich durch ihn? Es ist unser *ganzer* Körper, mit all seinen Sinnen, durch den wir uns selbst – *das*, was wir wirklich sind – und die äußere Welt erleben. Es ist unser Körper, durch den wir uns selbst, unseren Mitmenschen und der Welt begegnen, durch den wir kommunizieren und uns darstellen. Er ist unser weisester und zugleich intimster Lehrmeister. In seinen Zellen ist ein unbegrenztes Potential von Wissen und Energie gespeichert, das sich durch uns entfalten möchte, das nach kreativer Verwirklichung drängt. Unser intimster Freund lehrt uns, die Spaltung zwischen unserem Verstand und unseren Gefühlen aufzuheben, die Kluft zwischen unserem Kopf, unserem Herzen und unserer Sexualität zu überbrücken.

*Der Schlüssel ist Bewußtheit*
*und Achtsamkeit,*
*bewußtes Atmen,*
*bewußte Bewegung,*
*bewußte Entspannung.*

Bewußtes Atmen, bewußte Bewegung und bewußte Entspannung sind die Wege, die uns wieder in Verbindung mit uns selbst bringen. Dann können wir mit jedem Menschen Kontakt aufnehmen. Dann gelingt es uns, uns in alle Lebewesen, in alles, was existiert, einzufühlen: Wenn ich Kopf, Herz und Bauch in mir verbinde, wenn ich meinen Körper seinem Bewußtsein, dem Geist, der in mir wohnt, hingebe, wenn ich meiner Seele und meinem Geist erlaube, sich mit meinem Körper zu vermählen, dann kann ich mich mit jedem Menschen verbinden, mit allen Lebewesen, mit der ganzen Welt. Dann erlebe ich die Welt in mir und mich in ihr, und es gibt keine Trennung mehr.

**Bewußtheit und Achtsamkeit sind das Tor zu unserem Körper.**

Bewußtheit und Achtsamkeit sind der Schlüssel für unser wertvollstes Haus, unseren Körper. Er ist unser «lebendiges Reisefahrzeug». Energie ist die Antriebskraft, die den Motor «anspringen» läßt, wenn wir es verstehen, den Schlüssel zum Zünden zu bringen. Mit Bewußtheit und Achtsamkeit können wir uns unseren Körper erschließen, und der Körper ist wiederum das Tor zu erhöhter Bewußtheit, zu der uns innewohnenden Präsenz, zur Quelle unserer Kraft, die uns heilt und belebt, aus der wir jederzeit schöpfen können. Sie ist immer und überall, und wir können jederzeit eintreten, nach Hause zurückkehren, ins Zentrum unseres lebendigen Hauses, gebaut aus Trillionen von sich ständig erneuernden Zellen aus der kreativen Intelligenz des Urschöpfers.

**Der Körper ist der Spiegel unserer Seele, unserer Persönlichkeit, unserer Stärken und Schwächen.**

Unser Körper ist die Bilanz unseres bisherigen Lebens. Er ist die greif- und sichtbare Schöpfung unseres gelebten oder nicht gelebten Bewußtseins. Seine Verfassung, seine Gesundheit, seine Lebendigkeit sind das Ergebnis dessen, wie bewußt oder unbewußt wir leben. Er zeigt unsere Einstellung zum Leben, zu unseren Mitmenschen, zu allem, was existiert. Der Körper ist der Spiegel unserer Seele, unserer Persönlichkeit, unserer Stärken und Schwächen. In seiner unschuldigen Nacktheit gibt er die ehrliche Antwort auf die Frage: «Bin ich im Einklang mit mir und mit der Welt, oder lebe ich getrennt von der Welt und von mir?»

Gezielte Körper-, Atem- und Bewußtseinsarbeit unterstützt uns dabei, Disharmonien und Blockaden, die diese Trennung verursachen, aufzuspüren und aufzulösen. Das Übungsprogramm ermöglicht uns, die Ursache unserer vermeintlichen «Vertreibung aus dem Paradies» im Innersten unseres Körpers, in den tiefsten Schichten unseres Bewußtseins zu entdecken. Und dabei kann folgendes geschehen: Wir erkennen, daß *wir selbst* es waren, die sich von unserem Körper, von unserer Seele, von unserem Herzen getrennt und von unseren Gefühlen abgeschnitten haben. Durch achtsames und bewußtes Üben können wir diese Trennung schrittweise aufheben, so daß wir uns wieder mit uns selbst verbinden. So wird es uns gelingen, uns mehr und mehr zu akzeptieren und zu lieben. Und je mehr es uns gelingt, diese Trennung aufzuheben, machen wir die unmittelbare Erfahrung, daß alles, was existiert, ein Teil von uns selbst ist. Und das bedeutet Freiheit, Freude, Kraft und grenzenlos fließende Lebensenergie.

## Die Botschaft unseres intimsten Vertrauten

Früher bedeutete Meditation für mich, mich bei Kerzenlicht in abgedunkelten Räumen vom Leben zurückzuziehen, dem Alltagsstreß mit seinen Belastungen und bedrohlichen Herausforderungen zu entkommen. Heute – fünfundzwanzig Jahre später – hat sich meine Einstellung durch den Weg des Yoga und ein aktives Körper-, Atem- und Bewußtseinstraining wesentlich gewandelt: Statt Rückzug *Meditation in Aktion* – die Herausforderungen des Alltags sind das Übungsfeld. Ich betrachte sie wie Testsi-

**«Meditation in Aktion» bedeutet das JA zum Leben im Alltag in all seinen Schattierungen.**

tuationen für den Umgang mit Streß, Konflikten und Belastungen jeder Art.

Sich weder in die Versenkung flüchten noch aus Harmoniesucht die eigenen Gefühle verleugnen, sondern ja zum Leben sagen: Dieses JA zum Leben in all seinen Schattierungen ist für mich zum Leitmotiv geworden. Dazu gehört auch, daß die Herausforderungen keineswegs leichter werden, so daß mein Ja mal lauter, mal leiser klingt …

**Dein Körper ist deine «lebendige Bibliothek», sobald du seiner Sprache lauschst.**

Auf diesem Weg war und ist mein Körper mein intimster Begleiter, mein engster und ehrlichster Berater. Er ist zum weisesten Lehrer und Freund geworden, der mir all die Jahre stets schonungslos signalisiert hat, wie ich wirklich leben soll, und nicht, wie man es von mir, beziehungsweise von «ihm» erwartet – zum Leidwesen mancher äußerer Lehrer und Freunde. Liebend gerne hätten sie mir noch mehr gute Ratschläge erteilt und mir immer neue Konzepte übergestülpt. Wer äußeren Beratern folgt, setzt sich der Manipulation aus und läuft Gefahr, sein innerstes Wesen den Wünschen eines anderen oder den gesellschaftlichen Normen gemäß zu begrenzen.

Unser Gesellschafts- und Bildungssystem überläßt vorwiegend dem Kopf die Führung, auf Kosten der Weisheit aus den tieferen Schichten unseres Körpers und unserer Seele. Manchmal lassen wir uns – mehr oder weniger gezwungen – an die Fesseln dieses äußeren Wissens binden. Dabei unterdrücken wir häufig die Freiheit, die Grenzenlosigkeit unserer Seele, unsere ureigene Spontaneität. Gleichzeitig wird unsere körpereigene Intelligenz verschüttet. Wir vergraben unsere Kreativität und unsere Intuition im Inneren unseres Leibes, und dabei ersticken wir ein ewiges, besser gesagt, höheres Wissen, das in jeder Zelle unseres menschlichen Körpers darauf wartet, wiederentdeckt zu werden und sich entfalten zu können.

**Unser Körper ist unser weisester und intimster Lehrmeister.**

Welche Antwort würde Ihr Körper geben, wenn Sie ihn an dieser Stelle fragen: Wie kümmere ich mich um meinen treuesten «Lebensreisebegleiter», um mein kostbares, lebendiges Haus? Gehe ich mit meinem Körper bewußt oder unbewußt um? Behandele ich ihn wie einen Roboter oder eine Maschine, die von selbst zu funktionieren hat? Welche Achtsamkeit, welche Anerkennung erweise ich meiner lebendigen, physischen Skulptur, geformt aus Trillionen von Zellen, ein Wunder der Natur? Gelingt es mir zu spüren, wie das Orchester des Schöpfers, die Symphonie des Lebens durch mich erklingt? Während wir uns mehr und mehr aus der Rolle der hilflosen Marionette, der Opferrolle, befreien, können wir uns allmählich zum bewußten und kreativen Mitspieler und Mitschöpfer entfalten.

Nehmen Sie sich etwas Zeit, und überlegen Sie einmal: Wieviel Zeit und Geld, wieviel Pflege (innerlich und äußerlich), wieviel Respekt, welche Achtsamkeit, Wertschätzung und Liebe schenke ich meinem Körper, meinem intimsten Vertrauten, diesem Wunderwerk der Schöpfung? Wie wichtig nehme ich äußere Dinge, beispielsweise Haus, Wohnung und Auto, und wie steht es mit meinem lebendigen Haus und Fahrzeug? Oft kümmern wir uns erst dann um unseren Körper, wenn Krankheiten, Schmerzen oder Unwohlsein an seine «lebendige Tür» klopfen. Habe ich mich jemals bedankt für die unermüdliche, bedingungslose Präsenz meines Körpers? Und wenn ich meine physische Heimat, mein intimstes Fahrzeug, das mit mir überall hin reist, unbewußt und unachtsam behandle – wie sieht es dann mit meiner Umgebung aus, mit meinem Lebenspartner, mit meiner Familie, mit der Natur, mit der Liebe zur Erde, die mich nährt, mit meinem Verhältnis zur Welt überhaupt? Wie ist mein globales Bewußtsein? Es gibt da keinen Unterschied, keine Trennung.

In meiner Arbeit ist es mir ein großes Anliegen, den verschiedenen Menschen den Weg des Körpers, des Atems und des Bewußtseins zu zeigen und ihnen so zu ermöglichen, sich *im* und *durch* ihren Körper zu erleben. Wachsende Bewußtheit läßt uns erkennen, *wer* wir sind und *wie* wir leben. Das hier präsentierte Übungsprogramm ist ein einfaches und doch wirkungsvolles Körper-, Atem- und Bewußtseinstraining für den Alltag. Der Übende lernt, sich innerhalb des Körpers, in jeder Zelle, bewußt und zugleich äußerst lebendig zu erleben, zu «erleiben».

Die Übungen unterstützen die Harmonie und Zusammenarbeit aller lebenswichtigen Körperfunktionen. Sie beeinflussen den gesamten Mikrokosmos unseres Körpers, alle Sehnen, Muskeln, Bänder und Organe, und schärfen unsere fünf Sinne. Darüber hinaus aktivieren sie unseren «sechsten Sinn», unsere Intelligenz, unser Bewußtsein. Und wenn unser Mikrokosmos als Ganzes harmonisch funktioniert, so wirkt sich dies auch auf unsere Umgebung aus. Dann sind wir ein gesundes, strahlendes, lebendiges Organ der Menschheit, ein Mikrokosmos, der sich nicht der Welt entzieht, sondern in der Welt lebt, sich ihr hingibt und durch diese Hingabe mit ihr eins wird. Gleichzeitig geschieht Heilung in uns, in unserer Umgebung, auf dem Planeten.

**Je bewußter und lebendiger wir uns innerhalb unseres Körpers erspüren, desto bewußter erleben wir auch unsere Umgebung.**

So können wir im und durch den Körper mit unserem Leben, mit der Welt in Verbindung treten. Letztlich ist unser Körper, durch dessen fünf Sinne wir die Außenwelt auf- und wahrnehmen, der Ort, an dem alles geschieht. Je bewußter und lebendiger wir uns innerhalb unseres Körpers wahrnehmen, je mehr wir unser wertvollstes Haus bis in jeden Winkel bewohnen, desto bewußter und intensiver werden wir auch unsere Umgebung erleben.

## Die Entfaltung von Liebe, Intuition und Kreativität

Das Wissen aller Kulturen der Menschheit seit Anbeginn der Schöpfung trägt jeder einzelne von uns in seinem Bewußtsein. Dieses Urwissen ist ebenso gespeichert in unseren Zellen und unserem Protoplasma. Einer der Wege, die blockierte evolutionäre Lebenskraft wieder freizusetzen, ist ein Übungsprogramm aus bestimmten Atemformen, Bewußtseinsübungen und gezielten Bewegungsabläufen. Bewegung und Atem befreien die uns innewohnende Kraft – jene Energie, die uns heilt, inspiriert und erneuert. Spontane und freie Bewegung, aber auch gezielte Bewegungsabläufe, die wir mit unserem Atem kombinieren, führen zurück zu dem Wissen, das in der Tiefe unseres Körpers und Bewußtseins schlummert. Verschüttete Emotionen und Gefühle treten zutage, so daß die verborgene Intuition und Kreativität reaktiviert wird und sich entfalten kann. Der Kraftstrom der Liebe beginnt wieder frei zu fließen.

**Bewegung und Atem befreien das uns innewohnende Potential, jene Energie, die uns heilt, inspiriert und erneuert.**

Traditionelle Körpertrainings-Schulen in Ost und West legen meist Wert auf die genaue Befolgung bestimmter Techniken und Lehren. Sie bestehen beispielsweise auf der kontrollierten, technisch perfekten Durchführung von Bewegungsabläufen. Meiner Erfahrung nach können sich Kreativität und Intuition im Rahmen eines strengen Schemas nur schwer entfalten. Nach vielen Jahren des Experimentierens bedeutet Körperbewußtseins-Training für mich heute, solche Begrenzungen zu überschreiten, indem ich überlieferte Techniken mit freien spontanen Bewegungsabläufen verbinde.

Bei meiner Arbeit erlebe ich immer wieder, wie schwierig es ist, den Kursteilnehmern zu vermitteln, daß es beispielsweise auch im Yoga mit seinen traditionellen

Übungszyklen und «technischen» Übungsabläufen auf das Loslassen ankommt. Das bedeutet, sich von innen nach außen bewegen zu lassen. Es ist wirksamer und heilender, sich den Bedürfnissen des Körpers zu öffnen und sich seiner Weisheit anzuvertrauen, statt durch ehrgeizige Anstrengung technische Übungsabläufe akribisch zu kopieren. Man kann nichts erzwingen, im Gegenteil: Wenn wir unserem Körper gestatten, seine eigenen Bewegungen, seinen ihm eigenen Atemrhythmus entstehen und sich entfalten zu lassen, findet er dank seiner inneren Weisheit von selbst den heilenden Ausgleich, der zu unserem körperlich-seelisch-geistigen Wohlbefinden beiträgt.

Das Übungsprogramm unterstützt uns dabei, unser Bewußtsein mit unserem Körper zu verbinden. Dabei lernen wir mehr und mehr, auf die Signale unseres Körpers zu hören. Wir verstehen seine Sprache und vertrauen dem tiefen Wissen unseres intimsten Freundes und Lehrers. Allmählich können wir erspüren, wie sich unser Körper in unterschiedlichen Stimmungen bewegen möchte und wie wir seine Schwere oder seine Trägheit, seine Überaktivität oder sein Angespanntsein mit der Kraft unseres Geistes liebevoll beeinflussen können: dynamisch oder meditativ, durch Dehnen oder Pressen, aktiv oder einfach nur passiv.

**Indem wir Bewegungen *geschehen lassen,* können die im Körper gespeicherten Informationen frei werden.**

Die Übungen helfen uns, die Intelligenz unseres Körpers und die uns innewohnende Intuition und Kreativität zu reaktivieren und uns von ihr leiten zu lassen. Die so erzielte, nachhaltige Wirkung unterscheidet sich grundlegend von den Resultaten erzwungenen Fitness-Trainings. Indem ich Bewegungen *geschehen lasse,* statt sie zu *machen,* können die in meinem Körper gespeicherten Informationen frei werden. Die in der DNS ruhende kreative Intelligenz kann sich von innen nach außen schöpferisch entfalten. Sie kann spontane Entscheidungen treffen über Formen und Rhythmen freier Bewegung und Atmung. Unser ewig fordernder Verstand (die linke Gehirnhälfte), der häufig jedem spontanen Bewegungs- und Gefühlsimpuls sowie dem ewigen Strom unserer Liebe, Kreativität und Intuition im Wege steht, hat dann endlich einmal die Möglichkeit, sich auszuruhen.

# 2 Ost und West – zwei Welten in unserem Kopf

*Wissenschaft ist Information.*
*Weisheit ist Transformation.*
SATYA SAI BABA

## Die Verbindung unserer Gehirnhälften

Sich selbst kennenzulernen ist nicht leicht. Es ist schwierig, an der Skala unserer Gefühle und Wertungen sowie in den daraus entstehenden Reaktionen und Handlungen unsere Grundmuster zu erkennen. Ich meine damit jene Muster, die sich wie ein roter Faden durch alle Bereiche unseres Lebens ziehen – unsere individuellen Eigenarten. Wirksame Werkzeuge der Selbsterkenntnis sind bewußtseinsentfaltende Körperübungen sowie bestimmte Atemtechniken, Affirmationen und Visualisierungen. Mit Hilfe verschiedener Methoden aus Ost und West – uraltes und zugleich zeitloses Wissen, integriert in unsere sich wandelnde Gegenwart – habe ich wirkungsvolle Ergebnisse erzielt und tiefgreifende Erfahrungen bewirkt. Diese zeitgemäße Synthese östlicher und westlicher Methoden und Erfahrungen möchte ich mit dem Leser und Übenden teilen.

**Jede Handlung, jede Bewegung, jeder Gedanke beeinflußt unseren Körper und unsere Umgebung.**

Wenn wir uns selbst erkennen, werden wir gewahr: Wir sind gebündelte Energiefelder, die mit allem, was lebt, verbunden sind. In uns ist Vergangenheit, Gegenwart und Zukunft. Jede unserer Handlungen, jede Bewegung, jeder Gedanke, sei er noch so unbewußt, beeinflußt unseren Körper und gleichzeitig unsere Umgebung. So können wir mit unseren Gedanken, Worten und Taten Disharmonie, Unordnung und Zerstörung in uns und um uns herum verbreiten. Doch ebenso können wir Ordnung, Harmonie und Heilung bewirken. Es ist unsere Entscheidung, welche Richtung wir wählen. Es liegt an unserer *Unter*scheidung, die richtigen *Ent*scheidungen zu treffen. Das Übungsprogramm trägt dazu bei, unser Unterscheidungsvermögen zu schärfen.

Bei der Körperarbeit habe ich immer wieder beobachtet, daß bei fast allen Menschen die linke Körperhälfte verspannter, unbeholfener und «unbewußter» ist. Die rechte, «bewußtere» Körperhälfte, das gesamte Alltagsleben, wird vorwiegend von der linken Gehirnhälfte, vom Verstand gesteuert. Wissenschaftliche Hirnstromuntersuchungen haben ergeben, daß bei den meisten Menschen ein Ungleichgewicht zwischen rechter und linker Gehirnhälfte besteht. Seither ist es eines der Ziele in meiner Arbeit, eine Verbindung der verschiedenen Anteile unseres Gehirns anzustreben.

Die Großhirnrinde des menschlichen Gehirns besteht aus zwei spiegelgleichen Hälften, deren Äußeres nicht vermuten läßt, daß tiefgreifende funktionale Unterschiede zwischen beiden bestehen. Beide Teile, die linke und die rechte Hemisphäre, sind über einen großen Nervenstrang, den sogenannten Balken (*Corpus callosum*) miteinander verbunden. Der überwiegende Teil der rechten Körperseite ist mit der linken Hemisphäre verbunden. Gegengleich verhält es sich mit der linken Körperhälfte und der rechten Hemisphäre.

Gezielte Körperübungen, Atemmethoden, kreatives Visualisieren und Affirmationen sowie bestimmte Tonfrequenzen können die verschiedenen Anteile unseres Gehirns harmonisieren und das Gleichgewicht unserer beiden Gehirnhälften verbessern. Dies wirkt sich positiv auf die Koordination und Symmetrie unserer beiden Körperhälften aus. Auf diese Weise wird ein kreatives Handeln möglich, das weder den Verstand (linke Hemisphäre) noch die Intuition (rechte Hemisphäre) vernachlässigt. Denn Kreativität und Bewußtseinsentfaltung entstehen im Zusammenspiel von linker und rechter Hemisphäre. Dazu gehört das bewußte logisch-rationale Erfassen der Welt um uns herum sowie der Einsatz von Intuition und Gefühl, von Phantasie, Träumen und Ideen. Diese der rechten Hemisphäre zugeordneten Qualitäten sind bei vielen Menschen unterdrückt oder werden mit Skepsis betrachtet und manchmal sogar belächelt.

*Wir sind gebündelte Energiefelder,*
*die mit allem, was lebt,*
*verbunden sind.*
*In uns sind Vergangenheit, Gegenwart*
*und Zukunft.*

## Körperweisheit und innere Fitness

In dem Kapitel *Die Harmonie der Gehirnhälften* werde ich Ihnen Übungen vorstellen, die zum Teil dem Yoga sowie verschiedenen östlichen und westlichen Meditationstechniken entstammen. Wir können unsere beiden Gehirnhälften wieder in Einklang bringen, so wie sie ursprünglich von der Schöpfung gedacht waren. Während des Übens geht es keineswegs um ein anstrengendes Lern- und Leistungsprogramm, sondern vielmehr darum, sich zunächst einmal des Ungleichgewichts bewußt zu werden und dieses zu akzeptieren. Ich meine damit das Ungleichgewicht zwischen rechter und linker Gehirnhälfte und den diagonal entsprechenden Körperhälften, das einem Ungleichgewicht zwischen Sexualität, Herz und Kopf, zwischen Den-

**Gelebte Kreativität und Bewußtwerdung entstehen durch das Zusammenspiel unserer linken und rechten Hemisphäre.**

ken, Fühlen, Sprechen und Handeln entspricht. Ausgehend von diesem Ist-Zustand können wir mit entsprechenden ausgleichenden Übungen die Reise zu unserer körperlich-seelisch-geistigen Ganzheit antreten.

Im Gegensatz zum mechanischen und körperlich anstrengenden Fitnesstraining aktiviert das Übungsprogramm die tiefe Weisheit unseres Körpers, die ihm innewohnende Intuition, und führt uns zum Kern unseres Wesens. Schritt für Schritt nähern wir uns der Erkenntnis dessen, was wir sind. So vollzieht sich eine körperlich-seelisch-geistige Bewußtseinsentfaltung: Es ist eine Reise der Erkenntnis zu dem in unseren Gehirn- und Körperzellen gespeicherten Wissen. Unsere Innen- und Außenwelt werden mehr und mehr in Einklang gebracht. Innere und äußere Fitness werden eins: Das eine bedingt das andere.

Getrenntsein strebt immer nach Ausgleich. Was krank macht, ist ständige Ein*seitigkeit*. Ein*heit* dagegen – die Harmonisierung unserer beiden Hälften – führt zur Ganzwerdung. Unsere westliche, zivilisierte Gesellschaft leidet an einer geradezu alarmierenden Linkslastigkeit des Gehirns. Wir leben abwechselnd in zwei Welten: in der raumzeitlich begrenzten (linke Hemisphäre) und in der überraumzeitlichen, unbedingten Welt (rechte Hemisphäre). Beide Welten machen die Ganzheit des Menschen aus.

Von früh bis spät ruft uns die Welt nach außen, unser Wesenskern aber – Intuition, Gefühl, «Sprachlosigkeit» – ruft uns nach innen. Die Außenwelt verlangt von uns Wissen, Können und Handeln. Sie erwartet, daß wir unentwegt etwas tun. Unser inneres Wesen aber verlangt, daß wir das, was wir zutiefst sind, unsere innere Wahrheit, *erkennen*. Der Wissenschaftler in uns (linke Hemisphäre) und der Weise in uns (rechte Hemisphäre) führen einen ständigen Dialog. Wer antwortet intuitiv richtig (rechte Hemisphäre)? Wer ist im Recht (linke Hemisphäre)? Diese

**Der Wissenschaftler in uns und der Weise in uns führen einen ständigen Dialog.**

Zweiheit, gespeichert in unserem Gehirn, äußerlich sichtbar im Unterschied unserer beiden Körperhälften, steht oft im Konflikt. Liebevolle, mitfühlende Toleranz mit uns selbst und mit unseren Mitmenschen kann uns helfen, diese trennende, häufig schmerzhafte Zweiheit aufzuheben.

Wenn wir uns ausschließlich von der linken Gehirnhälfte beherrschen lassen, werden wir möglicherweise ein sehr erfolgreiches Leben führen, aber wir werden keine *ganzen* Menschen. Wir können äußeren Wohlstand anhäufen, Macht, Prestige, und vielleicht werden wir sogar die Welt erobern. Unsere innere Wirklichkeit aber, die verborgen ist hinter der Welt der Materie, unser inneres Territorium, bleibt unerforscht und ungelebt. Die rechte Hemisphäre, die Sehnsucht nach unserer verschütteten inneren Quelle, unsere Intuition, unser Gefühl und unsere Kreativität kommen häufig zu kurz. Gezielte Methoden helfen uns, diese gegenseitige Bedingtheit zu erkennen, sie zu integrieren, um sie dann in der Außenwelt zu leben und zu verwirklichen.

**Die Harmonie unserer beiden Gehirnhälften bewirkt ein Gleichgewicht zwischen Denken, Sprechen, Fühlen und Handeln.**

«Wissenschaft ist *In*formation. Weisheit ist *Trans*formation», erklärte einmal Sai Baba* während eines seiner Darshans, an dem ich teilnehmen durfte. Der Weise sieht nach innen. Der Wissenschaftler forscht außen. Das verbindende Element ist liebevolle Toleranz. Wenn es uns gelingt, unsere pausenlose mehr oder weniger bewußte Gehirnaktivität gelegentlich zum Stillstand zu bringen, kann tiefe innere Erkenntnis aufsteigen – Botschaften aus den tieferen Räumen unseres Seins, aus der Intelligenz und Weisheit unseres Körpers.

* Zu Sai Baba siehe auch M. Magyarosy, *Vom Ozean zum Gipfel*.

*Die Stimme unserer Intuition*
*versteckt sich hinter unserem Intellekt.*
*Ihr Flüstern können wir in der Pause*
*zwischen unseren Gedanken wahrnehmen.*

DEEPAK CHOPRA

## Menschliche und globale Hemisphären

In den letzten Jahren konnte ich beobachten, daß wissenschaftliche Diskussionen, besonders aber auch religiöse und spirituelle Themen, bei uns überwiegend von der linken Gehirnhälfte geprägt sind. In östlichen Kulturkreisen herrscht dagegen eine rechtshemisphärische Ausrichtung vor. Also hat auch die Wahrnehmung der Realität jeweils einen anderen Schwerpunkt. Doch geht es letztlich nicht um die Verbindung beider Gehirnhälften, beider Kulturkreise, beider Hemisphären, um die Vermählung von links und rechts, von Ost und West?

Gezielte Methoden unterstützen uns darin, den «Balken» zu überwinden und die Kohärenz unseres Gehirns zu verbessern. Ich meine damit nicht nur den Balken zwischen linker und rechter Hemisphäre, sondern auch die Barriere zwischen Körper, Seele und Geist, zwischen Sexualität, Herz und Kopf, den «Bewußtseinsbalken», der gleichermaßen Mann und Frau, Familien, Gruppen, Nationen, Kulturen, Kontinente und schließlich die globalen Hemisphären trennt.

Um Begriffe wie globales Bewußtsein, kosmisches Bewußtsein oder Einheitsbewußtsein wenigstens im Ansatz erfahren zu können, ist die Reise in den eigenen Körper, ins eigene Gehirn, der Weg in die Tiefe unseres Herzens zur Quelle unserer inneren Kraft – kurz, die Reise in unse-

**Je bewußter und lebendiger wir uns innerhalb unseres Körpers erspüren, desto bewußter erleben wir auch unsere Umgebung.**

ren eigenen Mikrokosmos – unerläßlich. Dort, in unserem Inneren, beginnt die Wandlung: über die ersten befreienden Schritte von links nach rechts und zurück, die schließlich zu einem ganzheitlichen Bewußtsein, zu einer erweiterten, allumfassenden Sicht führen. Die Verbindung unserer beiden Hälften, die Versöhnung der Polarität und die Integration der Dualität in uns ist zugleich Ausgangsbasis für die Verbindung von Ost und West, von Wissenschaft und Spiritualität, von intellektuellem Wissen, kreativer Intelligenz und der inneren Weisheit unseres Herzens.

**Die Intelligenz unseres Herzens verbindet Wissenschaft und Weisheit, Körper, Seele und Geist. Und das bedeutet aus dem Herzen denken, sehen, hören, sprechen.**

Den Weg des Herzens sehe ich heute als die einzige Möglichkeit, Wissenschaft und Weisheit, Körper, Seele und Geist zu verbinden. Er führt zu dem tiefsten Wissen, zu der Wirklichkeit, die der unmittelbaren Intelligenz unseres Herzens entspringt. Der Weg des Herzens verbindet die Welt der Erscheinungen mit der Transzendenz (Körper/Geist, Himmel/Erde), aus der die Welt der Formen wieder neu geboren wird. Gelebte Liebe ist die Brücke. Verkörperte Liebe ist der Weg.

An dieser Stelle möchte ich Rabindranath Tagore zitieren. Seine Weisheit ist wie ein roter Faden, der sich durch alle Bereiche meines Lebens und meiner Arbeit zieht. Ich habe seine inspirierenden Worte mit meinen persönlichen Einsichten und den daraus gewonnenen Erfahrungen kombiniert.

Der Tag
*Elixier des Lebens, Sonne, Licht*

bricht auf im Osten
*östliche Hemisphäre, rechte Gehirnhälfte,*
*Sonnenaufgang, Einatmen*

wie eine Knospe,
*Fülle des Bewußtseins, verborgen in der Schale des*
*menschlichen Gehirns, verkapselt im Herzen und*
*in den Zellen des Körpers*

die ihre Hülle durchbricht,
*die Trennung zwischen Körper und Geist,*
*zwischen linker und rechter Gehirnhälfte,*
*zwischen Ost und West aufheben*

um sich im Westen
*westliche Hemisphäre, linke Gehirnhälfte,*
*Sonnenuntergang, Ausatmen*

als Blüte zu entfalten.
*Verbindung zu einer strahlenden Ganzheit:*
*Innen- und Außenwelt, Ost und West,*
*Körper und Bewußtsein werden eins …*

# 3 Prana, die Quelle unseres Lebens

*Prana durchströmt alle Wesen im Universum.*
*Durch Prana werden sie geboren. Durch Prana leben sie.*
*Und wenn sie sterben, geht Prana wieder im Kosmos auf.*
*Prana durchdringt die Wolken, die Erde und alle Formen der Materie.*
*Prana ist die Quelle aller Erkenntnis …*

VEDEN

## Der rhythmische Puls des Atems

**Prana ist die potentielle Energie in allen Lebewesen, die wichtigste «Nahrung» für unser Leben.**

*Prana* ist die Energie, die das Universum auf allen Ebenen der Schöpfung durchdringt. Und diese Energie ist physikalischer, sexueller, seelisch-geistiger und kosmischer Natur. Alle Schwingungsenergien sind Prana. Prana ist Wärme, Licht, Elektrizität, Magnetismus. Der Sanskritbegriff Prana wird häufig mit Atem übersetzt. Doch es umfaßt viel mehr: Es ist Hauch, Leben, Wind, Elan, Energie, Kraft. Es ist die verborgene, potentielle Energie in allen Lebewesen. Prana ist die Antriebkraft jeglichen Handelns. Es ist die Energie, die schöpft, erhält und wieder zerstört. Mit jedem Atemzug nehmen wir Prana in uns auf. Prana ist die wichtigste «Nahrung» für unser Leben, für unsere Lebendigkeit.

Genauso wie in unserem Körper existiert Prana in der Erde, im Wasser, im Feuer, in der Luft und im Äther. Es ist die Energie, die alles belebt. In den *Upanischaden* – einem Teil der *Veden*, der heiligen Schriften aus dem alten Indien – heißt es, daß Prana das Prinzip von Leben und Bewußtsein ist. Prana ist die kosmische Energie, die unseren menschlichen Körper durchflutet, erneuert und erhält. Sie verbindet über den Atem Körper, Seele und Geist. *Pranayama*, ein Begriff aus dem Yoga, bedeutet Ausdehnung, Erweiterung des Atems. Durch Pranayama verbinden wir unseren individuellen Atem mit dem kosmischen Atem.

Nachdem wir als Neugeborenes vom Mutterleib abgenabelt worden sind, haben unsere Lungen gewissermaßen die Funktion der Plazenta übernommen: Durch den Atem verbinden wir uns wieder mit unserer «kosmischen Mutter» mit der Welt, mit dem Universum – jeden Augenblick, mit jedem Einatmen und jedem Ausatmen. Der Atem ist die Nabelschnur zu unserer Seele. Er verbindet uns mit allem, was uns unmittelbar umgibt, mit allem, was lebt.

**Der Atem ist unsere Nabelschnur zum Universum. Er verbindet unsere Innenwelt mit unserer Außenwelt.**

Wer bewußt atmet und bereit ist, sich auf tiefe Atemerfahrungen einzulassen, kann erleben, daß alles im Universum atmet: Pflanzen, Tiere, Menschen, die Erde selbst, die gesamte Flora und Fauna. Er kann schließlich den Atem als rhythmischen Lebenspuls des Universums wahrnehmen: ein, aus – ein, aus ... Jedes Lebewesen hat seinen eigenen Atemrhythmus und erneuert sich mit jeder Ein- und Ausatmung.

Unser Atemrhythmus zwischen ein und aus, leer und voll, aktiv und passiv, Werden und Vergehen ist wie ein Pendel, das uns unsere eigene Polarität vor Augen führt. Über den Atem können wir die beiden Pole miteinander verbinden und integrieren: Beim Einatmen öffnen wir uns Prana, der ursprünglichen Lebensenergie. Wir lassen sie tief in uns einströmen, uns von ihr durchdringen und beleben. Beim Ausatmen geben wir Energie wieder an unsere Umgebung ab. Bereits das bewußte Beobachten dieses Vorgangs kann heilsame Veränderungen auslösen. Einatmen bedeutet sich dem Leben zuzuwenden, Energie zu empfangen. Ausatmen heißt loslassen, abgeben. Das ist die Ausgangsbasis für Transformation und Heilung: Verspannung wird zu Entspannung, Enge zu Weite und Freiheit. Angst wandelt sich in strömende Lebensenergie und Liebe. Das Gleichgewicht zwischen Aus- und Einatmen spiegelt uns die Harmonie zwischen unserer Innen- und Außenwelt, zwischen unserer Fähigkeit zu geben und zu empfangen.

**Atemorgane sind wie kostbare Musikinstrumente, deren einwandfreie Funktion von unserem bewußten Atem beeinflußt wird.**

Wer tiefe bewußte Atemerfahrungen erlebt hat, erkennt den Atem als lebenslanges «Schöpfungsgebet»: ein pulsierendes, nonverbales Gebet, eine zeitlose, rhythmische Musik, die in die Körper aller Lebewesen ein- und ausströmt. Die Atemorgane sind unsere «Musikinstrumente», deren einwandfreie Funktion von unserem bewußten Atem beeinflußt wird. Wir atmen jeden Augenblick, von der Geburt bis zum Tod. Wenn wir uns dieser Tatsache immer wieder bewußt werden und darüber hinaus unseren Atem als Medium zur Bewußtseinsentfaltung erkennen, werden wir seine heilende und transformierende Kraft erleben.

Meine erste tiefe Erfahrung mit dem Atem war ein unvergeßliches Erlebnis, obwohl ich völlig unvorbereitet war und absolut nichts erwartet hatte – oder vielleicht gerade deshalb. Es geschah während einer längeren Atemsitzung, durch die mich mein erster Atemlehrer führte. Zu Beginn langweilte ich mich. Da war nichts als Gähnen, ausgelöst durch die vermehrte Sauerstoffzufuhr. Nach einiger Zeit wurde mein Kopf immer leerer und weiter, als ob sich das Gehirn mehr und mehr ausdehnte, lichter und heller würde. Ich verlor jeglichen Sinn für Zeit und Raum und vergaß, wo ich war, wer ich war. Da war nur Atmen: Ich wurde zum Atem. Gleichzeitig erlebte ich den Atem plötzlich als Fahrzeug zum Kommen und Gehen – zum Leben, zur Liebe, zum Licht. Ich erkannte auf einmal, daß zwischen Orgasmus, Tod und Geburt kein Unterschied existiert. Es ist dieselbe Energie, es sind Höhepunkte von geballter schöpferischer Lebensenergie. Sexualität, Sterben und Geburt sind wie eine Reise ins Leben, ins wirkliche Leben – von der Zeit in die Zeitlosigkeit und zurück in die Zeit. Der Atem ist die Brücke. Der Moment des Sterbens ist der Orgasmus unserer Seele in die Unendlichkeit – eine endgültige und gleichzeitig ewige Erlösung. Der Augenblick der Geburt ist der Orgasmus der Seele in die Zeit, die Rückkehr in die Dualität.

In diesem Moment erkannte ich, warum die kurzen Momente zwischenmenschlicher, genitaler Orgasmen mir längst nicht mehr genügten. Unsere Seele ruft früher oder später nach den ihr eigenen sich ausdehnenden Höhepunkten und Gipfelerlebnissen, die uns in eine erweiterte Wirklichkeit führen. Das Ausatmen entspricht dem Loslassen, dem Sterben des Ego. Es geht unmittelbar über in das Einatmen, in die Geburt zur Seele, zur göttlichen Liebe. An der Schwelle zwischen Ein- und Ausatmung – während der Atempause – sind die Grenzen zwischen Geburt und Tod aufgehoben. Irdische und göttliche Liebe, Diesseits und Jenseits verbinden sich, werden eins. Der neue Mensch kann gezeugt und wiedergeboren werden – innerhalb des Körpers. In diesem Augenblick erkannte ich meine Unsterblichkeit hinter dem Kommen und Gehen meines Atems …

***Einatmen* bedeutet sich dem Leben hinzugeben. *Ausatmen* heißt Loslassen, Abgeben. Das Gleichgewicht spiegelt unsere ausgewogene Bereitschaft zwischen Empfangen und Loslassen.**

Das Universum ist von heilendem Prana durchdrungen. Prana ist der Nektar des Lebens. Jeder kann beliebig davon «trinken», seine Zellen damit ernähren, aufladen, beleben. Und das bedeutet Lebendigkeit. Prana ist jene Kraft, die wir über unseren Atem in unseren Körper, in unsere Seele, in unseren Geist einströmen lassen. Der Geist wird ruhig. Das kleine unbewußte Ich ergibt sich dem großen *Ich Bin*. Was bleibt ist Klarheit, reines Bewußtsein. Unser individueller Atem hat sich mit dem Atem des Universums verbunden. Beide sind eins geworden. Das sind jene Augenblicke, die in den Schriften aller Kulturen als die Momente beschrieben werden, in denen wir *Prana, Chi, Licht, Od*, die höchste *kreative Intelligenz*, unsere *absolute Wahrheit, Gott* – mit welchen Begriffen auch immer wir *ES* bezeichnen – in jeder Zelle unseres Körpers, bis in den verborgensten Schichten erleben, «erleiben». Wir selbst sind es, die sich mit jedem Atemzug «Leben einhauchen».

*Wir selbst sind es,*
*die sich mit jedem Atemzug «Leben einhauchen»:*
*in*-spirieren
*be*-geistern.

## Sauerstoff als heilendes Lebenselixier

**Bereits zehn Minuten täglich frische und reine Luft bewußt tief ein- und auszuatmen neutralisiert eine Übersäuerung unseres Körpers.**

Atem ist Leben. Atmen bedeutet, sich dem Leben hinzugeben, es in seiner Totalität anzunehmen. Durch bewußte Atemlenkung können wir auf körperlich-seelisch-geistige Krankheiten, auf Spannungen, Blockaden und Disharmonien heilend einwirken. Wie Nahrungsaufnahme lebensnotwendig ist, so ist es unerläßlich, die Lungen zu durchlüften und jede Zelle des Körpers mit Sauerstoff zu versorgen und aufzutanken. Beim Einatmen werden unsere Zellen von Prana durchflutet. Unsere Seele, unser Geist wird belebt. Beim Ausatmen schwemmen wir alle Toxine, alles Dunkle und Unbewußte, aus Körper, Seele und Geist.

Sauerstoff ist ein Bestandteil von Prana. Unser menschlicher Körper besteht aus siebzig Trillionen Zellen. Jede dieser Zellen benötigt in jeder Sekunde Sauerstoff, um überhaupt zu funktionieren. Mit Sauerstoff und anderen Grundstoffen kann die Zelle eine lebenswichtige Substanz erzeugen: Adenosintriphosphat, ATP genannt. ATP ist der «Sprit» des Lebens, durch ATP schlägt unser Herz. Doch ohne Sauerstoff ist kein ATP möglich und ohne Atem kein Sauerstoff – ein Kreislauf, an dessen Anfang der rhythmische Atem steht.

Wissenschaftliche Untersuchungen haben ergeben, daß viele Krankheiten durch Sauerstoffmangel ausgelöst werden. Durchblutungsstörungen entstehen, wenn die feinen

Äderchen im Gewebe, die Kapillaren, erschlaffen. Herzbeschwerden wie Angina pectoris können die Ursache von Gefäßverengung und den dadurch bedingten Sauerstoffmangel sein. Auch ein Infarkt kann durch verengte Gefäße und reduzierte Sauerstoffversorgung ausgelöst werden. In allen Fällen gilt: Vorbeugen ist besser als Heilen! *Durch regelmäßiges bewußtes tiefes Atmen* können wir die Sauerstoffzufuhr unterstützen.

Rheuma ist ein Leiden, bei dem unsere körpereigene Abwehr versagt oder überreagiert. Gelingt es uns, den Sauerstoffhaushalt auszugleichen, können rheumatische Erkrankungen möglicherweise wieder ausgeheilt werden. Das sauerstoffhaltige Prana ist auch ein entsäuerndes Lebenselixier. Atmung und Nieren wirken zusammen, um das wichtige Basen-Säure-Gleichgewicht zu erhalten. Indem Sie täglich zehn Minuten lang bewußt atmen, können Sie eine Blutübersäuerung neutralisieren. Frequenz und Tiefe der Atmung steuern dabei den pH-Wert und über den Rückkoppelungseffekt das Zentralnervensystem. Zu schwaches Atmen führt zu einer erhöhten Kohlendioxid-Konzentration im Blut, was ein Absinken des pH-Wertes (Azidose) zur Folge hat. Gerade weil Atmen so einfach ist, verkennen wir die ungeheure Macht des Atems. Wußten Sie, daß siebzig Prozent unserer Ausscheidungen über den Atem geschehen? An zweiter Stelle folgt das Schwitzen und erst dann die Entleerung von Darm und Blase.

**Wußten Sie, daß 70 Prozent unserer Ausscheidungen über den Atem geschehen?**

Sauerstoff ist auch der Motor unseres Fettstoffwechsels. Jedes Lebewesen hat Fettzellen. Sie sind extrem dehnfähig: Im menschlichen Körper finden wir sie häufig an den Oberschenkeln, am Gesäß, am Bauch und an den Hüften, an der Brust und am Kinn. Essen wir im Übermaß, vergrößern sich die Fettzellen. Bei einer Diät verlieren wir zwar schnell Wasser, aber nur nach und nach Fettpolster, da sich die Fettzellen nur sehr langsam von ihrem Fett lösen und ebenso langsam aus dem Körper ausgeschieden werden. Doch die mit Hilfe von Sauerstoff gebildete körpereigene Substanz ATP beschleunigt den Abbau von Fett. Wo Sauerstoff ist, bildet sich weniger Fett. Wenn wir uns ausreichend Sauerstoff zuführen, wirkt jede Diät effektiver.

Bewußtes tiefes Atmen unter Einbeziehung aller Atemorgane bewirkt ausreichende Sauerstoffversorgung. Und das heißt *Leben*: Über unsere Atemorgane belebt Prana unser Zentralnervensystem, Rückenmark und Gehirn. Von dort aus durchströmt es unseren gesamten menschlichen Organismus. Neben der äußeren Atmung, die in den Lungen stattfindet, gibt es eine innere Atmung in jeder Zelle unseres Körpers. Der arterielle Blutstrom transportiert den Sauerstoff vom Lungenkapillarsystem zum peripheren Kapillarsystem. Der venöse Blutstrom leitet daraufhin das von den Zellen abgegebene Kohlendioxyd zum Lungenkapillarsystem zurück. Dieser Kreislauf läßt sich mit einer Glühbirne im elektrischen Stromkreis vergleichen: Je besser dieser Kreislauf funktioniert, um so heller brennt und leuchtet das Licht. Dasselbe gilt für den Atem, unser «Lebenslicht». Je bewußter, tiefer und gleichmäßiger unser Atemkreislauf fließt, um so schneller werden abgestorbene Zellen ausgeschieden und durch neue ersetzt. Das Resultat:

- vermehrte Lebensenergie
- erhöhte körperlich-seelisch-geistige Gesundheit
- Lebendigkeit
- ein klarer Geist
- Lebensfreude
- Verjüngung und Langlebigkeit

Die revitalisierende Wirkung des Atems wird auch äußerlich sichtbar: Der Mensch strahlt von innen – er hat eine gute «Ausstrahlung».

## Das Wechselspiel zwischen Atmen, Denken und Fühlen

In den Yogaschriften heißt es:

*Ist der Atem ungleichmäßig, so schweift das Denken ab.*
*Ist der Atem stetig, so auch das Denken.*
*Um Stetigkeit zu erlangen, muß der Atem bewußt werden.*
*Schwindet der Atem, so schwindet das Leben.*
*Daher lenke Deinen Atem …*

*Prana* bedeutet Hauch, Atem, Leben, Energie. *Ayama* heißt Streckung, Dehnung, Regulierung, Verlängerung der Atemorgane. *Pranayama* ist also die Verlängerung des Atems. Pranayama-Übungen sind Atemübungen aus dem Yoga, durch die die Atemorgane willentlich rhythmisch bewegt und gedehnt werden. Im Pranayama unterscheiden wir drei Phasen: Einatmung, Ausatmung und das Anhalten des Atems. Das Einatmen aktiviert den Organismus, das Ausatmen führt verbrauchte Luft, Toxine und Schlacken ab. Das Anhalten des Atems verteilt die Energie über den ganzen Körper. Die Atembewegungen umfassen die waagrechte Ausdehnung, das senkrechte Hochziehen und die Umfangerweiterung der Lungen, des Becken- und des Brustraumes.

Bei manchen Menschen ist die Einatmung länger als die Ausatmung, bei anderen verhält es sich umgekehrt. Das hängt von den Schwankungen ab, denen wir situationsbedingt im Leben unterworfen sind, und von der Art, wie wir damit umgehen. Durch bewußtes Atmen können wir diese Schwankungen beeinflussen. Während der Einatmung strömt Energie in unseren Körper. Mit der Ausatmung lassen wir mit derselben Energie – jedes Mal ein Stückchen mehr – alles los, was sich an körperlich-seelisch-geistigem Müll, an überflüssigem Ballast über die Jahre in unserem Organismus angesammelt hat.

In der Yogalehre heißt es, die Ausatmung sei die Kunst, Nerven und Gehirn zu beruhigen. Der unruhige Geist mit seinen zahllosen Gedanken wird still. Die Pause zwischen Ein- und Ausatmung ist die Kunst, den Atem in der Schwebe zu halten – ein Moment des Innehaltens der uns wieder zu unserem Ursprung, zu unserer inneren Kraftquelle führt. Wenn der Atem stillsteht, so stehen auch unsere Sinne, unsere Emotionen und Gefühle und unser Denken still. Wir erleben das Bewußtsein von Stille, Frieden, Harmonie eines reinen, klaren, ungetrübten Geistes.

**Der Atem ist die Brücke zwischen unseren Sinnen, unseren Emotionen und Gefühlen und unseren Gedanken.**

Der Atem ist die Brücke zwischen unserem Körper, unseren Sinnen, unseren Gefühlen und unseren Gedanken. Atem und Gedanken und die daraus entspringenden Emotionen und Gefühle bedingen sich gegenseitig.

Depressionen, Aggressionen, Ängste – sie alle werden von bestimmten charakteristischen Atemmustern begleitet. Sind wir beispielsweise wütend, neigen wir dazu, den Atem nach der Einatmung anzuhalten, während es für Depressive typisch ist, zu seufzen und längere Pausen nach der Ausatmung zu machen. Sind wir nervös oder gereizt, atmen wir kurz, hastig und flach. Sind wir dagegen glücklich, atmen wir lang und tief. Wenn wir uns ängstlich fühlen, stockt der Atem. Sind wir sehr konzentriert, neugierig oder erstaunt, halten wir den Atem unbewußt an.

Durch bewußtes Atmen können wir lernen, den Atem und damit verbunden unsere Gefühlswelt und unsere Emotionen zu stabilisieren. Tiefe bewußte Zwerchfellatmung ermöglicht einen entspannten und gleichzeitig wachen Gemütszustand. Jemand, der häufig von schnellen, heftigen, emotionalen Ausbrüchen überrollt wird, sollte üben, langsam, tief und regelmäßig zu atmen. Er wird überrascht sein, wie einfach es ist, seine intensiven Emotionen über bewußtes Atmen aufzulösen. Und das bedeutet loszulassen und sich Neuem zu öffnen.

**Ein harmonischer Atemrhythmus ermöglicht uns, unsere Gefühle zu stabilisieren. Er beruhigt unsere Nerven, unsere Psyche und unsere Gedanken.**

Um tiefer atmen zu können und damit mehr Prana in den Körper einströmen zu lassen, ist es wichtig, die Lungen so gut wie möglich zu leeren. Geiz oder Großzügigkeit eines Menschen – in allen Lebensbereichen, auch in der Gefühls- und Gedankenwelt, sich selbst und der Umwelt gegenüber – lassen sich an seinem Atemmuster ablesen. Wilhelm Reich sieht einen unmittelbaren Zusammenhang zwischen Atem- und Orgasmusfähigkeit. Alexander Lowen, der Begründer der bioenergetischen Therapie, erklärt in seinem Buch *Bio-Energetik*:

> Atem ruft Gefühle hervor. Doch viele Menschen haben Angst, etwas zu fühlen. Sie haben Angst vor dem Leben überhaupt. Und sie haben dieselbe Angst vor dem Tod. Mangelhafte Atmung erzeugt Beklemmung, Reizbarkeit und Spannung. Die Unfähigkeit, tief zu atmen, ist das größte Hindernis auf dem Weg zu emotionaler Gesundheit, zur Freude am Leben. Beinahe alle Menschen heute sind «arme Schnaufer». Ihre Atmung ist oberflächlich. Bei Streß halten sie den Atem an. Doch das erhöht den Streß, steigert die Spannung, die Reizbarkeit …

**Bewußtes tiefes Atmen kann Schmerz und körperlich-seelisch-geistige Disharmonien günstig beeinflussen.**

Ein harmonischer Atemrhythmus – das bedeutet gleichmäßiges Ein- und Ausatmen – stärkt die Atemorgane, beruhigt die Nerven, unsere Psyche und unsere Gedanken. Ist die Atmung unregelmäßig, so ist auch unsere Psyche schwankend und unausgeglichen; der Geist ist dann ebenfalls unruhig. Stimmungsschwankungen bis hin zu schweren psychischen Störungen steuern unsere Atemfrequenz. Umgekehrt können wir durch bewußtes Atmen psychische und mentale Störungen harmonisierend beeinflussen.

Die Atmung eines Menschen verrät uns – unabhängig von seinen Worten – seinen wahren Gemütszustand. «Geübte Atmer» können mit ihrem eigenen Atem sogar ausgleichend auf die körperlich-seelisch-geistige Verfassung anderer Menschen wirken. Atem geschieht sowohl autonom als auch willentlich. Wir können unsere Atmung willkürlich beschleunigen oder verlangsamen, und wir können Atempausen einlegen. Der autonome Atem zeigt sich während des Schlafs, wenn wir uns sozusagen «atmen lassen». Wir können heilend auf unser Befinden einwirken, wenn wir neben willkürlichen Atemübungen zum Ausgleich unsere Atmung einfach nur geschehen lassen, das bedeutet, sie einfach nur zu beobachten, ohne einzugreifen.

Dabei können wir entdecken, in welchen Körperbereichen unsere Atmung mehr beziehungsweise weniger fließt. Häufig gerät sie im Bauchraum, im Brustkorb oder im Hals- und Nackenbereich ins Stocken. Dadurch bilden sich an diesen Stellen im Laufe der Zeit Muskelverspannungen, die wiederum das Durchströmen des lebensnotwendigen Pranas verhindern. Unsere Lebensenergie ist an diesen Stellen blockiert, Körper und Bewußtsein sind getrennt. Diese energetisch unterversorgten Punkte ziehen gleichzeitig Krankheiten an. Krankheitssymptome, Störungen und Schmerzen verschiedener Art sind Signale in der Sprache des Körpers. Die «sprechenden Stellen» bringen die Trauer über die verlorengegangene Einheit von Körper und Bewußtsein zum Ausdruck. Es ist wie ein Trennungsschmerz. Über bewußtes tiefes Atmen und Bewußtseinslenkung können wir den Schmerz nach und nach aufheben und Disharmonien ausgleichen. Die «wunden Punkte» – ob tief im Inneren unseres Körpers, unserer Seele und unseres Denkens oder an seiner Peripherie – können mit Hilfe der Atmung wieder regeneriert, geheilt und neu belebt werden.

*Es ist die Weisheit unseres Körpers, seine ihm innewohnende Intelligenz, die uns in ihrer eigenen Sprache immer daran erinnert, Leben zu erhalten, unsere Gesundheit zu fördern und unser Bewußtsein zu entfalten.*

## Außergewöhnliche Atemerlebnisse

Ich bin immer wieder berührt von der Tiefe ungewöhnlicher, ja teilweise sogar lebensverändernder Erfahrungen meiner Seminarteilnehmer und Klienten. Häufig sind es Menschen, die sich das erste Mal mit dem Atem vertraut machen und völlig unbedarft, ohne irgendwelche Erwartungen sich der Kraft ihres Atems übergeben. An dieser Stelle möchte ich einige dieser Berichte, die ich nach Rücksprache freigeben darf, mit Ihnen teilen – persönliche, besonders berührende Erlebnisse während verschiedener Atemsitzungen:

> Meine Arme und Hände liegen weit ausgebreitet und geöffnet. Intensive Vibrationen strömen von meiner rechten Hand durch den Körper hinüber zur linken. Beide Handflächen liegen auf dem Boden. Es ist, als ob

es keinen Unterschied gibt zwischen meinen Händen und dem Boden. Sie sind eins. Dann fühle ich, wie ich von überall her Energie in mich aufnehme – aus der Erde, aus der Luft, von allem, was mich umgibt. Und ich kann so viel davon haben, wie ich brauche. Es ist alles da, es gibt keinen Mangel. Und doch – es fällt mir nicht leicht, das anzunehmen, aufzunehmen ... Dabei wird mir bewußt, daß ich auch in meinem täglichen Leben nur schwer annehmen kann! ... Ich hatte immer Angst davor, abhängig zu werden. Plötzlich wird mir auch der Unterschied zwischen «Nehmen» und «Empfangen» bewußt. Nie war ich wirklich bereit zu «empfangen». Ich war nie wirklich «empfangende» Frau. Doch jetzt kann ich die mich durchströmende Energie empfangen.
Nach einiger Zeit erlebe ich mich in mir und doch zugleich mit allem verbunden, was es gibt, mit der ganzen Welt, verschmolzen mit allem. Ein völlig ungewohntes Gefühl, als ob ich neu geboren bin ... warm und geborgen, glücklich, unendlich glücklich und dankbar – dankbar, daß es mich gibt, meinen Körper, den Atem. Ich bin von neuer, bislang unbekannter Energie und Fülle so lebendig ...

*Rita, 32 Jahre, Krankenschwester*

... Und wie von selbst wurde mein Atem auf einmal tiefer, länger, runder. Die lähmende Angst, die in meinem Brustraum steckte und meinen Nacken und Kehlkopf zuschnürte, löste sich langsam auf. Ich fühlte mich unendlich frei ... doch nicht lange. Hinter der Angst versteckte Gefühle drängten an die Oberfläche, Gefühle, die ich in meinem Alltagsleben verdrängt hatte, nie zugelassen. Da war eine große Traurigkeit. Auf einmal wußte ich, warum ich hierher gekommen war. Es gibt da noch eine andere Welt in mir, eine Welt tiefer Empfindungen, die ich bisher nicht wahrnehmen wollte. Erinnerungen aus meiner Kindheit wurden wach … Wortfetzen wie «ein Mann weint nicht, zeigt keine Gefühle», während mir nach Jahren wieder einmal die Tränen kamen. Die Worte und die Tränen – sie waren die Tür zum Gefängnis meines Innenlebens. Und hier in dieser Sitzung erlebte ich meinen Atem zum ersten Mal wie einen befreienden Schlüssel zum versperrten Schloß in die Welt meiner Emotionen und Gefühle. Dann wurde ich überschwemmt von einer ganzen Skala unterdrückter Emotionen und verdrängter Gefühle. Jetzt bin ich erschöpft und zugleich erleichtert. Ich fühle mich insgesamt rund, empfindsam, etwas verunsichert noch durch diese Erfahrung …

*Herbert, 52 Jahre, Ingenieur*

Es war kein einfacher Prozeß, mit der Wahrheit hinter meinen diversen Masken, die ich jetzt plötzlich erkannte, konfrontiert zu werden. Ich kam mir vor, wie eine Zwiebel, deren Schalen über den Atem schichtweise abgeschält wurden. Mit jeder Schale führte mich mein Atem weiter zu meinem innersten Kern, der etwas ganz Empfindsames zu beschützen und zu verbergen schien. Das Schlimmste auf dieser «Reise» war die Angst. Es war die Angst, eine Hülle, eine Maske nach der anderen fallen zu lassen, immer nackter zu werden, mich vollkommen zu entblößen, Überflüssiges fallen zu lassen, so nackt, bis ich innerlich völlig nackt vor mir selbst dastand, mit allen Unvollkommenheiten, die mir nach einiger Zeit gar nicht mehr so bedrohlich schienen. Sie waren Teil meines Menschseins. Ich konnte sie plötzlich akzeptieren. Da wurde mir auf einmal bewußt: Wenn ich mich nicht selbst in meinem Innersten zu entdecken und zu lieben wage, mit allem, was ist, wie kann ich dann jemals den Schöpfer, Gott, in mir und in meinen Mitmenschen entdecken? Wenn ich mich nicht in meiner innersten Nacktheit annehmen kann, die zunächst tatsächlich viel bedrohlicher scheint, als mich äußerlich nackt zu zeigen, dann lebe ich doch in einer Welt selbstgeschaffenen Scheins. … In diesem Augenblick erkannte ich, daß ich mich bis zu dieser Stunde in einem selbstgefälligen Scheinglauben bewegte und zeigte. Ich lebte gefangen in einer selbstkreierten Illusion, die einzig eine Vorstellung über Gott, meine Weltanschauung und über mich selbst war …

*Gundula, 41 Jahre, Yogalehrerin*

Noch nie habe ich das JA zum Leben so intensiv erlebt. Es war wie ein Bejahungsschrei aus allen meinen Zellen, das JA zu der, die da liegt, das JA, daß es mich gibt, das JA zu allem, was ist. Es war wie ein Orgasmus, der im Innersten meines Brustraums explodierte und statt aus den Genitalien aus dem tiefsten Punkt meines Herzens strömte, sich von dort über den ganzen Körper wellenförmig verbreitete, alle Zellen erfaßte, von den Zehennägeln bis zu den Finger- und Haarspitzen strömte und weit darüber hinaus. Dann war ich nur mehr Freude, Glückseligkeit und reines Bewußtsein … Stille, unendliche Stille und Frieden …

*Mira, 49 Jahre, Tänzerin*

Ich fühlte mich plötzlich wie eine Kugel, die innerhalb ihrer Kugeln weitere Kugeln birgt. Ich atmete weiter. Die Kugeln wurden durchsichtiger. Dann drang ich zu etwas vor – es war ein Raum, der sich schwer in Worten beschreiben läßt, eine Ebene, die nichts mehr und doch alles zu enthalten schien … wie ein kleiner Punkt und doch grenzenlose Weite, ein Zustand von Einheit, der mit allem verbunden ist, jenseits der Dualität und doch innerhalb der Dualität, als ob das Weibliche und das Männliche an diesem Punkt in mir eins geworden sind, wie ein Aufheben und Zusammenfallen aller Gegensätze. Und auf einmal wurde mir noch etwas klar: Es war das Wissen, daß die tiefsten, innersten Erfahrungen der Mystiker aller Welt, aller Kulturen und aller Zeiten in diesem Raum dieselben sind. ... Die wirkliche Religion ist die unmittelbare Seinserfahrung, daß letztlich alles aus dem Raum meiner innersten Quelle entspringt, geboren aus meinem Ursprung, um sich von dort wieder nach außen über verschiedene Symbole, Wege und Methoden zu offenbaren ...

*Armin, 55 Jahre, Theologe*

*Prana ist die Quelle unseres Lebens.*
*Prana und Atem gehören zusammen.*
*Ohne Prana ist Atmen nicht möglich.*
*Und ohne Atem können wir kein Prana*
*in uns aufnehmen.*
*Das eine bedingt das andere.*
*Atem ist unser rhythmischer Lebenspuls,*
*der wie ein Pendel unsere Außenwelt*
*mit unserer inneren Kraftquelle verbindet.*
*Der Atem ist der Schlüssel zu unserem Ursprung,*
*dort, wo sich alle Spannungen und Gegensätze auflösen,*
*alle Polaritäten verbinden.*

# 4 Wu-wei, das Wunder der Absichtslosigkeit

*Größer aber noch, wie der sichtbare Weltraum mit seinen Elementen,*
*ist der Raum im Inneren des Herzens.*
*Er birgt Feuer und Wind, Himmel und Erde,*
*Sonne und Mond …*

VEDEN

Menschliches Handeln folgt immer einer Absicht: Wir alle *tun* etwas, um ein bestimmtes Ziel zu erreichen. Wir streben verschiedene Wirkungen an und handeln zweckorientiert. Unsere Vorstellung ist also stets gebunden, gefesselt an eine Absicht. Selbst wenn wir Körperübungen machen, richten wir unsere Aufmerksamkeit nur auf das Ziel. Doch ein intensives, bewußtes Erleben unserer *Selbst* innerhalb unseres *Körpers* droht mit einer Einstellung, die nur auf das Ergebnis unseres Handelns ausgerichtet ist, verlorenzugehen. Wenn wir in dieser Haltung üben, verfehlen wir das Freisein, die Freude und die Leichtigkeit des Augenblicks.

Es ist kaum möglich, spontan und unbeschwert zu üben, wenn wir ehrgeizig und verbissen den «Belohnungs-Bonbons» am vermeintlichen Ziel nachjagen. Ich habe beobachtet, daß ein solch zweckgebundenes leistungsorientiertes Üben die mögliche Wirkung einschränkt: Das eigentliche Ziel, die tiefe Erfahrung, die hinter allen vordergründigen Zielen verborgen ist, wird verfehlt.

Wie können wir unsere innere Haltung ändern? Ein taoistisches Konzept macht deutlich, worum es dabei geht: *Wu-wei, Nicht-Tun,* bedeutet absichtsloses Handeln. Dieser Begriff aus dem *Tao-te-ching* bezeichnet die Haltung des

Nicht-Eingreifens in den natürlichen Lauf der Dinge. Es ist spontanes Handeln, das sich frei von Absichten der jeweiligen Situation anpaßt. Wu-wei ist frei von Anstrengung und Begierde: «Denn das Tao ist beständig, ohne Aktion, wodurch es nichts gibt, was nicht geschieht», erklärt Laotse im *Tao-te-ching*. Der Wu-wei-Zustand ist reines Gewahrsein, verbunden mit entspannter, losgelöster Achtsamkeit.

**Der Taoist hütet sich, in den Lauf der Dinge einzugreifen.**

Der Taoist hütet sich, ständig in den Lauf der Dinge einzugreifen. Er gibt allem die Möglichkeit, sich gemäß seiner eigenen Natur zu entfalten. Nur so kann ihm Erfolg beschieden sein. Wu-wei kann als Handeln innerhalb der Grenzen des Natürlichen und Notwendigen verstanden werden. Das Tao wirkt spontan und absichtslos, gemäß seiner Natur, und trotzdem gibt es nichts, was ungetan bleibt. Was aber ist das *Tao*? Chuangtse, einer der alten Taoisten, beschreibt es so:

> Vom Tao kann man durch keine Gedanken und kein Nachsinnen etwas wissen. Man nähert sich ihm, indem man im «Nichts», in der Leere ruht, indem man nichts nachgeht und nichts verfolgt … Der Weise lehrt etwas, das nicht mehr in Worten Ausdruck findet … Das Tao, das mit dem Namen genannt wird, ist nicht das ewige Tao … Alles, was wir uns vorstellen, was wir wahrnehmen, wandelt sich! Doch das, was wahrnimmt ist unwandelbar …

Ähnliche Vorstellungen finden wir in allen philosophischen Schulen und Systemen: als Leere und Fülle, als Zeit und Zeitlosigkeit, als absolute innere Stille und Frieden, während aktiver, dynamischer oder meditativer äußerer Bewegung, unabhängig von jeder Tradition, Disziplin oder Übungsform. Begrenzungen und Bedingungen schwinden: Wenn wir wirklich aus dem Tao, aus dem Wu-wei-Zustand leben, üben und handeln, dann gibt es kein Richtig oder Falsch, kein Gut oder Böse.

Der Übende bewegt sich aus der Mitte, aus dem Raum reiner Wahrnehmung, reinen Gewahrseins, in dem es keines erzwungenen Machens und Wollens mehr bedarf. Ruhig und gelassen übt er weiter, und diese Haltung durchdringt sein ganzes Tun. In der japanischen Zen-Tradition gibt es den berühmten Ausspruch: «Im Wasserschleppen und im Holzhacken, darin besteht das wundervolle Tao.» Der Sufi-Meister und Poet Rumi erklärt: «Jenseits von Gut und Böse gibt es einen Raum, dort werde ich dir begegnen.»

Die subtile Kraft und die Wirkung des Wu-wei, der Absichtslosigkeit, sind nicht zu unterschätzen. Absichtslosigkeit und entspannte Konzentration, Disziplin und Konsequenz widersprechen sich keineswegs. Während wir aufmerksam, konzentriert und bewußt bei der Sache sind, erkennen wir plötzlich: Das Ziel ist ja bereits in mir. Diese Erfahrung kann durch die Kunst des spielerischen und doch bewußten Übens, genauso aber während des Handelns im Alltag erlebt werden. Die Besonderheit ist dabei die Leichtigkeit, die Geschmeidigkeit, der Fluß der Bewegung. Die Bewegung, das Handeln geschieht bewußt von innen nach außen und führt die Form. Der Atem fließt sanft und rhythmisch, parallel zur Bewegung – ein Prinzip, das sich auf jede Übungsdisziplin sowie auf jede beliebige Tätigkeit im Alltag übertragen läßt:

Joggen, Yoga, Qi-Gong, Aikido, Autofahren, Tanzen, Kochen, Schwimmen. Wir können es bei jeder Sportart, beim Liebesspiel, im Fitnesstraining oder während meditativer Bewegungsrituale erleben. Der Schritt von der imitierten, im Äußeren ge*machten* Bewegung, vom unbewußten, mechanischen Handeln zum Wu-wei-Zustand, zum absichtslosen Tun, ist zunächst nur ein kleiner Impuls. Es ist die Entscheidung zu vermehrter Achtsamkeit, tieferer Wahrnehmung, erhöhter Bewußtheit …

*Absichtslosigkeit* fragt nicht nach dem Ergebnis. Der Wille ist dem absichtslosen Tun untergeordnet, wir lassen das Ziel los. In der Absichtslosigkeit bleibt Raum für Spontaneität und Leichtigkeit und nicht zuletzt für Kreativität, während sich das Ziel – das gewünschte Ergebnis – wie von selbst verwirklicht. Der Prozeß kreativer Selbstverwirklichung kann durch das Prinzip der Absichtslosigkeit anstrengungslos geschehen. Wir als Schöpfer gehen auf im Tun. Und in diesem Augenblick gibt es niemanden, der bewertet und analysiert, keine zerstörerische Kritik, kein Be- und kein Verurteilen.

**Der Prozeß kreativer Selbstverwirklichung kann durch das Prinzip der Absichtslosigkeit anstrengungslos geschehen.**

Hinter dem Geheimnis der Absichtslosigkeit verbirgt sich eine wunderbare Schöpfung, entstanden aus einem spontanen, unschuldigen Handeln, das die wirkungsvollsten Ergebnisse während des Handelns beziehungsweise Übens selbst erzielt. Das Ziel liegt nicht ausschließlich im Ergebnis. Es vollzieht sich während des Tuns. Gleichzeitig geschieht dabei jene befreiende Erfahrung: Der Schöpfer und seine Schöpfung werden eins. Der Schöpfer ist in seine Schöpfung eingegangen. Und doch hat er sich während seiner Schöpfung Schritt für Schritt verwirklicht und befreit. Mit anderen Worten: Der Übende und seine Übung sind nicht mehr getrennt. Der Übende wird zur Übung selbst. Der Schöpfer in seinem Inneren wirkt und befreit sich durch ihn aus sich selbst heraus. Dieser Prozeß kann um so leichter geschehen, je mehr wir alles erzwungene *Machen* und *Wollen* loslassen können. Nicht nur beim Üben, auch in jeder Lebenssituation – beim Arbeiten, Spielen, Lieben – können wir in den Raum des Tao, in den Wu-wei-Zustand eintreten …

Ich wünsche allen Übenden viel Glück, das zu erfahren,

was sich mit Worten allein nicht vermitteln läßt, denn darin liegt das *Wesentliche*: das Er*leben*, das Er*leiben* des einzigen Geheimnisses, für das es sich zu leben lohnt. Es ist die Entdeckung unserer Unsterblichkeit, das Gewahrsein unseres Ursprungs, unserer grenzenlosen Liebe, die verborgen hinter allen unseren mehr oder weniger bewußten menschlichen Handlungen liegt. Es ist der Ruf unserer transzendenten Wirklichkeit, die sich mit der Welt der Erscheinungen, mit unserem Körper, mit unserem Herzen, verbinden möchte, um durch unsere Sinne in der sicht-, hör- und fühlbaren Welt gelebt und verwirklicht zu werden.

Schritt für Schritt wird dabei unsere «Vertreibung aus dem Paradies» – die Urwunde unseres Menschseins – die Lebens- und Todesangst und die damit verbundene Angst vor Trennung, Trennung von uns selbst, von unseren Mitmenschen, von der Welt, wieder aufgehoben.

*In dem Maße, in dem wir unser innerstes Potential anzapfen, uns mit dem Schöpfer in uns wieder verbinden, können wir unsere körpereigene Intelligenz, die Klarheit unseres Geistes, die Weisheit unseres Herzens aktivieren und unser Mitgefühl entfalten. Und das bedeutet wieder nach Hause zu kommen, zurückzukehren in unsere wahre Heimat, in unseren Garten Eden, den jeder von uns mit und in sich trägt.*

# Teil II

# Von äußerer Fitness zu *InnerFitness* mit praktischen Übungen für Körper, Seele und Bewußtsein

*OM*
*ES SELBST ist in mich eingegangen, in jede Zelle,*
*bis in die Fingerspitzen.*
*ES manifestiert sich und offenbart sich in und durch mich als*
*Atem, wenn ich atme,*
*als Auge, wenn ich sehe,*
*als Ohr, wenn ich höre,*
*als Mund, wenn ich spreche,*
*als Geist, wenn ich denke,*
*als Kraftquelle, wenn ich liebe.*
*ES liebt durch mich und verbindet sich durch mich mit allem, was IST.*
*Somit IST ALLES in mir und ich in ALLEM …*

# 5 Eine Unze Praxis ist besser als eine Tonne Theorie

*Das Paradies ist in dir* hat Sie mit einigen wichtigen theoretischen Grundlagen vertraut gemacht, und jetzt stehen Sie an der Schwelle zur Praxis. Worte, Informationen, Konzepte und Theorien können die unmittelbare Erfahrung nicht ersetzen. Ich meine damit das Erleben Ihrer selbst, Ihre äußere Wahrheit und Ihre innere Wirklichkeit – durch Ihren Körper, mit Ihrem Herzen, durch die Welt Ihrer Gefühle, das Bewußtsein Ihrer Präsenz in allen Bereichen Ihres Lebens, auf allen Ebenen Ihres Daseins.

Das in Teil II und Teil III dieses Buches vermittelte Übungsprogramm ist eine Forschungs- und Entdeckungsreise zu uns selbst, in unser Bewußtsein, in unser Herz, in unseren Körper. Es ist eine Reise zu einem Wissen, das immer da war und immer da sein wird. Es sind Übungen, die sich gezielte Techniken aus verschiedenen Traditionen zunutze machen – jahrhundertelang entwickelt und erprobt. Sie wandeln, erweitern und ergänzen sich, genauso wie unser Leben in dieser sich ständig verändernden Welt. Auch die Bedürfnisse unseres Körpers und die Methoden, uns in und durch unseren Körper zu erfahren, sind Teil dieses lebendigen Wandels. Wenn wir aufmerksam und bewußt sind, können wir eine tiefe Weisheit entdecken, ein Wissen, das in jeder unserer Zellen schlummert, in jedem Winkel unseres Bewußtseins.

Der Schlüssel ist nicht so sehr das Tun und Machen, sondern das Wahrnehmen, das Erspüren und Geschehenlassen, das bewußte Handeln aus der Stille, aus dem Zentrum unserer inneren Kraftquelle. Daneben bedarf es einer gewissen regelmäßigen Übungsdisziplin, mit der wir von außen über den Körper unsere inneren Räume erspüren. Von dort führt der Weg wieder nach außen. Unsere Intuition, das uns innewohnende Wissen, kann dann über unsere Kreativität in unserem Alltag in jedem Augenblick gelebt und verwirklicht werden.

Damit das Übungsprogramm in die verschiedenen Bereiche unseres Lebens hinein wirken kann, ist es wichtig, mit der richtigen Einstellung zu üben. Betrachten Sie die Übungen in diesem Buch also nicht als Mittel zum Zweck, sondern als eine ganzheitliche Erfahrung, als Entdekkungsreise zu sich selbst.

## Ein Perlenmosaik für Anfänger und Fortgeschrittene

*Ein Mosaik aus Perlen und Sternchen*

Vor Ihnen liegt eine Fülle von erprobten Methoden, die Sie lehren, sich selbst und Ihre Umwelt intensiver und bewußter zu erleben. Sie können dabei Wohlbefinden genießen, mehr Lebendigkeit, tiefere Entspannung und eine erweiterte Wahrnehmung aller Ihrer Sinne. Darüber hinaus können Sie zu neuen und unerwarteten Erkenntnissen und Einsichten gelangen. Sie werden ein flexibles Übungsprogramm kennenlernen, das Sie Ihren persönlichen Bedürfnissen anpassen können.

Für Anfänger: *Steigen Sie ein!*

Für Fortgeschrittene: *Gehen Sie weiter!*

Erlauben Sie sich, das Abenteuer zu entdecken, das Sie sind, das Abenteuer Ihrer Wahrheit. Und das bedeutet, mitten in Ihrem Alltag Ihr Leben, Ihren Körper, Ihren Atem, Ihr Bewußtsein und Ihren Geist zu erforschen und zu erweitern. Unterwegs werden Sie sich von Begrenzungen, von überflüssigem Ballast, befreien. Dabei können Sie eine ungewöhnliche Leichtigkeit und Befreiung erleben – in Ihrem Körper, in Ihrer Psyche, in Ihrem Geist.

**Erlauben Sie sich, mitten im Alltag das Abenteuer zu entdecken, das Sie sind!**

Damit Sie das Übungsprogramm Ihren persönlichen Bedürfnissen gemäß nutzen können, finden Sie hier eine leichtverständliche, strukturierte Aufschlüsselung:

Alle Übungen in diesem Buch sind ihrem Schwierigkeitsgrad entsprechend mit Perlen oder Sternchen versehen.

Stellen Sie sich ein Perlenmosaik vor – ein wunderbares Mosaik aus einzelnen Perlen, das Sie sich selbst zusammenstellen. Dabei entscheiden Sie selbst, welche Perlen aus den Übungsabschnitten in Teil II und III Sie benutzen und ausprobieren möchten. Die Perlen sind austauschbar entsprechend der körperlichen, seelischen und geistigen Wirkung, die Sie verspüren. Sie können das Mosaik jederzeit ergänzen. Sie selbst bestimmen Tempo, Zeitpunkt und Dauer Ihres Übungsprogramms – so wie es Ihren Bedürfnissen entspricht. Ihr Mosaik kann nach Ihren Wünschen und kreativen Impulsen erweitert oder verkleinert werden. Vielleicht genügen Ihnen zu Beginn nur zwei oder drei Perlen, mit denen Sie regelmäßig zehn bis zwanzig Minuten «spielen».

*Das Paradies ist in dir* präsentiert Ihnen ein überschaubares Programm, das jeder Übungswillige und Experimentierfreudige leicht erlernen und im Gedächtnis behalten kann. Es ist ein Programm, das zu *eigenverantwortlichem Üben* motiviert. Welche Perlen oder Sternchen Sie auch immer den einzelnen Abschnitten entnehmen und ausprobieren – Sie sind Ihres eigenen Glückes Schmied!

Eine Perle 

*Alles, was mit einer Perle gekennzeichnet ist, ist für Einsteiger gedacht. Natürlich können auch Fortgeschrittene damit spielen und dabei immer wieder Neues für sich entdecken.*

Zwei Perlen 

*Mit zwei Perlen markierte Übungen empfehle ich bereits Eingestiegenen. Gleichzeitig ermöglichen sie eine Vertiefung und Weiterführung, aufbauend auf den Einsteiger-Übungen.*

Drei Perlen 

*Die wenigen Drei-Perlen-Methoden sind wie Mega-Vitamine für bereits Eingestiegene und Fortgeschrittene. Sie sind für die Forscher unter den Übenden, die Mut zur Eigenverantwortung haben sowie Kraft und Ausdauer, sich selbst immer wieder neu zu begegnen.*

Sternchen 

*«Sternchen-Übungen» sind für alle Übenden geeignet, egal wo sie sich auf ihrer äußeren und inneren Reise gerade befinden. Es sind Methoden für jeden Augenblick, jederzeit im Alltag durchführbar.*

## Der Übungsteil im Überblick

In Teil II finden Sie in jedem der fünf Übungskapitel Perlen für Einsteiger und für Fortgeschrittene. Sie können die Übungen selbständig nach der hier gegebenen Beschreibung erlernen. Das schließt nicht aus, sich erfahrene Begleitung zu suchen, vielleicht im Rahmen einer Übungsgruppe.

Der Abschnitt *Innere und Äußere Rhythmen* macht Sie vertraut mit einfachen Körper-, Atem- und Entspannungsmethoden, die Ihnen Lebendigkeit und eine entspannte Dynamik in Ihrem Alltag ermöglichen. Sie aktivieren den Fluß Ihrer Lebensenergie und erweitern Ihr Wahrnehmungsvermögen.

Das Kapitel *Das Große Geheimnis des Atems* lädt Sie ein, den Atem als wesentliche Grundlage aller anderen Praktiken zu erkennen. Sie finden Methoden für jeden Augenblick, ausgewählte Übungen zu erhöhter Lebendigkeit und Bewußtheit Ihres Körpers, zur Aktivierung Ihres Geistes und zur Beruhigung Ihrer Gedanken und Nerven. Ich lege Ihnen ans Herz, die Atemmethoden nicht nur an der Oberfläche zu streifen. Erweitern, ergänzen und vertiefen Sie Ihr Übungsmosaik. Sie werden bemerken, wie Sie dem wirklich tiefen Geheimnis Ihres Atems Schritt für Schritt näherkommen.

In *Harmonie der Gehirnhälften* finden Sie ein ausgewähltes Übungsprogramm, um Ihren Intellekt und Ihre Intuition sowie Ihre Innen- und Außenwelt zu verbinden. Verschiedene Körper-, Atem- und Bewußtseinsübungen aus Ost und West verbessern die Koordination Ihrer beiden Gehirnhälften und gleichzeitig die Symmetrie Ihrer beiden Körperhälften. Die gezielten Methoden unterstützen einen harmonischen Dialog, ein ergänzendes Zusammenspiel zwischen Verstand und Gefühl, zwischen Körper und Geist, zwischen Ihrem Intellekt und der tiefen Weisheit Ihres Herzens.

Ihre sieben wichtigsten Energiezentren mit den ihnen zugeordneten Drüsen und deren lebensnotwendigen Hormonfunktionen können Sie in dem Abschnitt *Unser Körper, das Buch mit den «sieben Siegeln»* erforschen. Sie können Ihr Mosaik erweitern mit Übungen, die Ihre Chakren aktivieren und harmonisieren, Unausgewogenheiten ins Gleichgewicht bringen, eine Über- oder Unterfunktion der Energiezentren und der entsprechenden Drüsen günstig beeinflussen.

Wollen Sie entdecken, daß Sie selbst der Schöpfer Ihres Lebens, Ihrer Welt sind und wie Sie negative Gedankenstrukturen und die entsprechenden Verhaltensprogramme auflösen können? Die dazugehörigen Perlen finden Sie in dem wichtigen Kapitel *Von der Macht der Gedanken, der Kraft des Wortes und der Magie der Vorstellung*. Sie erkennen Ihre Gedanken, Ihre Worte, Ihre inneren Bilder und Gefühle als das Grundwerkzeug Ihrer eigenen Schöpfung – ob positiv oder negativ. Zwölf wesentliche Punkte lehren Sie die Kunst, praktisch, unmittelbar und erfolgreich im Alltag zu affirmieren. Sie aktivieren die in Ihnen schlummernde kreative Intelligenz.

Wer bereit ist, tiefer zu forschen, kann die Quintessenz aller Methoden im Übungsprogramm von Teil III entdecken: *Das Paradies ist in dir – das Garten-Eden-Mysterium*. Entsprechend Ihrer Bereitschaft finden Sie dort wesentliche Botschaften und wertvolle Schlüssel – unbezahlbare Perlen für Anfänger und Fortgeschrittene. Dabei kann es geschehen, daß Sie das Garten-Eden-Mysterium als eine Ebene Ihres Bewußtseins erleben, daß Sie Ihren verlorengeglaubten paradiesischen Urzustand wiederentdecken – mitten in Ihrem Körper, in der Tiefe Ihres Menschseins. Schritt für Schritt «erleiben» Sie die Transformation Ihres

Herzens, die Transmutation Ihres Körpers.

Wertvolle *Vergebungsrituale* unterstützen Sie, Ihrem letzten und tiefsten Geheimnis – Ihrem unbegrenzten Wesen, Ihrem Ursprung – näherzukommen: DAS, was durch uns und aus uns geboren werden möchte, immer wieder neu, die Essenz unseres Lebens, die durch uns und alle anderen Lebewesen verkörpert und in der Welt verwirklicht und gelebt werden möchte.

Achten Sie auf Ihr Gespür, gepaart mit Unterscheidungskraft, welche Perlen Sie kombinieren oder einzeln benutzen wollen. Lassen Sie sich von Ihrer Abenteuerlust beflügeln und gleichzeitig von einer konsequenten Übungsdisziplin durch Ihren Alltag tragen. Die Perlen und Sternchen laden ein zum «Spielen ohne Streß». Doch empfehle ich Ihnen eine gewisse Ausdauer und möglichst tägliches Spielen – auch wenn es nur zehn bis zwanzig Minuten sind –, damit die Wirkungen Schritt für Schritt in allen Bereichen Ihres Lebens fühl- und sichtbar werden und sich entfalten können.

*Lassen Sie sich von Ihrer Abenteuerlust beflügeln und gleichzeitig von einer konsequenten Übungsdisziplin durch Ihren Alltag tragen!*

## Zehn Hinweise zum richtigen Üben

Bevor Sie sich jetzt mit dem Übungsprogramm vertraut machen, empfehle ich Ihnen, zehn wesentliche Hinweise zu beachten:

**1. Vor dem Essen üben**
Körper- und Atemübungen sollten vor dem Essen durchgeführt werden oder aber nicht eher als zwei bis drei Stunden nach einer Mahlzeit.

**2. Zeitpunkt und Zeitdauer bestimmen**
Finden Sie die für Sie richtige Zeit heraus – morgens vor dem Frühstück oder abends vor dem Essen. Erlauben Sie Ihrem Körper, die für Sie geeignete Zeitdauer herauszufinden.

**3. In lockerer Kleidung und in reiner, frischer Luft üben**
Tragen Sie weite, lockere und bequeme Kleidung. Üben Sie in einem gut durchlüfteten Raum. Versuchen Sie bei geeigneter Temperatur gelegentlich einmal nackt zu üben. Es ist ein herrlich befreiendes Gefühl!

**4. Regelmäßig üben**
Nachdem Sie Ihr persönliches «Übungsmosaik» zusammengestellt haben, üben Sie für eine bestimmte Zeit konsequent und regelmäßig. Lassen Sie das Üben zu einem natürlichen, selbstverständlichen Bestandteil Ihres Lebens werden, wie Essen, Trinken, Zähneputzen. Finden Sie zu einem Gleichgewicht von Disziplin, Konsequenz und «sich etwas Gutes gönnen».

**5. Losgelöst sein**

Stimmen Sie sich ein. Öffnen Sie sich – Ihren Körper, Ihr Herz, Ihr Bewußtsein. Erlauben Sie Ihrem Verstand, eine Zeitlang leer zu werden. Denn je ruhiger der Gedankenstrom, desto bewußter können Sie wahrnehmen, was in Ihnen geschieht.

**6. Bewußt üben**

Lassen Sie Ihr Programm weder zu einem mechanischen Fitnesstraining noch zu einem zwanghaften Leistungsstreben werden. Bleiben Sie mit Ihrer Aufmerksamkeit ganz im Hier und Jetzt, jeden Augenblick während der Übung. Beobachten Sie, wie Ihr Geist immer wieder abschweift. Oder wie er vorauseilen will, ein Ziel zu erreichen, das wir bereits in und mit uns tragen.

**7. Die Körperweisheit beachten**

Je entspannter und absichtsloser Sie üben, je mehr Sie Leistungszwang und Zieldenken loslassen können, desto tiefere Erfahrungen werden Sie erleben. Lassen Sie sich immer wieder von der Weisheit Ihres Körpers führen, nicht von Ihrem Intellekt. Unser Körper ist weiser, als alle Vorstellungen und Erwartungen, die wir von uns, von anderen, von den Übungen und deren Wirkung haben.

**8. Die Wahrnehmung ausdehnen**

Spüren Sie bei Körper- und bei Atemübungen die Dehnungen bis über Ihre Haut und darüber hinaus. Weiten Sie sich, so gut Sie können – die Haut ist unser empfindsamstes Sinnesorgan. Als «nach außen gerichtetes Gehirn» ist sie gleichzeitig Sender und Empfänger von Informationen, Empfindungen und Emotionen. Erlauben Sie Ihrem Bewußtsein, sich über Ihre Haut hinaus auszudehnen und zu entfalten. Es ist möglich, versuchen Sie es.

**9. Anstrengungslos üben**
Üben Sie weniger vom Kopf aus, sondern aus einem Raum des anstrengungslosen Geschehenlassens: vom *Machen* zum *Lassen*. Lassen Sie sich aus dem Raum des Tao bewegen, aus dem *Wu-wei*-Bewußtsein. Es ist weiser als der Käfig unseres begrenzten Verstandes. Irgendwann erleben Sie plötzlich: *ES bewegt sich durch mich, ES handelt durch mich ...*

**10. Absichtslos werden**
Öffnen Sie sich der universalen Lebensenergie von außen, die durch Sie strömen möchte, die sich mit der in Ihnen schlummernden Energie, mit Ihrem Potential verbinden möchte. Dann kann es geschehen, daß Sie fühlen: Es ist der Schöpfer, der durch mich übt, der sich durch mich bewegt und atmet. Sie entdecken auf einmal, daß Sie immer mehr in jenen Zustand kommen, der wahre Meditation ist: das absichtslose Dasein, überall und jederzeit. Nun können Sie jede andere Tätigkeit in Ihrem Alltag aus diesem Bewußtsein durchführen. Sie sind der Schöpfer/Übende, und Sie sind selbst zur Übung geworden – absichtslos, anstrengungslos.

## Kommunikation mit unserem intimsten Lehrer

*Verkörpertes* Wissen ist verinnerlichtes Wissen. Das bedeutet über unsere Sinne, über unseren Körper unmittelbar erfahrenes, in der Welt gelebtes und verwirklichtes Wissen. Die Erinnerung ist in unseren Zellen gespeichert. Es ist das, was man ohne große Worte als *gelebte Weisheit* beschreibt. Doch die Quelle von Weisheit liegt hinter Gedanken und Worten. Wie können wir uns nun aus dem Netz unserer täglichen Wort- und Gedankenverstrickungen befreien, die uns daran hindern, uns bewußt, lebendig und total in und mit unserem Körper zu erleben?

**Worte hindern uns häufig daran, das zu finden, was sich hinter ihnen verbirgt!**

Worte – gesprochen oder geschrieben – lenken uns ab und hindern uns häufig eher daran, das zu finden, was schon immer da war, immer ist und immer sein wird. Es ist unser reines Bewußtsein, das sich mit unserem Körper verbinden möchte, unsere reine Lebensenergie, die unseren Körper durchdringen möchte. Dazu bedarf es keiner Worte, vielmehr der Bereitschaft wahrzunehmen, geschehen zu lassen und – noch wichtiger – sich jeden Tag immer wieder neu daran zu erinnern, daß wir nicht nur einen Körper haben, sondern daß wir Körper sind, daß wir beseelte Körper und lebendige verkörperte Liebe sind.

Unser Körper gibt ohne Worte Hinweise auf alle Fragen, in der ihm eigenen Sprache. An dieser Stelle möchte ich Ihnen zur Einleitung ein erstes Kommunikationstraining mit Ihrem Körper – Ihrem weisesten und intimsten Lehrer und Freund – anbieten. Es sind zwölf Fragen, die Sie ihm jederzeit und überall stellen können, wenn Sie sich daran erinnern – je öfter, desto besser. Wenn Sie über Mut zur Selbstbetrachtung verfügen und ausdauernd und geduldig sind, nehmen Sie sich die Zeit, sich hinzusetzen und Frage für Frage schriftlich zu beantworten! Sie lernen dabei, die Sprache Ihres Körpers bewußter wahrzunehmen, sie zu verstehen und auf seine Signale einzugehen.

**Die Quelle von Weisheit liegt hinter Worten und Gedanken.**

Unser ganzer Körper beantwortet nonverbal in der ihm eigenen Sprache alle Fragen, die wir ihm stellen, wenn wir seine Signale kennenlernen und beachten. Dieselben Fragen kann auch unser Kopf beantworten. Wir haben «zwei Welten» in unserem Kopf – eine «rechte» und eine «linke» Hemisphäre. Beachten Sie bei dieser Übung: Welcher Anteil antwortet wirklich aus mir? Ist es die Welt meines Intellekts, begrenzt auf meinen Verstand, die in meiner lin-

1. *Fühle ich mich mit meinem Körper verbunden?*
2. *Lebe ich wirklich in meinem und durch meinen Körper?*
3. *Akzeptiere und liebe ich meinen Körper?*
4. *Bin ich offen oder verschlossen?*
5. *Bin ich steif oder gelenkig?*
6. *Wie ist das Gleichgewicht zwischen meiner körperlichen und geistigen «Gelenkigkeit»?*
7. *Wie wirken meine Gedanken, meine Gefühle und meine Worte auf meine Lebensenergie?* *Wie beeinflussen sie meine Lebensfreude?*
8. *Welchen Lebensraum gewähre ich mir und den Menschen, mit denen ich persönlich und beruflich verbunden bin?*
9. *Sexualität, Herz und Kopf – spielen sie zusammen oder besteht ein Ungleichgewicht?*
10. *Was überwiegt zur Zeit in meinem Leben: Geben oder Nehmen? Empfangen oder Loslassen?*
11. *Wem vertraue ich mehr – dem Wissen und der Weisheit meines Körpers oder der Meinung von außen, von meiner Umwelt?*
12. *JA oder NEIN? Wo liegt mein Schwerpunkt? Habe ich den Mut zu einem klaren JA oder NEIN und zum entsprechenden Handeln in meinem und durch meinen Körper?*

ken Gehirnhälfte zu Hause ist? Oder antwortet die Welt meiner inneren Weisheit, meine Intuition, die kreative Intelligenz meines Körpers, die aus meiner rechten Gehirnhälfte spricht? Die Antworten sind überraschend.

Wiederholen Sie diesen Test wenigstens einmal pro Monat. Beobachten Sie, wie sich Ihre Antworten verändern.

# 6 Innere und äußere Rhythmen

*Der gleiche Strom des Lebens,*
*der Tag und Nacht durch meine Adern strömt und mich bewegt,*
*durchströmt die Welt*
*und tanzt in großen Rhythmen weiter …*

RABINDRANATH TAGORE

Alles geschieht in uns, in unserem Körper. Alles, was außerhalb passiert, ausgelöst durch Bewußtseinsübungen, verschiedene Atemtechniken oder Körperbewegungen, nimmt jeder unterschiedlich in seinem Körper, in seiner Welt, wahr. Nicht jede Übung hat dieselbe Wirkung auf jeden Menschen. Es bedarf höchster Achtsamkeit und Intuition für den eigenen Körper und im Therapiebereich für den Körper des anderen, herauszufinden, welche Übung für wen und zu welchem Zeitpunkt geeignet ist. Doch je bewußter und konsequenter wir üben, desto empfindsamer werden wir für uns und für andere, und wir entdecken: In der Tiefe unseres Körpers ist viel mehr Intelligenz, Wissen und Weisheit als im Käfig unseres begrenzten Verstandes.

**In der Tiefe unseres Körpers ist viel mehr Intelligenz, Wissen und Weisheit als im Käfig unseres begrenzten Verstandes.**

In diesem Kapitel werden Sie einfache Körper-, Atem- und Entspannungsmethoden kennenlernen, die Ihnen Lebendigkeit und entspannte Dynamik für Ihren Alltag ermöglichen. Sie aktivieren den Fluß Ihrer Lebensenergie und erweitern Ihr Wahrnehmungsvermögen. Suchen Sie sich die Übungen heraus, von denen Sie sich persönlich angesprochen fühlen. Wenn Sie diese für eine gewisse Zeitdauer üben, wird Ihr Körper Ihnen selbst verraten, welche Perlen in Ihr Mosaik passen.

Eines aber ist sicher: Was immer Sie für sich entdecken – alle Übungen haben eine ganzheitliche Wirkung. Das heißt, sie wirken gleichzeitig auf mehreren Ebenen – auf der körperlichen, der seelischen und der geistigen Ebene. Sie beeinflussen die Welt Ihrer Emotionen, Ihre Stimmungslage, Ihr Denken, Ihren Intellekt, Ihre Intuition, Ihre Kreativität. Sie wirken *innen* und *außen*. Und nun wünsche ich Ihnen *viel Spaß und Erfolg auf Ihrer Entdeckungsreise!*

## Entspannung durch Dehnen und Strecken

Diese einfache Übung bewirkt eine *dynamische Entspannung*.

Stellen Sie sich aufrecht hin, Beine und Füße so breit, wie es für Ihr Gleichgewichtsempfinden stimmt. Schließen Sie die Augen, ziehen Sie Ihre Aufmerksamkeit von der Außenwelt zurück. Lassen Sie sich vollkommen in Ihren Körper fallen. Beginnen Sie dann langsam, sich mit tiefen Atemzügen in alle Richtungen dehnen und strecken zu lassen, den Bedürfnissen Ihres Körpers gehorchend. Spüren Sie, welche Teile Ihres Körpers sich strecken, welche sich zusammenziehen wollen. Nehmen Sie die Dehnung Ihrer Haut wahr? Vielleicht entdecken Sie einige verspannte Bereiche. Wenn ja, lenken Sie Ihre Aufmerksamkeit und Ausatmung bewußt in diese Körperteile und beobachten Sie, was geschieht. Können Sie sich ein Gähnen mit weit geöffnetem Mund ohne vorgehaltene Hand erlauben und wohlige Entspannungslaute zulassen? Genießen Sie diese Übung (Dauer: etwa fünf bis zehn Minuten).

## Dynamische Entspannung

*Manche Menschen glauben,*
*nur Durchhalten mache uns wirklich stark.*
*Doch manchmal stärkt uns gerade das Loslassen!*

Sie können Ihr tägliches Übungsprogramm beginnen, indem Sie diese Übung ein paar Minuten lang durchführen. Die *Dynamische Entspannung* ist aber auch als Einzelübung geeignet (Dauer: etwa fünf bis fünfzehn Minuten).

1. Stehen Sie aufrecht, die Füße etwa hüftbreit auseinander. Stellen Sie sich vor, Ihr Körper sei ein Federbett, das ausgeschüttelt wird. Die Schüttelbewegungen beginnen langsam und rhythmisch in den Beinen und breiten sich nach oben über den ganzen Körper aus. Sie atmen dabei tief und bewußt. Die Einatmung geschieht durch die Nase, die Ausatmung durch den Mund. Lassen Sie mit jeder Ausatmung alles los, was Sie jetzt bereit sind, aus Ihrem Körper, aus Ihrer Seele und aus Ihrem Gehirn zu entlassen. Der Inhalt muß Ihnen nicht unbedingt bewußt sein. Sie können sich zur Unterstützung von rhythmischer Trommelmusik begleiten lassen. Erlauben Sie den Rhythmen der Trommeln, Ihren inneren Rhythmus zu aktivieren und wieder ins Gleichgewicht zu bringen. Blockierte, festgehaltene Lebensenergie kann wieder freier fließen.

2. Lassen Sie nach einigen Minuten aus den Schüttelbewegungen raumgreifende, spontane Bewegungen entstehen. Folgen Sie dabei wieder dem Bedürfnis Ihres Körpers. Lassen Sie sich frei und spontan aus sich selbst heraus bewegen, mit oder ohne Musik. Erlauben Sie Ihrer Schöpferenergie, Sie spontan und frei zu durchströmen. Es ist der Schöpfer, der sich durch Sie bewegen und ausdrücken

**Es ist der Schöpfer, der sich durch uns spontan und frei ausdrücken möchte – in allen Bereichen unseres Lebens.**

möchte – in allen Bereichen Ihres Daseins. Beobachten Sie, welchen Bewegungsraum Sie sich zugestehen, wie frei Sie sich bewegen und wo Sie sich begrenzen. Vergleichen Sie Ihr Alltagsleben mit dieser einfachen Übung. Vielleicht können Sie feststellen, daß es derselbe Lebens- und Bewegungsraum ist, den Sie sich selbst und Ihren Mitmenschen im täglichen Leben gewähren, auf mehreren Ebenen – auf der körperlichen, auf der emotionalen und der geistigen Ebene. Wie innen, so außen: Eines bedingt das andere.

3. Nach etwa zehn Minuten Bewegung bleiben Sie ruhig stehen. Fühlen Sie, was in Ihrem Körper geschieht – beispielsweise ein Pulsieren oder Vibrieren, eine tiefere Atmung? Nehmen Sie einige Bereiche belebter, aktiver wahr als andere? Legen Sie dann Ihre Handflächen an die Stellen Ihres Körpers, an denen Sie Schmerzen, Spannungen oder Blockaden verspüren. Lenken Sie die durch die dynamische Bewegung freigewordene Energie mit bewußter Ausatmung gezielt in jene Körperteile. Sie können dabei stehen, sitzen oder liegen.

4. Diese Übung eignet sich auch ausgezeichnet als Partnerübung. Ein Partner legt die Hände auf die «Schwachpunkte» des anderen. Beide stellen sich vor, wie die durch das Schütteln im Körper freigesetzte heilende Lebensenergie mit der Ausatmung durch die Handflächen strömt und die Regenerationskraft des Körpers an den jeweiligen Stellen besonders aktiviert.

*Musikempfehlung*:
Anugama & Sebastiano, «Exotic Dance»

## Das Tao des Gehens

*Das Tao des Gehens* ist eine nach innen und nach außen gerichtete Meditation. Sie verbindet unsere Innenwelt mit unserer Außenwelt. Diese Übung läßt sich jederzeit und überall durchführen – allein oder inmitten einer Menschenmenge.

1. Finden Sie einen Platz, an dem Sie ungestört stehen und sich entspannen können (vorzugsweise in der Natur). Werden Sie sich Ihres ganzen Körpers bewußt, von den Fußsohlen, die den Boden berühren, bis hinauf zu den Haarspitzen. Erlauben Sie Ihrem Verstand, sich auszuruhen, leer zu werden. Falls Gedanken auftauchen, lassen Sie sie kommen und gehen, ohne sich damit zu identifizieren.

2. Beginnen Sie dann – möglichst barfuß – über den Boden zu gehen. Beobachten Sie besonders den Augenblick, in dem Ihr Fuß abhebt und zu einem neuen Schritt ansetzt. Wie steht es in diesem verlangsamten Tempo mit Ihrem Gleichgewicht? Setzen Sie dieses meditative Gehen etwa fünf Minuten lang fort.

3. Wenn Sie in freier Natur üben, können Sie eine Meditation der Sinne anschließen. Unser Körper hat fünf Sinne und neun Öffnungen, die unsere Innen- mit unserer Außenwelt verbinden und durch die wir ständig mehr oder weniger bewußt Lebensenergie über verschiedene Impulse von außen empfangen. Beobachten Sie beim Gehen aufmerksam, welches Sinnesorgan gerade wahrnimmt. Was können Sie sehen, hören, riechen, schmecken, fühlen?

**Unser Körper hat fünf Sinne und neun Öffnungen, die unsere Innen- mit unserer Außenwelt verbinden.**

Sie können diese Übung täglich mehrmals wiederholen. Immer, wenn Sie feststellen, daß Ihr Geist abschweift, kehren Sie zu Ihrer augenblicklichen Sinneswahrnehmung zurück. Am besten eignet sich dazu ein bewußter, langsamer Spaziergang in freier Natur. Sie werden sich wundern, wie sich Ihre Wahrnehmung verfeinert – mit welchen Augen Sie nach einiger Zeit sehen, welche Geräusche Sie durch Ihre Ohren wahrnehmen, welche Gerüche durch Ihre Nase.

## Himmel und Erde in mir

1. Stellen Sie sich aufrecht hin. Lenken Sie Ihre Aufmerksamkeit ausschließlich auf Ihre Füße. Spüren Sie den Kontakt mit Ihren Fußsohlen zum Boden. Stellen Sie sich vor, wie aus Ihren Fußsohlen Wurzeln in die Erde wachsen. Wenn Sie einige Zeit mit Ihrem Bewußtsein dort verweilen, kann es geschehen, daß Sie ein Prickeln und Pulsieren wahrnehmen.

2. Beginnen Sie nun, ausgehend von Ihren Füßen und Knien kleine vibrierende Bewegungen nach oben strömen zu lassen. Lassen Sie die Vibrationen von unten nach oben allmählich Ihren gesamten Körper erfassen. Auch bei dieser Übung geht es darum, sich bewegen zu *lassen*, statt die Bewegung zu *machen*. Lassen Sie sich fünf bis zehn Minuten lang von innen nach außen vibrieren, während Ihre Fußsohlen fest im Boden verwurzelt bleiben.

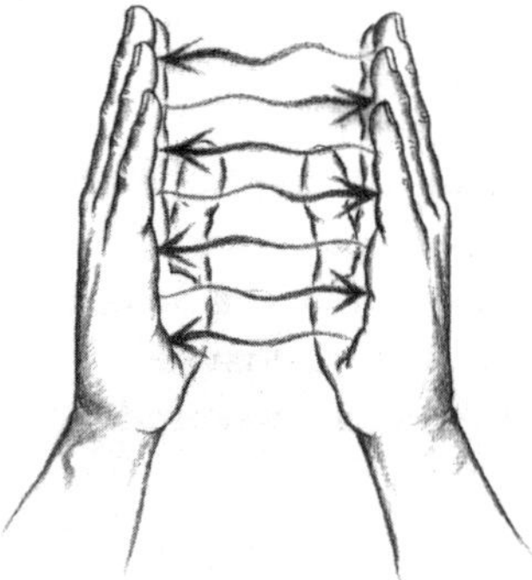

*Den Energiefluß spüren*

3. Anschließend falten Sie Ihre Hände vor der Brust. Bemerken Sie, was in Ihren Handflächen geschieht? Spüren Sie einen Energiefluß, ein Prickeln und Pulsieren, einen Energieaustausch von der rechten zur linken Handfläche

und umgekehrt? Bleiben Sie ein bis zwei Minuten in dieser Stellung.

4. Öffnen Sie sich dann ganz weit nach oben, dabei Arme und Hände weit in den Raum dehnen, Füße und Beine breit, Knie locker halten. Mit jeder Einatmung stellen Sie sich vor, wie sie über Hände, Arme und Kopf Energie aus dem Kosmos in Ihren Körper holen, tief in Ihrem Brustraum sammeln und im Herzen zentrieren. Mit dem Ausatmen lenken Sie den Energiestrom durch Ihren Körper, die Beine hinunter über die Fußsohlen tief in das Herz der Erde.

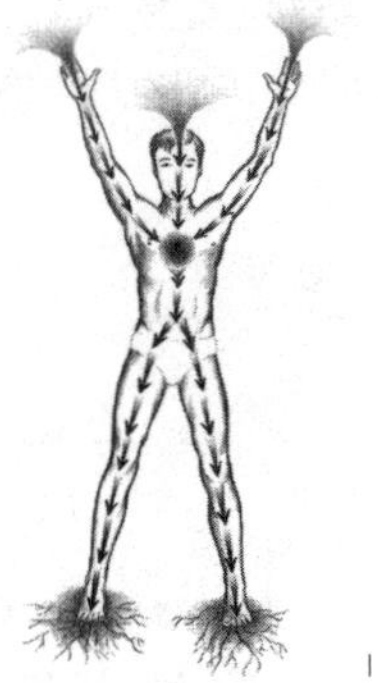

*Himmel und Erde in mir (4.)*

5. Anschließend stellen Sie sich vor, wie Sie mit jeder Einatmung aus dem Herzen der Erde Energie durch Ihre Füße, Beine, Ihr Becken und Ihren Bauch nach oben ziehen, tief im Brustraum sammeln und in Ihrem Herzen zentrieren. Mit jedem Ausatmen lenken Sie den Energiestrom nach oben durch Hals, Kopf, Arme und Hände in den Kosmos. Führen Sie diese Atmung drei bis sechs Zyklen lang durch.

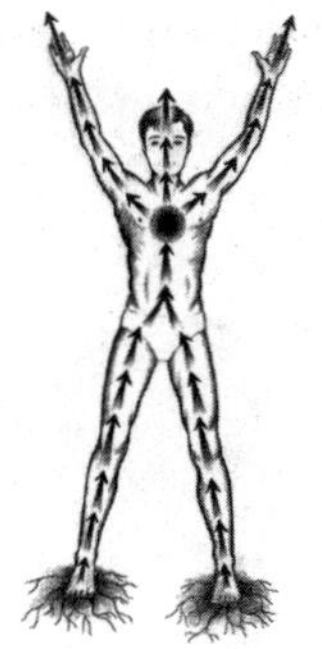

*Himmel und Erde in mir (5.)*

6. «Saugen» Sie anschließend mit jedem Einatmen kosmische Energie aus dem Raum in Ihren Körper: über Kopf, Hände und Arme und gleichzeitig Energie aus der Tiefe der Erde durch Ihre Fußsohlen und Beine. Sammeln und zentrieren Sie diese Energie wieder in Ihrem Herzen. Machen Sie eine kurze Atempause. Visualisieren Sie jetzt eine sich nach rechts drehende Lichtspirale im Zentrum Ihres Herzens, die sich mit jedem Ausatmen vergrößert und sich vom «Herzen Ihres Herzens» nach außen über Ihren ganzen Körper verteilt, Ihren ganzen Körper durchflutet. Führen Sie diesen Übungsschritt dreimal aus.

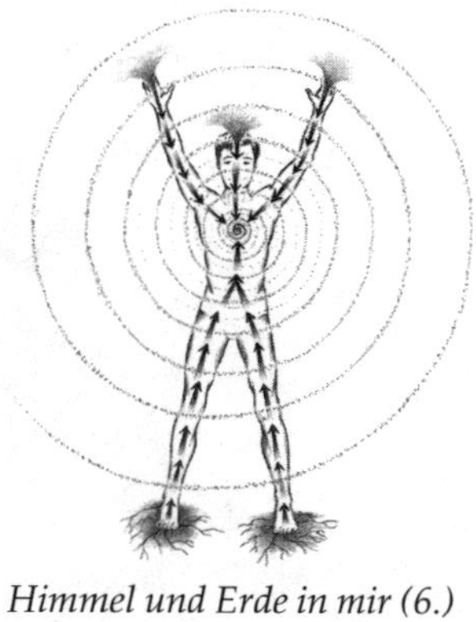

*Himmel und Erde in mir (6.)*

7. Abschließend legen Sie Ihre Fingerspitzen auf das Brustbein. Sammeln und zentrieren Sie den Energiestrom wieder auf den Punkt unmittelbar hinter dem Brustbein. Stellen Sie sich vor, wie gebündelte, weiche, goldgelbe, heilende Lichtstrahlen aus Ihren Fingerspitzen tief in die Höhle Ihres Brustraums fließen, während Sie sanft dort hinatmen. Beobachten Sie, was geschieht.

**Menschwerdung geschieht tief innerhalb unseres Körpers – im Herzen unseres Herzens – im Kern jeder Zelle.**

Vielleicht nehmen Sie beim Üben wahr, wie Ihr Körper zur Brücke zwischen Himmel und Erde wird, wie Himmel und Erde, wie «kosmische» und «irdische» Energie sich in der Tiefe Ihres Körpers begrüßen und heilend verbinden. Die Menschwerdung kann letztlich nur tief innerhalb unseres Körpers geschehen – im Herzen unseres Herzens, im Herzen jeder Zelle, über die heilende Verbindung von Bewußtsein und Körper.

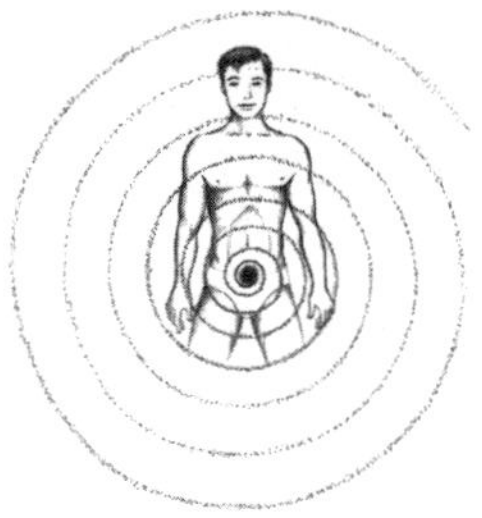

*Himmel und Erde in mir*

Sie können jeden der sieben Schritte einzeln als eine in sich abgeschlossene Einheit üben, jeweils fünf bis zehn Minuten. Sie können auch den Energiesammelpunkt vom Herzzentrum zur Körpermitte, zum Hara (etwa vier Finger breit unterhalb des Nabels), verlagern. Experimentieren Sie, testen Sie den Unterschied. Das Wichtigste dabei ist die Kombination von Haltung und Atem mit der Kraft bildhafter Vorstellung.

## Bodyflow – Bewegung aus der Stille

*Bodyflow* sind fließende, ineinander übergehende Bewegungen aus dem Raum der Stille, von innen nach außen. Diese Übung kann Freude und Wohlbefinden vermitteln, besonders dann, wenn wir jede Technik und Kontrolle über die Art und Weise unserer Bewegung loslassen. Wir haben die tiefen inneren Bedürfnisse unseres Körpers nach Lösung von Spannung, nach Bewegung, seine ihm innewohnende Weisheit über das *Wie* und *Wielange* oft genug überhört und häufig übergangen. Ich meine jene wichtigen Bedürfnisse, in denen verschüttete Schichten von Anspannung und Blockaden über den Atem, über spontane Bewegungen aufgelöst und freigesetzt werden können. Der freie spontane Bewegungsfluß, der wirklich von innen nach außen führt, bringt Schicht um Schicht an die Oberfläche. Sie können über rhythmische oder langsame meditative Bewegungen in Verbindung mit bewußter Atmung ausagiert und befreit werden.

Erlauben Sie sich Bewegungen, die Ihrem Körper ungewohnt sind, die er seit den Tagen Ihrer Kindheit vergessen hat. Lassen Sie Ihrer Phantasie dabei freien Lauf. Experimentieren Sie. Irgendwann entdecken Sie, daß Sie sich freier, spontaner, ausdrucksvoller in Ihrem eigenen Rhythmus bewegen. *Lassen* Sie sich bewegen, wie es für Ihren Körper stimmt. Spüren Sie in sich hinein: Ist da mehr das Bedürfnis nach langsamen fließenden oder nach rhythmisch dynamischen Bewegungen, vielleicht auch nach Stillstand? Was immer aus Ihnen herauskommen mag, setzen Sie es um in die entsprechende Bewegung, die für Sie stimmt. Erlauben Sie Ihrem Innenleben, sich über Bewegung, Atem und Ton nach außen zu stülpen. Schwingen Sie mit, während Sie Beobachter bleiben.

**Wir haben die tiefen inneren Bedürfnisse unseres Körpers oft genug überhört und übergangen.**

Überlassen Sie sich Ihrer Lebensenergie, von der Sie Ihr ganzes Leben lang bewegt werden, jener Lebenskraft, die durch jeden Winkel, durch jede Faser Ihres Körpers strömen und sich befreien möchte. Sie können *Bodyflow* mit und ohne Musik durchführen. Finden Sie die für Sie geeignete Musik, entsprechend dem jeweiligen Bedürfnis Ihres Körpers. Versuchen Sie beides. Entdecken Sie, wie die äußeren Rhythmen – langsam getragen oder dynamisch – Ihre inneren Rhythmen beeinflussen; wie vielleicht zuvor negative Empfindungen oder Trägheit und Schwere des Körpers sich auf einmal in Lebendigkeit, Lust und Freude verwandeln können. Die Übungsdauer beträgt etwa zehn bis zwanzig Minuten.

Die transformierende, heilende Kraft von *Bodyflow – Bewegung aus der Stille* ist nicht zu unterschätzen. Sie ermöglicht Ihnen, die Intelligenz und die Weisheit Ihres Körpers aufzuspüren und Ihr Bewußtsein noch mehr mit Ihrem Körper zu verbinden. *Bodyflow* beeinflußt Ihre körperliche Flexibilität und diese wiederum bedingt die geistige Beweglichkeit. Verschüttete Kreativität und schlummernde Intuition können sich entfalten und in alle Lebensbereiche hinein wirken.

*Musikempfehlungen*:
– Guem et Zaka, «Best of Percussion» (dynamisch)
– Oliver Shanti & Friends, «Rainbow Way» (meditativ)
– Adagios von Mozart, Bach u.a.

## Joggen – eine aktive Körpermeditation

Meditation – ein vieldiskutiertes und oft auch umstrittenes Thema – dient heute als Sammelbegriff für eine Vielzahl von Übungsverfahren unterschiedlicher Herkunft. Und doch haben sie alle das gleiche Ziel: das Bewußtsein des Übenden in einen Zustand zu versetzen, in dem er zu einer vertieften Wahrnehmung seiner selbst, zu Ausdehnung, Entspannung und Befreiung gelangen kann. Gemeinsames Kennzeichen aller Meditationsformen ist es, den Geist des Übenden zu sammeln, zu beruhigen und zu klären – wie die Oberfläche eines aufgewühlten Gewässers, dessen Grund man nur erblicken kann, wenn die Oberfläche still und das Wasser klar ist.

Dieser Zustand kann auf verschiedenen Wegen erreicht werden. Zum Beispiel durch Körper- und Atemübungen, durch Bewußtseinsschulung, durch Konzentration auf symbolische Formen oder verschiedene Klänge, auf Empfindungen wie Liebe oder durch das Verweilen in einem Zustand gesammelter, inhaltsloser Wachheit wie beispielsweise im Zen. Die Übungen sollen nicht als Mittel zum Zweck verstanden werden, sondern als ein Weg, der das Ziel bereits beinhaltet. Der wirkliche Erfolg zeigt sich darin, daß der Übende diese Erfahrung dann in das tägliche Leben integrieren, in den Alltag einbringen kann. Er ist fähig, das Erfahrene auch tatsächlich zu leben.

*Joggen* beziehungsweise bewußtes Laufen ist meiner persönlichen Erfahrung nach einer der Wege, den Alltag und den Körper in die Meditation mit einzubeziehen. Mehr und mehr kann der Alltag dann – in jeder Situation und in jedem Augenblick – zur gelebten Meditation, zur Spiel- und Übungswiese werden. Laufen ist – ähnlich wie Tanzen – eine der Möglichkeiten, den Körper während der Bewegung bewußt zu erleben, während ich beobachte, *wer* oder *was* da durch mich läuft. Wenn ich das Laufen nicht als anstrengende Übung betrachte, die ich mit Ehrgeiz betreibe, kann ich vieles in mir und um mich herum wahrnehmen: wie meine Lungen arbeiten, wie mein Atem freier wird. Ich kann die Sauerstoffzufuhr in meinem Gehirn, das energetische Prickeln im ganzen Körper und den verstärkten Pulsschlag spüren. Ich fühle, wie sich meine Poren öffnen, wie mit der Ausatmung saure, giftige Stoffe über die Haut mit dem Schweiß ausgeschieden werden. Die anfängliche Müdigkeit löst sich auf, und ich werde lebendig bis in den letzten Winkel meines Körpers. Meine Sinne werden geschärft, die Wahrnehmung erhöht. Ich erlebe die Welt um mich herum aus einer neuen erweiterten Sicht.

Bewußtes Laufen ist eine besondere Form *aktiver* Meditation. Nach einiger Zeit regelmäßigen Laufens kann Sie ein erhebendes Gefühl erfassen. Vielleicht spüren Sie sich endlich wieder in Ihrem Körper, erfüllt mit neuer Lebenskraft. Versuchen Sie einmal zwischendurch, sich von dynamischen, musikalischen Rhythmen aus dem Walkman inspirieren zu lassen. Das wirkt stimulierend auf das Gehirn und von dort aus auf den ganzen Organismus. Bewußte Bewegung und Atmung sind der Schlüssel, eine träge Masse Fleisch, eine schlafwandlerische Existenz, in einen wachen, voller Lebendigkeit strahlenden Körper zu verwandeln. Mit etwas Disziplin ist das Laufen einer der einfachsten Wege, aus der Trägheit herauszukommen.

*Den Geist zu befreien, die Seele zu «beflügeln» bedeutet*
*den Körper vom Geist bewegen zu lassen,*
*vom Bewußtsein tragen zu lassen,*
*von Bewußtheit durchdringen zu lassen.*

Damit das Laufen nicht zur qualvollen Pflicht wird, sondern zu einem lebendigen ganzheitlichen Erlebnis, achten Sie bewußt auf Bewegung und Atem. Folgende zwölf Punkte ermöglichen Ihnen eine andere Lauferfahrung, die weit in Ihren Alltag wirkt:

1. Sie selbst bestimmen die Zeit, das Tempo, die Strecke und die Regelmäßigkeit des Laufens. Entwickeln Sie das Laufen als Ihre eigene persönliche Meditation. Folgen Sie der Weisheit Ihres Körpers, und achten Sie darauf, wie Sie sich während des Laufens und danach fühlen. Ihr Körper weiß genau, was für Sie jeweils am besten ist!

2. Fangen Sie mit kurzen Strecken an, und laufen Sie dort, wo die Luft am reinsten ist! Beginnen Sie langsam, und legen Sie bei Bedarf kurze Gehpausen ein.

3. Laufen Sie so aufrecht wie möglich – Schulter, Brust, Bauch und Hüften in einer senkrechten Linie, die Beine locker heben, die Knie nach oben und vorwärts stoßend!

4. Achten Sie auf Ihren Kopf. Er sollte leicht beweglich auf Ihrem Nacken schweben. Ihr Nacken bleibt locker, die Schultern frei und nach unten gesunken, weg von den Ohren!

5. Die Arme schwingen locker zu beiden Seiten Ihres Körpers, in Übereinstimmung mit Schritt und Atmung. Ellbogen, Handgelenke und Finger sind locker, keine geballte Faust!

6. Lenken Sie Ihre Aufmerksamkeit bewußt immer wieder in Ihre Füße, besonders in die Fußsohlen, in die Knöchel, Waden, Knie, Oberschenkel, in Ihren Becken- und Bauchraum, in Ihr Gesäß. Vielleicht bemerken Sie, wie Ihre Organe und Gedärme rhythmisch zum Laufschritt massiert werden!

7. Atmen Sie möglichst durch die Nase. Die Ausatmung kann durch den Mund geschehen. Entwickeln Sie einen Laufrhythmus, in dem Schritte und Atmung übereinstimmen – beispielsweise vier Schritte während Sie einatmen, vier Schritte während Sie ausatmen. Sie können die Schrittzahl Ihrer Atemkapazität anpassen. Wichtig ist, daß Ein- und Ausatmung gleich lang sind. Finden Sie Ihren eigenen Rhythmus, und laufen Sie mit Ihrem Atem. Versuchen Sie nicht, Ihrem Atem davonzulaufen!

8. Laufen Sie lieber weniger als zuviel. Sie haben Zeit. Sie laufen nicht, um sich zu bestrafen, sondern um sich zu erspüren, zu erleben, in jeder Faser, in jedem Winkel Ihres Körpers!

9. Wenn Sie regelmäßig laufen, wachsen die Kraft und die Ausdauer Ihres Körpers, gleichzeitig Ihre Entscheidungs- und Willenskraft. Ihre Herzmuskelpumpe wird stärker, der Puls beruhigt sich. Lungenelastizität und Fassungsvermögen vergrößern sich. Ihre Nasengänge werden gereinigt. Füße und Beine werden bewußter und gekräftigt. Haut und Augen sprühen vor Lebenskraft. Ihr Körper wird leichter und schwereloser!

10. Sie können Ihre Atmung beim Laufen mit Affirmationen verbinden – zum Beispiel *Mut, Kraft, Freude, Liebe, Wahrheit, Klarheit, Harmonie, Ordnung* – jeweils im Rhythmus zur Ein- und Ausatmung. Finden Sie die für Sie in Ihrer gegenwärtigen Situation notwendigen und geeigneten Worte (siehe Kapitel 10).

11. Öffnen Sie mit jeder Einatmung mehr und mehr Ihren Körper. Stellen Sie sich immer wieder vor, wie Sie mit der Ausatmung alte Verspannungen und Blockaden in Ihren Muskeln loslassen und wie Sie gleichzeitig verrostete Gedankenmuster und überflüssige Konzepte und Programme aus Ihrem Gehirn entlassen. Beides hängt zusammen!

12. Erlauben Sie Ihrem Atem, immer tiefer in Ihren Körper einzudringen. *Lassen* Sie sich atmen. *Lassen* Sie sich laufen, immer lockerer, immer freier, ohne Zwang. Und dann kann es geschehen, daß Sie jenen Zustand erleben, daß Sie plötzlich bis zum Ende der Welt und darüber hinaus lau-

fen könnten. Daß Sie in jenes Bewußtsein fallen: Nicht mehr *ich* laufe und atme, sondern: Ich *werde geatmet*, ich *werde gelaufen*. Der Schöpfer läuft durch mich. Alles geschieht mühelos, wie von selbst. Mein Körper wird leichter und leichter ... Das ist es, was Meditation wirklich ist!

Und wenn Sie sich daran erinnern, dieses Bewußtsein, jene Momente dieser Erfahrung in Ihren Alltag einzubringen, kann Ihr ganzes Leben mehr und mehr zur gelebten Meditation werden.

*Musikempfehlungen für den Walkman*:
– Earth Tribe Rhythm
– Guem et Zaka, «Best of Percussion»

## Den Morgen begrüßen – Surya Namaskar, der Sonnengruß

Der *Sonnengruß* ist eine dynamische Entspannungsmethode, die zu einer entspannten Dynamik führt. Er lehrt uns, die Energie und Heilkraft der Sonne gezielt in unseren Körper strömen zu lassen. Das unterstützt uns darin, unsere Zellen aus der solaren Quelle zu nähren und aufzuladen, und hat gleichzeitig eine erhebende Wirkung auf Seele und Geist. Der *Sonnengruß* ist ein einfacher, besonders wirkungsvoller Übungszyklus aus der Yoga-Tradition, den Frauen und Männer erfolgreich üben können, von der Kindheit bis ins hohe Alter – überall und jederzeit.

Der Yoga-Philosophie entsprechend ist der Mensch als Mikrokosmos das Ebenbild von Makrokosmos, durchdrungen von den fünf Elementen Erde, Wasser, Feuer, Luft und Äther. Die Sonne wird im menschlichen Körper im Sonnengeflecht, dem Solarplexus, lokalisiert. Dieses wichtige Energiezentrum, unser sogenanntes «Bauchgehirn», ist dem Element Feuer zugeordnet. Das Sonnengeflecht kontrolliert laut Yoga-Lehre 7 200 Nerven- und Arterienstränge, die sich durch den Körper ziehen. Die durch den *Sonnengruß* in unserem Sonnengeflecht aktivierte und freigesetzte Energie strömt von dort aus in alle Körperteile und belebt jede Zelle.

Der *Sonnengruß* ist ein Übungszyklus von zwölf ineinander übergehenden Bewegungen. Die Übungen nehmen nur einige Minuten in Anspruch und wirken doch auf den ganzen Organismus. Sie haben eine heilende, stärkende, aufbauende und belebende Wirkung auf den ganzen Menschen – auf Körper, Seele und Geist. Jeder Teil des Körpers wird bewegt, gedehnt, aktiviert und bewußtgemacht. Der Sonnengruß bewirkt Kraft, gleichzeitig aber auch eine tiefe innere Ruhe. Das gesamte Verdauungssystem wird stabilisiert, das Herz gestärkt, der Blutdruck und damit die Blutzirkulation reguliert. Die Funktion der Drüsen und der lebenswichtigen Organe wird aktiviert: Herz, Magen, Leber, Milz und Därme. Unsere Immunkräfte werden gesteigert. Durch das abwechselnde Strecken, Dehnen und Pressen in Verbindung mit bewußter Atemlenkung werden Gifte und Schlacken im Körper freigesetzt und ausgeschieden.

Ich empfehle, den *Sonnengruß* möglichst morgens gleich nach dem Aufstehen zu üben. Doch spüren Sie, ob dies auch für Ihren Körper wirklich stimmt. Durch die intensive Aktivierung des gesamten Körpers wird der Tagesrhythmus positiv beeinflußt. Tragen Sie lockere Kleidung, nichts Einengendes, besonders nicht im Bereich des Solarplexus. Sie können auch nackt üben, es ist ein herrlich befreiendes Gefühl. Üben Sie in der ersten Woche nur ein bis drei Zyklen, und steigern Sie die Zahl allmählich. Üben Sie in der angegebenen Reihenfolge (Ziffern 1 bis 12 in der

Abbildung). Finden Sie den für Ihren Körper geeigneten Rhythmus – langsam oder schnell – heraus. Beachten Sie die korrekte Atemlenkung! Jeder Bewegung entspricht ein Atemzug. Ihr natürlicher Atem führt die Bewegung: Atemansatz ist gleich Bewegungsansatz. Üben Sie bewußt, und bleiben Sie mit der Aufmerksamkeit bei der Übung, während Sie immer wieder in Ihren Körper hineinspüren.

*Stellung 1: Ausatmen,* während Sie aufrecht stehen. Falten Sie Ihre Hände vor der Brust. Begrüßen Sie die Sonne. Lassen Sie ihr Licht, ihre Energie, ihre Wärme mit jedem Atemzug tief in Ihren Körper strömen …

*Stellung 2: Einatmen,* während Sie Ihren Körper zurückbeugen. Führen Sie Ihre Arme gestreckt über den Kopf nach hinten. Dehnen Sie Ihre Nabelgegend. Weiten Sie Ihren Brustraum. Öffnen Sie Ihre Achselhöhlen. Spannen Sie Ihre Gesäßmuskeln an …

*Stellung 3: Ausatmen,* während Sie sich langsam nach vorne beugen. Die Handflächen kommen vor den Zehen auf den Boden. Dort bleiben Sie bis zum Schluß des Surya-Namaskar-Zyklus unverändert liegen. Dehnen Sie die gesamte Rückseite Ihres Körpers …

*Stellung 4: Einatmen,* während Sie Ihr linkes Bein nach hinten strecken. Ihre Zehen sind aufgestellt. Ihr linkes Knie berührt den Boden. Ihr rechtes Bein ist um 90 Grad angewinkelt, das Knie über dem Knöchel. Beugen Sie Ihren Kopf leicht nach hinten …

*Stellung 5: Halten Sie Ihren Atem an,* während Sie Ihr rechtes Bein ebenfalls zurückstrecken. Ihre Halswirbelsäule,

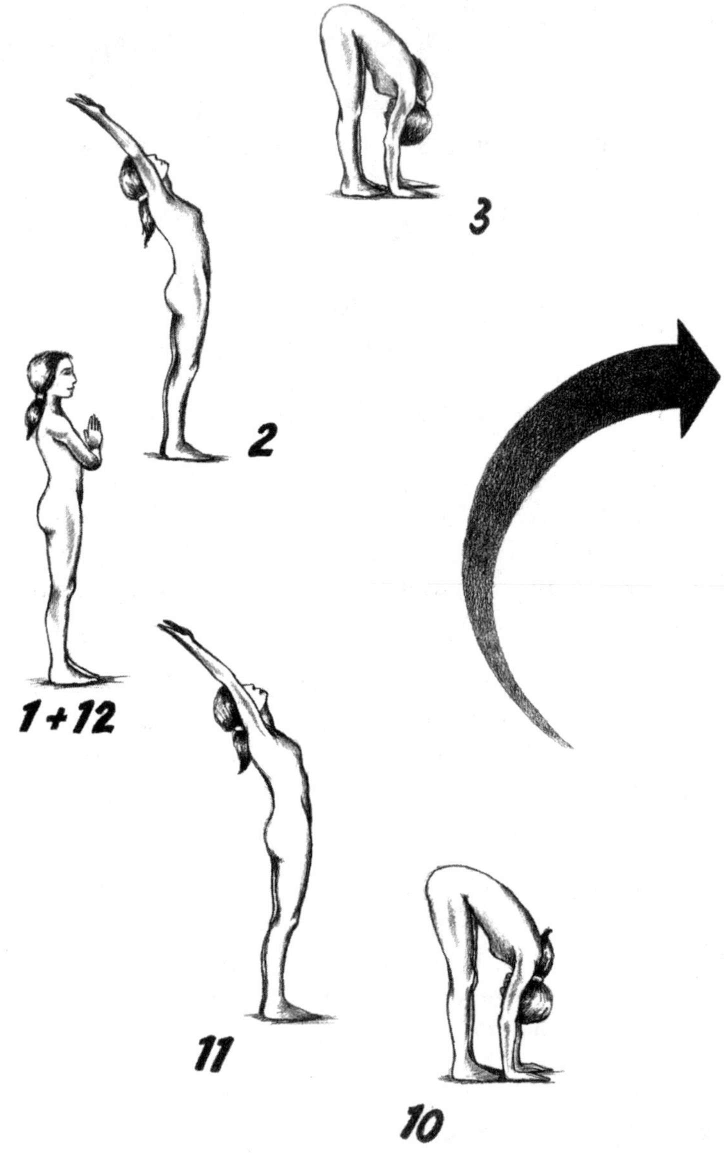
3
2
1 + 12
11
10

*Surya Namaskar – der Sonnengruß*

Rücken, Gesäß und Beine bilden eine Linie, Ihre Zehen sind aufgestellt …

*Stellung 6: Ausatmen,* während Sie Ihre Arme beugen. Stirn, Brust und Knie berühren den Boden. Heben Sie Ihre Hüften und Ihr Gesäß so hoch wie möglich vom Boden. Ihre Zehen sind aufgestellt …

*Stellung 7: Einatmen,* während Sie Ihren Kopf und Ihren Oberkörper zurückbeugen. Ihr Brustraum ist geweitet, Ihre Gesäßmuskeln sind angespannt, die Zehen sind aufgestellt …

*Stellung 8: Ausatmen,* während Sie Ihre Hüften und Ihr Gesäß so weit wie möglich nach oben heben. Arme, Beine und Oberkörper bilden ein umgedrehtes V. Bringen Sie die Fersen so nahe wie möglich zum Boden. Ihre Handstellung ist noch immer unverändert …

*Stellung 9: Einatmen,* während Sie Ihr linkes Bein jetzt mit einem weiten Schritt nach vorne bringen. 90 Grad anwinkeln, das Knie kommt dabei über den Knöchel. Das rechte Bein ist nach hinten gestreckt, das rechte Knie zeigt zum Boden. Die Zehen sind aufgestellt. Beugen Sie Ihren Kopf leicht nach hinten …

*Stellung 10: Ausatmen,* während Sie Ihren rechten Fuß mit einem Schritt nach vorne neben den linken bringen und sich wieder langsam aus den Hüften nach vorne beugen. Fühlen Sie die Dehnung der gesamten Rückseite Ihres Körpers bis über die Haut …

*Stellung 11: Einatmen,* während Sie Ihren Körper zurückbeugen. Strecken Sie Ihre Arme wieder nach hinten über den Kopf. Dehnen Sie die Nabelgegend. Weiten Sie den Brustraum. Öffnen Sie Ihre Achselhöhlen. Spannen Sie Ihre Gesäßmuskeln an …

*Stellung 12: Ausatmen,* während Sie in die Ausgangsstellung zurückkommen. Falten Sie wieder Ihre Hände vor der Brust. Atmen Sie dreimal tief durch, und lassen Sie dabei mit Hilfe Ihrer Vorstellungskraft Ihren Körper von Licht, Energie und der Wärme der Sonne durchfluten.

Üben Sie diesen Zyklus drei- bis zwölfmal. Lassen Sie den *Sonnengruß* mehr und mehr zu einer dynamischen Meditation werden, in die Sie Ihren ganzen Körper mit einbeziehen. Beobachten Sie, wie Ihre Wirbelsäule täglich flexibler wird, Ihr ganzer Körper lebendiger, durchlässiger und schwereloser, Ihr Geist klarer …

*Musikempfehlungen*:
– Rick Wakeman, «Aspirant Sunrise»
– Rick Wakeman, «Aspirant Sunset»

# 7 Das große Geheimnis des Atems

*Der Atem ist ein Strom, der von der physischen Ebene*
*zu unserem innersten Zentrum fließt,*
*ein Strom, der sich seinen Weg durch unseren Körper,*
*durch unsere Seele und unseren Geist bahnt.*
*Er strömt zu unserem innersten Lebenskern und wieder zurück.*
HAZRAT INAYAT KHAN

Atmen ist Leben. Wir atmen jeden Augenblick, ob wir uns dessen bewußt sind oder nicht. Jedes Lebewesen auf dieser Welt atmet. Dabei verbinden wir unsere Außenwelt mit unserer Innenwelt. Der erwachsene Mensch atmet pro Minute im Durchschnitt vierzehn bis sechzehn Mal. Pro Jahr ergibt das etwa 8400000 Atemzüge aus der «Prana-Energiequelle», die wir mehr oder weniger bewußt zu uns nehmen. In meinen Kursen und Seminaren werde ich manchmal von Teilnehmern gefragt, ob sie «richtig» atmen. Es gibt kein «richtiges» oder «falsches» Atmen, es gibt nur bewußtes und unbewußtes Atmen. Wenn wir uns die Qualität unseres Atems, unser Atempotential vergegenwärtigen wollen, ist *bewußtes* Atmen zunächst einmal das Wichtigste. Allein das aufmerksame Beobachten unseres Atems löst unerwartete, heilende Veränderungen aus. Unsere Körperwahrnehmung wird erhöht, und wir entdecken die Verbindung, die Einheit von Körper, Atem und Bewußtsein.

Die ungeheure Kraft, das Geheimnis des Atems ist seit Jahrtausenden bekannt, ebenso die zahlreichen Techniken, die zu verschiedenen Erfahrungen führen und mit denen sich die unterschiedlichsten Ergebnisse erzielen lassen: von der Steigerung körperlicher Vitalität und Gesundheit und der Auflösung psychischer Blockaden über Hellsichtig- und Hellfühligkeit bis zur wachsenden Entfaltung unseres Menschseins, unseres Bewußtseins und unseres Potentials, bis hin zur höchsten Gotteserfahrung. In den alten Hochkulturen in Ägypten, im Vorderen Orient beispielsweise bei den Sufis, aber auch in Indien und anderen asiatischen Ländern, wurde der Atem als etwas Heiliges betrachtet. Die Lehre des Atems war eine Geheimlehre, in die nur jene Personen eingeweiht wurden, die einen entsprechenden Reifegrad erreicht hatten und die es verstanden, verantwortungsbewußt mit Lebensenergie umzugehen.

Seit der Wiederentdeckung verschiedener alternativer Heilverfahren in den letzten Jahrzehnten wird dem Atem wieder besondere Bedeutung beigemessen. Die Atemtherapie ist heute sowohl eine begleitende, als auch eine selbständige Heilmethode. Dabei ist bei allen Atemtechniken *bewußtes Atmen* der Schlüssel zu ganzheitlicher Gesundheit, zu einer Ausgewogenheit von Körper, Seele und Geist. Verbunden mit der Kraft der Gedanken und der Macht der Vorstellung ist der Atem eines der wirkungsvollsten Instrumente, unser menschliches Potential in allen Bereichen unseres Daseins zu leben. Er ist das Medium zur «Initiation ins Leben», für jeden Menschen erfahrbar, der sich auf den Atem wirklich einläßt.

**Allein das bewußte Beobachten unseres Atems löst heilende Veränderungen aus.**

Wenn wir uns dem belebenden und heilenden Fluß unseres Atems wirklich öffnen und hingeben, wenn wir Prana – die Urlebensenergie – bewußt in uns einströmen lassen, dann beantwortet der Atem selbst alle Fragen, die wir an ihn haben. Er bietet uns sein größtes Geschenk an, das er uns zu vermitteln vermag. Er verrät uns sein tiefstes Geheimnis, das wir in keinem Weisheitsbuch der Welt mit noch so faszinierenden Worten finden können – jenes Geheimnis, das verborgen hinter allen Techniken, Konzepten und Theorien darauf wartet, wiederentdeckt zu werden: Es ist die *Initiation ins Leben*, und es ist die Erfahrung unserer selbst, unserer inneren Kraftquelle, unseres wahren Ursprungs.

Der Atem führt uns als Lebens-Reisebegleiter, als weiser Lehrer zu unserem inneren Zentrum und von dort wieder nach außen – und zwar in dem Maße, in dem wir bereit sind, uns auf das Leben und damit auf die Liebe einzulassen. Auf dieser «Initiationsreise» können wir den Atem als einen Geliebten erfahren, einen bedingungslos Liebenden, der immer zur Verfügung steht, ob wir nach Außen oder nach Innen reisen. Ich erlebe das Atmen in mir und durch mich manchmal wirklich wie ein befreiendes «Liebesspiel mit dem Schöpfer», das weder Fragen noch Bedingungen stellt. Der Atem *ist* einfach – überall und jederzeit. Und er durchdringt alles: Dabei löst er alles Krankhafte, alles Festgefahrene, alles Unbewußte und Begrenzende auf. Er ist frei von Konzepten, frei von Erwartungen und Illusionen. Er kennt weder Dogmen, noch Normen, noch Konfessionen, noch Konventionen. Und er kennt kein Gesetz, kein Alter, kein Geschlecht, keine Rasse. Der Atem führt unmittelbar in die Freiheit.

*Das größte Geschenk des Atems ist die unmittelbare Erfahrung von ganzheitlicher Gesundheit, von Leben, von Liebe, von Freisein.*

In diesem Kapitel finden Sie Methoden für jeden Augenblick, ausgewählte Übungen zu erhöhter Lebendigkeit und Bewußtheit Ihres Körpers, zur Aktivierung Ihres Geistes und zur Beruhigung Ihrer Gedanken und Nerven. Ich lege Ihnen ans Herz, die Atemmethoden nicht nur an der Oberfläche zu streifen. Erweitern, ergänzen und vertiefen Sie Ihr Übungsmosaik. Und Sie werden bemerken, wie Sie dem wirklich tiefen Geheimnis Ihres Atems Schritt für Schritt näherkommen …

## Der volle Atem – unsere Atemorgane aufspüren

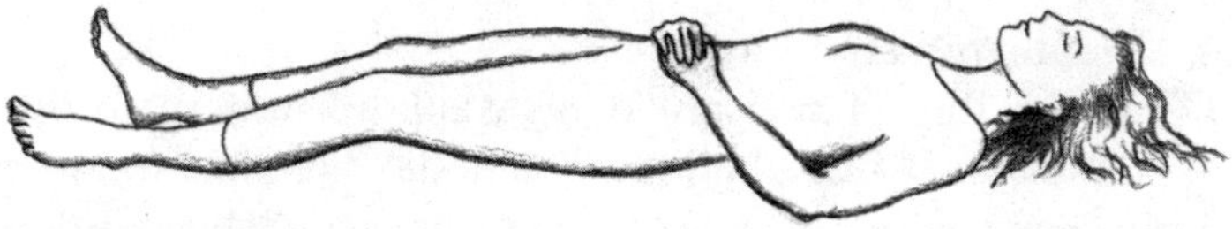

**1. Bauchatmung**

Wir beginnen mit dem Bauch. Diese Übung stärkt die Basis und macht den gesamten Beckenraum bewußt. Legen Sie beide Hände auf den Bauch, und füllen Sie langsam den unteren Teil der Lunge. Der Bauch wölbt sich leicht mit dem Einatmen, senkt sich beim Ausatmen. Bewahren Sie – so gut wie möglich – einen gleichmäßigen Rhythmus, und beatmen Sie bewußt und kreisförmig Ihren Beckenraum bis hinten in den Lendenwirbelbereich. Führen Sie diese Übung fünf Atemzyklen lang durch.

**2. Brustkorbatmung**

Legen Sie die Hände mit den Daumen nach unten an die Rippen. Atmen Sie ein. Füllen Sie bewußt den mittleren Teil der Lungen. Erlauben Sie Ihren Rippen und den dazwischenliegenden Muskeln, sich von innen nach außen zu dehnen. Fühlen Sie, wie sich Ihr Rumpf langsam und gleichmäßig wie ein Ballon weitet. Spüren Sie die Dehnung bis über die Haut. Führen Sie diese Übung fünf Atemzyklen lang durch.

**3. Lungenspitzenatmung**

Legen Sie Ihre Hände auf den Brustkorb, unterhalb des Schlüsselbeins. Dort befinden sich die bei den meisten Menschen vernachlässigten Lungenspitzen. Ziehen Sie einatmend den Atem vom Bauch in den Brustraum hinauf bis in die Lungenspitzen. Führen Sie diese Übung fünf Atemzyklen lang durch.

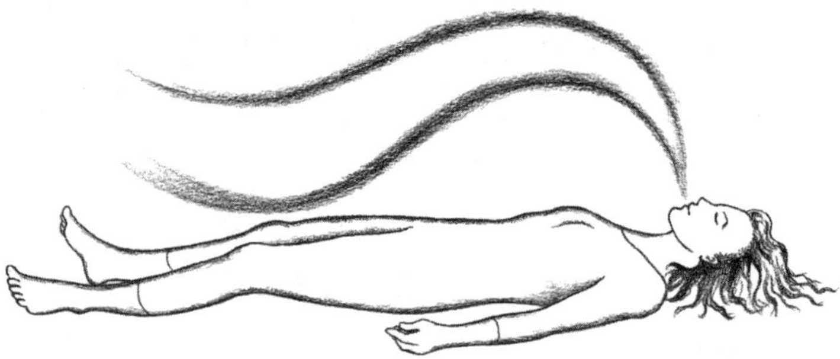

**4. Vollatmung**

Bauch, Brust und Lungenspitzen werden jetzt in einer einzigen Ein- und Ausatmung verbunden. Wir beginnen mit dem Bauch, gehen über zu den Rippen und füllen zuletzt die Lungenspitzen. Halten Sie kurz den Atem an und atmen Sie dann locker wieder aus, von oben nach unten. Nach sechs Atemzyklen normal weiteratmen, während Sie sich bewußt im ganzen Körper spüren.

## Bewußtes Atmen – Empfangen und Geben im Gleichgewicht

Unsere Möglichkeit, Lebensenergie über den Atem aufzunehmen, hängt nicht so sehr von der Lungenkapazität ab, sondern vielmehr vom Rhythmus, von der Tiefe und Geschmeidigkeit des Atems – vor allem aber vom Grad der Bewußtheit.

Wenn wir von Atmen sprechen, so bedeutet das, bei geschlossenem Mund durch die Nase zu atmen, voll ein- und auszuatmen und dabei alle Atemorgane einzubeziehen. Wenn wir ausatmen, zieht sich der Bauch zusammen, das Zwerchfell hebt sich und massiert dabei das Herz. Beim Einatmen dehnt sich der Rumpf, das Zwerchfell senkt sich und massiert die Bauchorgane. Obwohl das Einatmen häufig für die wichtigste Atemphase gehalten wird, liegt der Schlüssel im Ausatmen: Je mehr verbrauchte Luft wir ausatmen, desto mehr Prana – heilendes und vitalisierendes Lebenselixier – können wir mit der Einatmung aufnehmen.

**Der Schlüssel liegt im Ausatmen. Je mehr verbrauchte Luft wir ausatmen, desto mehr Prana können wir tanken.**

*Bewußtes Atmen* ermöglicht uns, zunächst einmal unsere Atemgewohnheiten kennenzulernen, damit wir auf dieser Basis unser Atempotential entfalten und die Qualität unserer Atmung nach und nach verbessern können. Bereits das aufmerksame Beobachten des Atems löst überraschende Veränderungen aus: Die Körperwahrnehmung wird intensiviert, und dabei können wir entdecken, welche Teile unseres Körpers mehr oder weniger «bewußt», mehr oder weniger «belebt» sind.

Sobald wir uns auf die Reise machen, unseren Atem bewußt zu erspüren und ihn durch gezielte Übungen zu entfalten, ermöglichen wir unserem Körper ein großes Geschenk: Er wird durchlässig für Prana. Das bedeutet, wir finden zurück zu unserer ursprünglichen Vitalität, zu un-

**Prana ist das Grund-Lebenselixier unserer gesamten Existenz.**

seren Gefühlen, zu unserer Intuition und Kreativität und nicht zuletzt zur Klarheit unseres Denkens.

1. Sitzen oder liegen Sie völlig entspannt und losgelöst. Beobachten Sie, wie der Luftstrom beim Einatmen an der Innenseite Ihrer Nase sich den Weg in Ihren Körper bahnt, wie er über die Nasenhöhlen in Ihren oberen Brustraum strömt und wie er von dort langsam tiefer in Ihren Körper vordringt. Nehmen Sie wahr, wie er beim Ausatmen in umgekehrter Reihenfolge wieder zurückströmt.

**Ist Ihnen bewußt, daß Empfangen genauso schwer sein kann wie Geben?**

2. Spüren Sie einen Unterschied zwischen Ein- und Ausatmung? Einatmen bedeutet gleichzeitig Nehmen und Empfangen, Ausatmen bedeutet Loslassen, Abgeben. Was fällt Ihnen leichter, was schwerer? Empfinden Sie einen Unterschied? Wenn ja: Können Sie das Ungleichgewicht auch in Ihrem Alltag beobachten? Ist Ihnen bewußt, daß *Empfangen* genauso schwer sein kann wie *Geben*? Verweilen Sie in dem Zustand losgelösten Gewahrseins, und lassen Sie die folgenden Worte in Verbindung mit Ihrer jeweiligen Ein- und Ausatmung auf sich wirken: *Geld – Sexualität – Mitgefühl – Liebe.*

3. Bleiben Sie bei jedem Wort ein bis zwei Minuten, während Sie Ihren Atem beobachten, ohne den Atemfluß willentlich zu beeinflussen. Wo liegt der Schwerpunkt bei jedem Wort – in der Ein- oder in der Ausatmung? Was fällt Ihnen leichter, was schwerer: *Nehmen* oder *Geben? Empfangen* oder *Schenken?* Bemerken Sie einen Unterschied zwischen *Nehmen* und *Empfangen*?

Es gibt zwei Möglichkeiten, einen Unterschied auszubalancieren: Zählen Sie während des Einatmens und während des Ausatmens jeweils bis vier. Haben Sie Probleme mit Ihrer Einatmung (Nehmen, Empfangen), verlängern und vertiefen Sie Ihre Einatmung, indem Sie während des Einatmens bis fünf und während des Ausatmens bis drei zählen. Wenn Ihnen das Ausatmen schwerer fällt (Geben, Loslassen) zählen Sie bis fünf während des Ausatmens und bis drei während des Einatmens. Achten Sie in jedem Fall auf eine vollständige Ausatmung!

## Einheit durch verbundenes Atmen

*Verbundenes Atmen* bedeutet, entspanntes Einatmen fließend und zwanglos mit dem entspannten Ausatmen zu verbinden, während wir gelassen den Atemvorgang beobachten. Dabei verbindet und harmonisiert unser Atem unseren Körper, unsere Psyche und unseren Geist. Diese Übung stammt von Leonard Orr, dem Begründer der Rebirthing-Atemmethode. Sie dauert nur dreißig Sekunden, und wir können Sie immer und überall durchführen.

Atmen Sie sanft ein. Entspannen Sie sich, während Sie ausatmen. Zählen Sie in Gruppen von fünf: Atmen Sie zunächst viermal kurz und rhythmisch ein und aus. Beim fünften Atemzug füllen Sie langsam und bewußt Ihren ganzen Körper mit der Einatmung. Atmen Sie in Ihre Füße, Beine, in Becken- und Bauchraum, in Brust, Hals und Kopf. Lassen Sie den Atem so tief wie möglich in Ihren Körper einströmen. Dann atmen Sie langsam wieder komplett aus. Es folgen zwei bis drei normale Atemzüge. Anschließend beginnen Sie wieder von vorn mit vier kurzen rhythmischen und einem langen tiefen Atemzug. Führen Sie diese Übung viermal hintereinander durch. Beachten Sie:

- Atmen Sie nur durch die Nase ein und aus.
- Ein- und Ausatmen geschehen in einem ununterbrochenem Kreis – ohne Pause, ohne Unterbrechung.

- Die kurzen Atemzüge betonen die Verbindung und das Verschmelzen des Ein- und Ausatmens in ungebrochenen Kreisen.
- Während des tiefen, langen Atemzugs füllen Sie sich so weit auf, wie Sie können, und lassen beim Ausatmen völlig los.

Wenn Sie eine Weile auch nur einmal pro Tag diese *zwanzig verbundenen Atemzüge* durchführen, wird sich Ihr Atembewußtsein steigern. Diese dreißig Sekunden bewußter Atmung bringen neue Lebensenergie und Kraft in Ihren Körper.

## Flexibilität und Kreativität durch die Atemwelle

Wenn wir bewußt atmen, können wir unseren Atem mit einer Welle vergleichen, besonders dann, wenn wir auf unser Atemgeräusch hören. Wie der Ozean unterschiedliche Wellen, verschiedene Rhythmen und Formen hervorbringt, so auch unser Atem, der aus dem Ozean unseres Daseins strömt. Aus – ein – aus – ein ... ein ewiger Kreislauf, der Welle um Welle aus dem Meer unseres Lebens spült und wieder zurückfließen läßt. Sobald eine Welle sich überschlägt, zurücksinkt und sich wieder im Meer auflöst, rollt bereits die nächste heran. Die Vorstellung der Welle unterstützt uns, fließend, rund und entspannt zu atmen.

Diese Übung führen Sie am besten im Liegen durch. Stellen sie sich vor, Sie liegen an Ihrem Lieblingsplatz am Meer. Sie fühlen die Brise, die vom Meer zu Ihnen herüberströmt. Sie riechen die würzige Salzluft. Sie sehen und hören, wie eine Welle nach der anderen anrollt, sich überschlägt und wie sie sich wieder in den Ozean zurückzieht.

Beginnen Sie mit der Ausatmung. Zunächst muß die in

den Lungen befindliche Luft voll ausgeatmet werden. Denken Sie dabei an ein Gefäß, das auch erst geleert werden muß, um Raum für neues, frisches Wasser zu schaffen. Dann visualisieren Sie während der Einatmung, wie jede anrollende Welle Ihren Körper mit Wasser, mit heilender und nährender Lebensenergie und Kraft füllt. Der Übergang vom Einatmen zum Ausatmen ist der Augenblick, in dem sich die Welle überschlägt und ins Meer zurückfließt. Genauso ist es mit Ihrer Ausatmung. Ihre Lungen werden leer, und es entsteht Raum für die nächste Welle, die mit der Einatmung durch Ihre Atemorgane strömt. Eine Welle folgt der anderen. Das Aufsteigen der Welle aus dem Ozean entspricht der Einatmung, das Umkippen der Welle und der Rückzug entsprechen der Ausatmung.

**Das Aufsteigen der Welle aus dem Ozean entspricht der Einatmung. Das Umkippen der Welle, der Rückzug, entspricht der Ausatmung.**

Atmen Sie in dieser Weise zwanglos und entspannt etwa fünf bis zehn Minuten lang.

*Musikempfehlung*:
CD mit Meeresrauschen

## Lebendigkeit durch den Energie-Atem

*Energetisches Atmen* ermöglicht es uns, bis zu siebenmal mehr Sauerstoff und Energie aufzunehmen, die sich dann über die Energiekanäle im Körper verteilen. Das Blut wird optimal mit Sauerstoff, das Gehirn mit Energie aufgeladen. Dadurch können wir uns und die Welt mit erhöhter Bewußtheit, mit einem erweiterten Bewußtsein erleben. Physische und psychische Schmerzen lassen nach. Müdigkeit wandelt sich in Lebendigkeit, Trauer zu Lebensfreude, Angst zu Liebe. Unser Organismus kommt ins Gleichgewicht. Der Geist wird klar, das Gehör schärfer, die Farben werden frischer. Unsere gesamte Wahrnehmung wird erhöht. Und das führt unmittelbar zu unserer *inneren Kraftquelle*.

*Unser Atem verbindet unseren Körper mit unserer Seele und mit unserem Geist – mit unserer kreativen Lebensenergie. Diese wird je nach Kulturkreis als* Prana, Chi, Od, kreative Intelligenz, Atma-Energie *u.a. bezeichnet.*

*Energetisches Atmen* ist rhythmisches Atmen. Unser Organismus reagiert auf ungewohnte Atemrhythmen genauso wie auf ungewohnte Bewegungsrhythmen. Wenn wir unseren Körper neue Bewegungen und Haltungen erleben lassen und unseren Atem in neuen Rhythmen fließen lassen, lösen wir auch starre Gedankenformen und Verhaltensmuster im Gehirn auf. Wir eröffnen uns neue Sichtweisen. Wir werden ganz einfach freier in unserem Denken, in unserem Bewußtsein und somit auch in unserem Handeln.

1. Atmen Sie so schnell und tief wie möglich durch die Nase ein und aus. Halten Sie keine Atemluft zurück: komplettes Einatmen, komplettes Ausatmen. Beginnen Sie mit etwa zwölf Atemzügen. Sobald sich Ihr Organismus an die vermehrte Prana-Aufnahme gewöhnt hat, können Sie die Anzahl der Atemzüge langsam steigern – doch Vorsicht: Gehen Sie bewußt und achtsam mit Ihrem Atem um!

2. Machen Sie nach dem letzten rhythmischen, schnellen Ausatmen einen langen tiefen Atemzug. Füllen Sie Ihren Körper mit soviel Prana wie möglich, und halten Sie den Atem dann so lange wie möglich.

3. Atmen Sie anschließend langsam durch Nase oder Mund aus. Beginnen Sie mit drei Zyklen täglich. Nach einiger Zeit können Sie die Anzahl langsam erhöhen – jeweils so lange, bis Sie sich stimuliert und energetisch aufgeladen fühlen. Vielleicht spüren Sie ein deutliches Prickeln in Ihren Händen und Füßen, das sich bis ins Gehirn ausdehnen kann.

Wenn Sie den *Energieatem* eine Weile geübt haben und Sie sich damit wirklich wohl fühlen, können Sie seine kraftvolle Wirkung noch erhöhen, indem Sie beim Atemanhalten die After-Schließmuskeln zusammenziehen. Stellen Sie sich dabei vor, wie Sie den gesamten Rektalbereich einsaugen, nach oben ziehen und dort halten. Nach einiger Zeit wird sich Ihr Gespür für Energie und Prana im Körper sensibilisieren. Sie können immer deutlicher wahrnehmen, wie Ihre Lebensenergie durch die Wirbelsäule und durch den Nacken nach oben in Ihr Gehirn strömt.

## Entfaltung der Heilkraft durch Atemlenkung

1. Reiben Sie Ihre Handflächen aneinander, bis Sie Wärme und Energie zwischen Ihren Händen spüren.

2. Legen Sie Ihre Hände an die Stellen des Körpers, an denen Sie Spannungen, Schmerzen oder Disharmonien irgendwelcher Art verspüren. Sollten es tieferliegende Organe sein, so nehmen Sie mit dem Handauflegen Verbindung auf und lenken den Fluß Ihres Atems und Ihr Bewußtsein an die betreffende Stelle.

3. *Einatmen*, während Sie sich vorstellen, wie Sie aus Ihrer Umgebung Prana – heilende Lebensenergie – durch jede Öffnung Ihres Körpers hereinholen.

4. *Ausatmen,* während Sie Ihre volle Aufmerksamkeit durch Ihre Arme und Handflächen zu den jeweiligen Problemzonen Ihres Körpers lenken.

Wenn Sie möchten, können Sie die Wirkung dieser Übung verstärken, indem Sie in Ihrer Vorstellung heilende Farben durch Ihre Hände in die entsprechenden Teile strömen lassen. Bevorzugte Heilfarben sind Hellblau, Rosa, Grün, Goldgelb und Violett. Vielleicht können Sie bereits intuitiv erspüren, welche Farbe für Sie geeignet ist.

## Heilung unserer Sexualorgane

In den Jahren meiner Ausbildung habe ich mich längere Zeit mit Tantra und mit dem Tao-Yoga der Liebe befaßt. Aufgrund persönlicher Erfahrungen und Berichten mir vertrauter Menschen bin ich zu folgendem Ergebnis gekommen: Unsere tiefsten Verletzungen schlummern verkapselt in den Zellen unserer Fortpflanzungsorgane.

Sexuelle Freiheit allein kann diese Verletzungen weder löschen noch heilen. Unbewußt praktizierte Sexualität, bei der wir die Lust unserer eigenen Körper und die Gier in den Körpern unserer Partner gegenseitig auf die Schnelle befriedigen wollen, kann alte Verletzungen wieder aktivieren und neue verursachen. Was dann bleibt ist Ekel, Hilflosigkeit, Übersättigung. Unbewußter, mechanischer Sex kann aber auch ein Ausweichen sein, ein Kompensieren: der Versuch, diese Wunden und Narben und den damit verbundenen Schmerz, der tief in den Zellen unserer Geschlechts- und Fortpflanzungsorgane steckt, zu ignorieren.

Hier eine ganz einfache heilende Atemübung, die – regelmäßig durchgeführt – solche Verletzungen Schritt für Schritt auflösen kann:

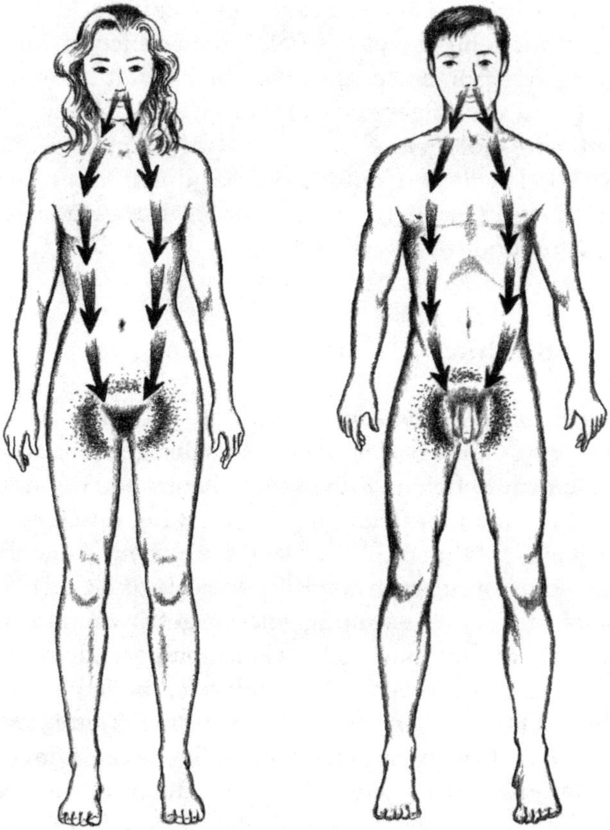

Sitzen, liegen oder stehen Sie völlig entspannt. Atmen Sie tief ein. Lenken Sie mit der Ausatmung Ihren Atem, Ihre ganze Energie und Ihr Bewußtsein in Ihre Fortpflanzungsorgane und in Ihre Geschlechtsteile. Bei den Frauen sind das die Gebärmutter, die Eierstöcke, die Klitoris, die Dammgegend und der Anus. Bei Männern der Anus, die Hoden, der Penis und die Prostata.

Noch effektiver ist die Übung, wenn Sie beim Ausatmen in Ihrer Vorstellung weiches goldfarbenes Licht in Ihre Sexualorgane strömen lassen oder Ihrer Intuition entsprechend eine der folgenden Farben: Hellblau, Rosa, Grün, Violett oder Goldgelb.

Sie können diese Übung jedesmal durchführen, wenn Sie sich daran erinnern, wo immer Sie sich gerade befinden, so oft und so lange sie wollen.

## Harmonie durch die Atemmeditation

Diese *Atemmeditation* unterstützt uns, alle Gegensätze in uns zu verbinden, so daß wir uns aus der trennenden Welt der Dualität befreien können und ebenso von der daraus resultierenden Bewertung und Abwertung unserer selbst und unserer Mitmenschen. Das, was wir im Augenblick bereit sind, loszulassen aus Körper, Seele und Geist, kann jeweils mit der Ausatmung «herausgeschwemmt» werden. Disharmonie kann sich zu Harmonie wandeln.

Die folgende einfache Atemmethode, die ich an dieser Stelle mit Ihnen teilen will, können Sie immer und überall, zu jeder Zeit durchführen. Wählen Sie, wann immer Sie sich daran erinnern, jene Wortpaare, die Ihrer momentanen Verfassung entsprechen. Vielleicht finden Sie andere, für Sie zur Zeit geeignetere Gegensatzpaare. Lassen Sie Ihrer Intuition und Kreativität freien Raum. Verbinden Sie die Wortpaare mit Ihrer Ein- und Ausatmung. Hier ein paar Beispiele:

*Einatmen* – «Gesundheit»
*Ausatmen* – «Krankheit»

*Einatmen* – «Freude»
*Ausatmen* – «Traurigkeit»

*Einatmen* – «Lebendigkeit»
*Ausatmen* – «Müdigkeit»

*Einatmen* – «Liebe»
*Ausatmen* – «Angst»

*Einatmen* – «Harmonie»
*Ausatmen* – «Aggression»

*Einatmen* – «Leben»
*Ausatmen* – «Tod»

*Einatmen* – «Einssein»
*Ausatmen* – «Trennung»

*Einatmen* – …
*Ausatmen* – …

## Geborgenheit durch den Lichtkreis-Atem

Der Kreis symbolisiert die Ewigkeit, ohne Anfang und ohne Ende, die vollkommene Harmonie. Im Zentrum des Kreises begegnet sich alles, was außerhalb des Kreises existiert. Im Zentrum gibt es keine Polarität, keine Widersprüche, keine Trennung von Schlecht und Gut, von Oben und Unten. Es gibt nur unendliche Stille und Frieden.

Der *Lichtkreis-Atem* ist eine Atemübung, die uns ein Ge-

fühl von Geborgenheit vermittelt, gleichzeitig unser Energiefeld reinigt und Körper, Seele und Geist verbindet und harmonisiert. Sie kann wie alle anderen Atemübungen im Stehen, im Sitzen oder im Liegen durchgeführt werden.

1. *Einatmend* ziehen Sie in Ihrer Vorstellung einen Kreisbogen, dessen Ausgangspunkt in der Mitte zwischen Ihren Fußsohlen liegt, über die Vorderseite Ihres Körpers bis zum höchsten Punkt Ihres Kopfes.
*Ausatmend* schließen Sie den Kreis an der Rückseite Ihres Körpers entlang bis zum Ausgangspunkt. Führen Sie fünf Atemzyklen durch.

2. *Einatmend* ziehen Sie einen Kreisbogen (im Uhrzeigersinn), wieder zwischen Ihren Füßen beginnend, die rechte Körperhälfte entlang bis zu Ihrem Scheitel.

*Ausatmend* schließen Sie den Kreis entlang Ihrer linken Körperhälfte bis zum Ausgangspunkt. Führen Sie fünf Atemzyklen durch.

3. Wiederholen Sie danach Schritt 2 in die entgegengesetzte Richtung, anschließend nachspüren.

Nach einiger Übung können Sie sich die Atemkreise als Licht- und Energiekreise vorstellen, so daß Sie sich ganz in Licht gehüllt wahrnehmen.

4. Abschließend zentrieren Sie sich an der Stelle Ihres Körpers, an der Sie persönlich Ihr innerstes Zentrum wahrnehmen, Ihren Ursprung, Ihre innere Kraftquelle. Legen Sie die Fingerspitzen dorthin. Richten Sie Ihre Aufmerksamkeit für ein bis drei Minuten ausschließlich auf diesen Punkt, während Sie sich mit sanfter Atmung tiefer und tiefer versenken, in Ihren Ursprung fallen lassen.

> *Im Zentrum gibt es keine Trennung, kein gut und kein schlecht.*
> *Dort – an unserem Ursprung – gibt es nur Stille und tiefen Frieden.*

## Schwerelos durch die Lichtspirale

Wenn wir den Kreis öffnen, wandelt er sich zur *Spirale*. Die Reise entlang der Spirale ermöglicht es, unsere Innen- und Außenwelt zu verbinden, sie als eins zu erkennen. Die Spirale ist der Beginn der Evolution. Sie symbolisiert Bewegung, denn sie trägt uns aus dem Kreis heraus. Sie führt

**Die Spirale ist der Beginn der Evolution. Sie symbolisiert Bewegung, denn sie trägt uns aus dem Kreis heraus.**

uns durch die Welt der Materie, durch alle Stufen unseres Dasein und schließlich gewandelt zurück zu unserem Ursprung, in unser Zentrum, zu unserer inneren Kraftquelle. Dabei können wir Augenblicke erleben, in denen wir unseren Körper als *schwerelos* empfinden – wie von den Flügeln der Seele getragen.

*Die Lichtspirale*

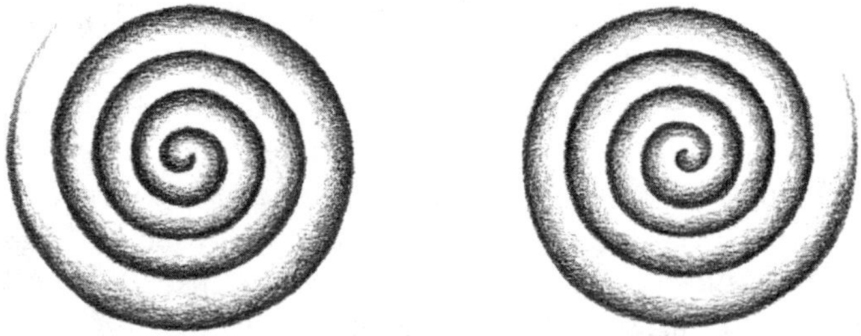

*linksdrehend* *rechtsdrehend*

Es gibt verschiedene Möglichkeiten, die Spirale als Atemmeditation einzusetzen. Bei dieser Atemübung visualisieren wir abwechselnd eine linksdrehende und eine rechtsdrehende Lichtspirale.

1. Lenken Sie Ihr Bewußtsein an die Stellen Ihres Körpers, an denen Sie Schmerzen, Spannungen oder Blockaden irgendwelcher Art verspüren. Das können auch tieferliegende Organe, Knochen oder Gewebeteile sein.

2. *Einatmend* visualisieren Sie eine Lichtspirale, die sich nach links dreht.

3. *Ausatmend* visualisieren Sie eine Lichtspirale, die sich nach rechts, im Uhrzeigersinn, dreht.

Sie holen mit der Einatmung die *linksdrehende Lichtspirale* direkt in Ihre Problemzone. Mit der Ausatmung visualisieren Sie die *rechtsdrehende Lichtspirale*, die alles mit nach außen zieht, was in Ihrem System Störungen verursacht. Führen Sie diese Übung drei Atemzyklen durch.

4. Abschließend lenken Sie Ihre Aufmerksamkeit wieder an die Stelle Ihres Körpers, an der Sie Ihr Zentrum wahrnehmen und dehnen sich von dort mit der Vorstellung der *rechtsdrehenden Spirale* so weit aus, wie es Ihnen in dem jeweiligen Augenblick möglich ist.

## Kraft und Schutz durch die Lichtpyramide

Unsere Seele «denkt» in Bildern und Symbolen. Äußere Bilder, Farben und Symbole wirken auf unsere Psyche. Sie beeinflussen, harmonisieren, entfalten und stärken sie, und zwar jeweils dem entsprechend, was wir gerade brauchen. Einige der bedeutendsten und wirkungsvollsten Symbole sind das Kreuz, der Kreis, die Spirale, das Dreieck oder die Pyramide. Atemübungen in Verbindung mit Worten, mit Formen, mit Bildern und mit Farben haben eine besonders starke Heilkraft. Die Pyramide ist ein Symbol von Energie, von Kraft und Stärke, von Schutz.

**Unsere Seele «denkt» in Bildern und Symbolen.**

Diese Übung können Sie durchführen, wann immer Sie Kraft und Schutz brauchen – im Stehen, Sitzen oder Liegen.

Stellen Sie sich vor, Sie stehen oder sitzen in der Mitte einer Pyramide, Sie sind eingehüllt in eine *Lichtpyramide*. Sie befinden sich mit der Krone Ihres Kopfes direkt unter der Spitze der Pyramide. Mit jeder Einatmung strömen Licht, Kraft und Energie durch die Spitze der Pyramide über die Krone des Kopfes in Ihren Körper. Mit jeder Ausatmung verteilen sich das Licht, die Energie und die Kraft in Ihrem

Körper und strömen darüber hinaus in die Pyramide. Hüllen Sie sich mit jedem Atemzug mehr und mehr in dieses Licht und in das Energiefeld, das Sie selbst mit der Kraft Ihres Atems und Ihrer Vorstellung kreieren.

*Atemübungen in Verbindung mit Lauten, mit der Kraft der Vorstellung von Bildern, Elementen, Farben und Formen haben eine besonders heilkräftige Wirkung.*

## Klarheit durch den Wasser-Atem

In der Yogalehre sowie im Taoismus wird das Wasser dem weiblichen Prinzip zugeordnet – Yin, das Kühlende, Heilende, der Mond. Wasser und Yin sind stärker als Stein, heißt es. Sie höhlen Versteinertes aus, dringen in alle Ritzen, weichen alles Starre und Begrenzende auf. Und darum geht es in dieser Übung, die den Atem mit dem Element Wasser verbindet.

Legen Sie sich entspannt an einen ungestörten Ort. Nehmen Sie sich mindestens zehn Minuten Zeit für diese Übung. Visualisieren Sie sich – nur mit dem Gewand Ihrer nackten Haut bekleidet – im lauwarmen Meer liegend, in türkisfarbenem, klaren, reinen Wasser. Über Ihnen ist blauer Himmel und strahlende Sonne. Eine milde Brise streift Ihr Gesicht und die Teile des Körpers, die nicht vom Wasser umspült sind. Nehmen Sie jetzt die zahllosen Poren, die Öffnungen in Ihrem Körper wahr.

*Einatmend* stellen Sie sich vor, wie Sie dieses klare, reine, türkisfarbene Wasser durch jede Pore Ihres Körpers saugen, wie Sie dabei jede Zelle bis zum Knochenmark mit Prana – Wasser und Atem – durchspülen, auffüllen, nähren und heilen.

*Ausatmend* werden mit der Vorstellung überflüssiger Ballast, Toxine und Schlacken aus Ihrem System, aus Körper, Seele und Geist herausgespült, dem Meer übergeben. Alles, was Sie belastet und was Sie jetzt nicht mehr brauchen, löst sich im Wasser auf: alles Starre und Festgefahrene – alte Emotionen, negative Gedanken und Konzepte –, einfach alles, was die Klarheit Ihres Geistes behindert und die Weite Ihres Herzens begrenzt.

## Freude durch den Sonnen-Atem

Unsere Haut ist unser empfindsamstes Sinnesorgan. Sie entsteht in früher embryonaler Entwicklung im Mutterleib, aus derselben Zellschicht wie die Zellen unseres Zentralnervensystems. Als nach außen gerichtetes Organ ist die Haut Sender und Empfänger von Informationen und Empfindungen, die Emotionen und Gefühle auslösen. Erlauben Sie Ihrem Bewußtsein während des *Sonnen-Atems*, sich bis über Ihre Haut auszudehnen. Vielleicht können Sie dabei Ihre Aura wahrnehmen.

Nehmen Sie sich auch für diese Übung mindestens fünf bis zehn Minuten Zeit. Stellen Sie sich vor, Sie liegen, stehen oder sitzen, nur mit dem Kleid Ihrer Haut bedeckt, geschützt und abgeschirmt, an Ihrem Lieblingsplatz in der Natur – beispielsweise mitten in einer grünen Wiese mit bunten Blumen. Riechen Sie den Duft? Hören Sie die Geräusche der Natur um Sie herum, das Zwitschern der Vögel, das Summen der Insekten? Fühlen Sie das warme, leicht feuchte Gras unter Ihren Füßen an Ihrer Haut, wie es kitzelt?

*Einatmend* stellen Sie sich vor, wie die wohlig warmen, goldgelben Strahlen der Sonne durch die Poren in Ihre Haut strömen. Stellen Sie sich die Poren Ihrer Haut wie Nasenlöcher vor, durch die Sie sich mit den heilenden, wärmenden Strahlen der Sonne verbinden und gleichzeitig die Farben, Düfte und Geräusche der Natur in sich aufnehmen.

*Ausatmend* stellen Sie sich vor, wie das leuchtend-klare Sonnenlicht alles in Ihrem Körper, in Ihrer Seele und in Ihrem Denken entfernt, was Sie jetzt nicht mehr brauchen, was Ihrer Lebensfreude im Wege steht und den Fluß Ihrer Kreativität behindert.

Nach einiger Zeit des Übens können Sie visualisieren,

wie Sie die sieben Regenbogenfarben, in die sich das Sonnenlicht verwandelt, mit jedem Atemzug in Ihren Körper holen, wie die Weisheit Ihres Körpers intuitiv jene Farben «trinkt», die Ihr Organismus jetzt gerade braucht, damit Sie zurück zu Ihrer ursprünglichen Freude und Liebe zum Leben finden.

## Weisheit durch den Schöpfungs-Atem

«Am Anfang war das Wort.» Vor dem Wort war die Leere. Über den Wind – Hauch, Atem – in Verbindung mit der Idee und dem Wort ist die Schöpfung entstanden. Der *Schöpfungs-Atem* ist eine einfache Atemmethode, unseren physischen Körper durchlässiger zu machen, unseren Energiekörper zu reinigen und auszudehnen und unsere körpereigene Weisheit mehr und mehr freizusetzen.

Diese Form der Heilatmung läßt sich am besten im Stehen oder Sitzen durchführen. Stellen Sie sich vor, wie Sie mit der Einatmung Prana aus dem Kosmos durch die Krone Ihres Kopfes in Ihren Körper strömen lassen. Die Ausatmung geschieht der Reihenfolge nach jeweils in acht Richtungen:

1. durch die Vorderseite Ihres Körpers,
2. durch die Rückseite Ihres Körpers,
3. durch die rechte Seite Ihres Körpers,
4. durch die linke Seite Ihres Körpers,
5. nach unten, durch die Beine und Füße in die Erde,
6. nach oben, durch Ihren Kopf,
7. durch ihr Herz,
8. in alle sieben Richtungen gleichzeitig.

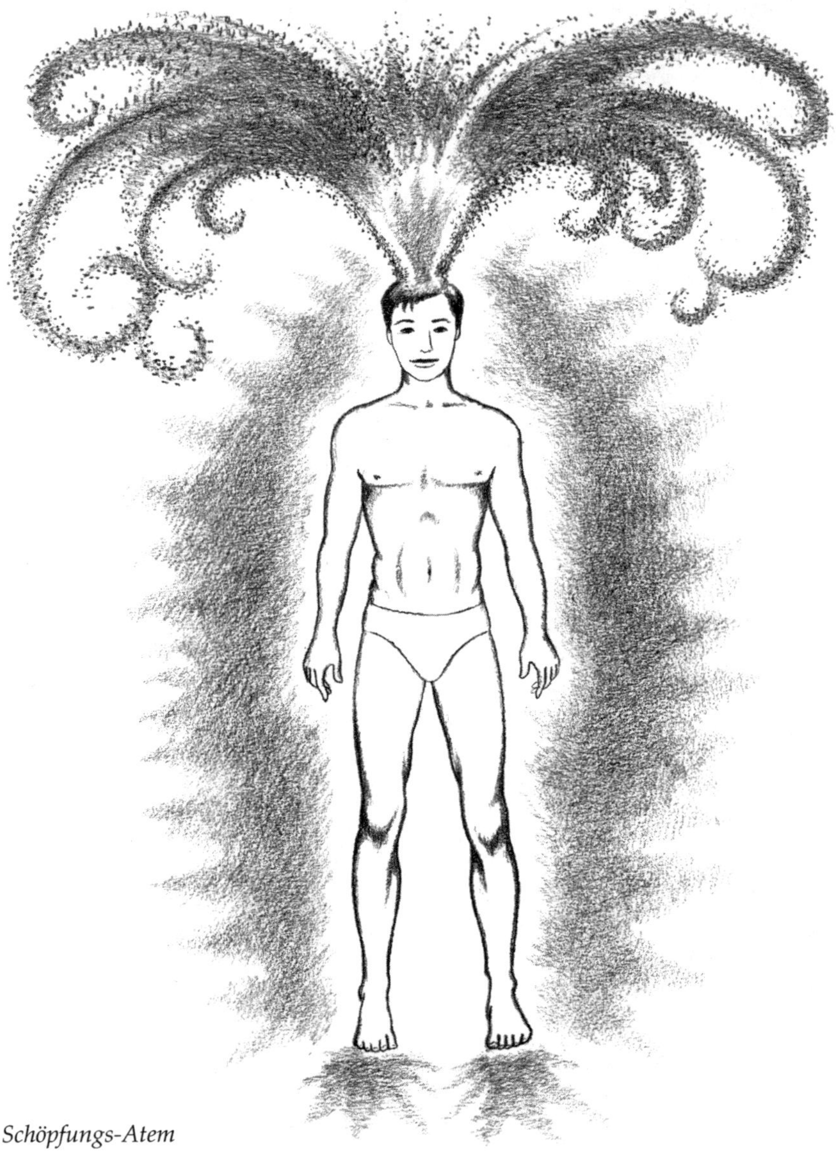

*Der Schöpfungs-Atem*

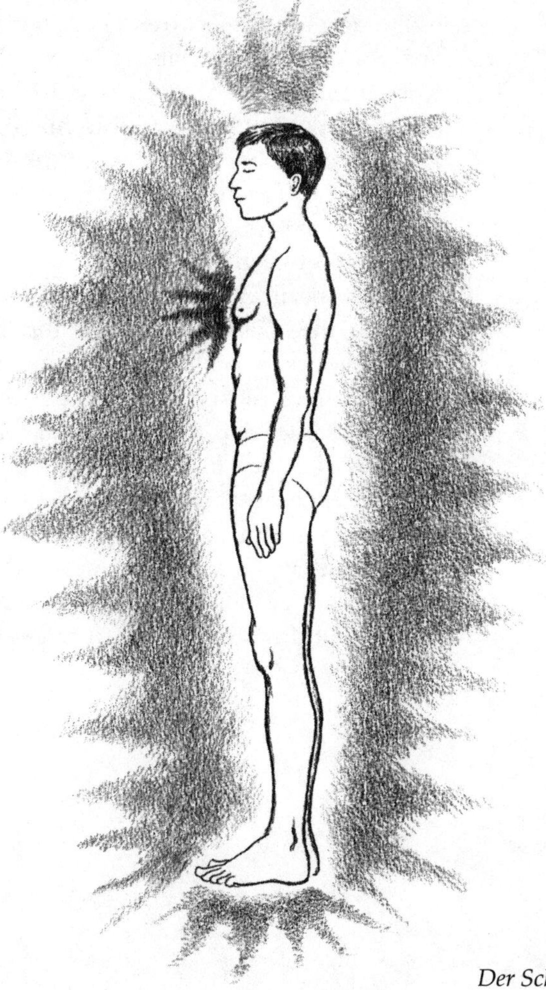

*Der Schöpfungs-Atem*

Atmen Sie vollständig ein. Stellen Sie sich vor, Sie füllen Ihren ganzen Körper, jede einzelne Zelle bis ins tiefste Knochenmark, mit der kreativen Intelligenz, die überall um Sie herum existiert. Es ist die Schöpferkraft, die dadurch in Ihnen aktiviert wird.

Atmen Sie jeweils dreimal durch jede der Richtungen aus. Stellen Sie sich dabei vor, wie Ihr Atem durch Ihren Körper immer weiter in Ihre Aura strömt, wie Ihr physischer Körper leichter und durchlässiger wird und wie Ihr Energiekörper mit jeder Ausatmung klarer und lichter wird und sich mehr und mehr ausdehnt. Atmen Sie durch die Nase ein und aus.

Lassen Sie sich von Ihrem Atem finden, in Ihrem Wesenskern berühren. Entdecken Sie wieder Ihre Kraft und Energie, Ihre Liebe zum Leben, Ihre Kreativität und Intuition. Entdecken Sie DAS, was Sie wirklich sind! Erlauben Sie der grenzenlosen Weisheit des Schöpfers, sich in und durch Sie über den Atem auszudrücken, zu entfalten und zu verwirklichen. Es ist mir ein großes Anliegen, an dieser Stelle noch einmal hervorzuheben: «Richtiges» Atmen ist weder eine technische Disziplin noch «harte Arbeit». Ganz im Gegenteil: Es kann inspirierend sein, erhebend, verbunden mit einem Gefühl von Freude, tiefer Glücksempfindung und echter Begeisterung.

*Prana über den Atem aufzunehmen bedeutet,*
*uns mit der Quelle allen Lebens zu verbinden.*
*Es ist In-spiration.* In Spiritus *bedeutet:*
*in den Geist eingehen,*
*in das Wesen des Geistes eintauchen,*
*sich vom Geist durchdringen lassen.*
*Und das bedeutet, zu unserem Ursprung*
*nach Hause zurückzukehren,*
*uns mit der Existenz in uns und durch uns*
*zu verbinden.*
*Der Atem ist Inspiration.*
*Er ist die Brücke zu unserem Urschöpfer,*
*zu der uns innewohnenden Schöpferkraft.*

# 8 Die Harmonie der Gehirnhälften

*Ohne die Annahme eines auch außerhalb des Gehirns existierenden Geistes wird uns das Gehirn immer rätselhaft bleiben …*

JOHN ECCLES

*Ob in der Innen- oder in der Außenwelt –*
*wir brauchen nicht zu verändern,* was *wir sehen,*
*sondern* wie *wir sehen …*

Die Großhirnrinde des menschlichen Gehirns besteht aus zwei spiegelgleichen Hälften, deren Äußeres nicht vermuten läßt, daß zwischen den beiden Gehirnhälften tiefgreifende funktionale Unterschiede existieren. Darüber hinaus ist der überwiegende Teil unserer linken Gehirnhälfte mit unserer rechten Körperhälfte verbunden. Gegengleich verhält es sich mit unserer rechten Gehirnhälfte und der linken Körperseite. Bekannt ist die Theorie, daß unseren Hemisphären unterschiedliche Aufgabenbereiche zugeordnet sind. Die rechte steht für unser intuitives und kreatives Potential, während der linken mehr die rational-analytischen Fähigkeiten zugeschrieben werden. Neuesten gehirnphysiologischen Erkenntnissen zufolge ist dies eine stark vereinfachte Vorstellung. Sie ermöglicht uns jedoch ein besseres Verständnis der in unserem Gehirn ablaufenden Vorgänge.

Meistens leben wir abwechselnd – selten gleichzeitig – in diesen beiden Welten: in der raumzeitlich begrenzten (linke Gehirnhälfte – rechte Körperseite) und in einer überraumzeitlich unbegrenzten Welt (rechte Gehirnhälfte – linke Körperseite). Zwei Welten in einem Kopf, zwei Hälften in einem Körper – das alles hat eine Entsprechung in unserem Gehirn. Der Wissenschaftler, unser Intellekt

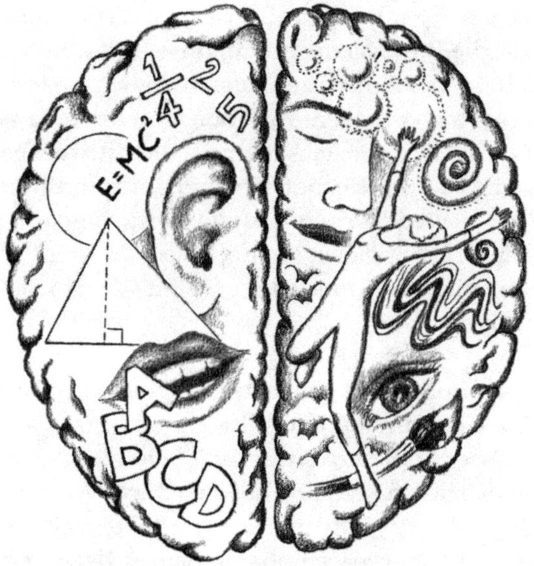


*Unsere beiden Gehirnhälften*

(linke Gehirnhälfte) und die Intuition in uns (rechte Gehirnhälfte) führen einen ständigen Dialog, der nicht immer harmonisch abläuft und unser körperlich-seelisch-geistiges Wohlbefinden erheblich stören kann.

Von früh bis spät zwingt uns die begrenzte Welt nach außen und beansprucht Intellekt, Ratio, Sprache. Unser Wesenskern aber, unsere unbegrenzte Welt – Intuition, Gefühl, Kreativität, die «Sprachlosigkeit» – zieht uns nach innen. Die eine Welt verlangt von uns angelerntes Wissen, Können und Handeln. Sie fordert, daß wir ständig etwas *tun*. Unser unbegrenztes, inneres Wesen aber signalisiert uns, daß wir das entdecken, was wir zutiefst sind, uns mit unserer inneren Wahrheit verbinden und sie im Außen *verwirklichen*. Beide Welten stehen häufig im Konflikt und verursachen Spannungen in Körper, Seele und Geist. Während die linke Hemisphäre, unser alles hinterfragender Intellekt, die Antworten ausschließlich in der Außenwelt sucht, tragen unsere Intuition und die tiefe Weisheit in Zellen und DNS unseres Körpers die Antwort bereits in sich. Und es ist der Körper, der uns dorthin führen kann: Die Weisheit des Körpers ist wie der Schamane in uns. Jede Zelle ist ein Speicher an intuitivem Wissen.

**Die Weisheit des Körpers ist wie der Schamane in uns. Jede Zelle ist ein Speicher an intuitivem Wissen.**

Ramana Maharshi, einer der größten Weisheitslehrer Indiens erklärt:

> Es ist so einfach, die ganze Wahrheit in einer Nußschale ist, daß Getrenntheit eine Illusion ist. Irgendwann entdeckt unser Intellekt, daß er lediglich durch eine höhere Macht existieren kann. Er hat sich dieser Macht übergeben. Es ist die *Auf-gabe* unseres Intellekts, sich seiner Abhängigkeit von dieser höheren Macht bewußt zu werden, sich ihr zu ergeben, um sich mit ihr zu vereinen. Dann erkennen wir, daß intellektuelles Wissen nicht mit Erkenntnis zu verwechseln ist … Ebensowenig, wie die Brille die Sonne sehen kann, können wir das Sein mit dem Verstand verstehen. Wir können tatsächlich *nur sein*. Und dieses Sein bedeutet Bewußtheit, Bewußt-*Sein* – das ewige zeitlose *Ich Bin* – und nicht mehr … Es ist unser Ursprung. Es ist in uns. Es ist unser Selbst. Nur in uns selbst können wir unseren Ursprung finden und in ihm aufgehen. Getrenntheit existiert dann nur noch für unseren Intellekt.

Die folgenden Übungen helfen uns, unsere beiden Welten wieder zu verbinden, ein fließendes Gleichgewicht zwischen *rechs* und *links*, zwischen *innen* und *außen* zu ermöglichen. Dabei ist die Reise in unseren eigenen Körper, in unser Gehirn, in die Tiefe unseres Bauches und unseres

Herzens – die Reise in unseren eigenen *Mikrokosmos* – unerläßlich. Denn unser Gehirn ist die innere Landkarte unseres Körpers, und der Körper ist die äußere Landkarte unseres Bewußtseins. In uns beginnen die ersten befreienden Schritte von links nach rechts und wieder zurück, von außen nach innen und wieder zurück. Die Verbindung unserer beiden Hälften ist die Ausgangsbasis für ein harmonisches Zusammenwirken von Spiritualität und intellektuellem Wissen, von der kreativen Intelligenz unseres Körpers und der tiefen Weisheit und Intuition unseres Herzens.

**Unser Gehirn ist die innere Landkarte unseres Körpers. Der Körper ist die äußere Landkarte unseres Bewußtseins.**

Die Übungen ermöglichen uns, die Kohärenz unserer beiden Gehirnhälften zu verbessern und damit gleichzeitig die Symmetrie unserer beiden Körperhälften. Und wenn es uns modernen, zivilisierten Menschen auf diese Weise gelingt, unseren Intellekt wenigstens vorübergehend zum Schweigen zu bringen, dann können wir einen zeitlosen Augenblick lang in unsere Innenwelt eintauchen und den Schamanen, den Heiler, den Weisen und den Künstler in uns wiederfinden. Nur so können wir Schritt für Schritt unser volles Potential entfalten.

## Geistige Wachheit – der scheinende Schädel

Im Yoga gibt es eine *Kapalabhati* genannte Atemübung, was wörtlich übersetzt «scheinender Schädel» bedeutet. Diese Übung wirkt klärend auf Gehirn und Geist. Sie stimuliert die Zirbeldrüse und die Hirnanhangsdrüse und fördert eine erhöhte Sauerstoffaufnahme, was wiederum unsere Konzentrationsfähigkeit erheblich steigert. Das wiederholte rhythmische Auf- und Abbewegen des Zwerchfells belebt und massiert darüber hinaus Darm, Magen, Milz, Galle, Leber und das Herz.

Setzten Sie sich aufrecht auf den Boden oder auf einen Stuhl. Rückgrat, Nacken und Kopf sollten eine Linie bilden. Die Übung besteht aus einer Reihe von schnellen Aus- und Einatmungen.

*Ausatmend* ziehen Sie die Bauchmuskeln kräftig zusammen und drücken die Luft aus der Lunge.

*Einatmend* entspannen Sie die Bauchmuskeln wieder, so daß die Luft wieder einströmen kann.

Die Ausatmung sollte kurz, kräftig und deutlich zu hören sein. Die Einatmung geschieht passiv, wie von selbst. Der Schwerpunkt liegt auf der schnellen, geräuschvollen Ausatmung, wie bei einem Blasebalg. Nach jeder Runde folgen einige normale Atemzüge.

Zu Beginn üben Sie drei Runden mit jeweils zwanzig Atemzügen.

Auch beim *scheinenden Schädel* können Sie die Wirkung erhöhen, wenn Sie die Kraft Ihrer Vorstellung mit einbeziehen: Stellen Sie sich Ihr Gehirn als Blasebalg vor, der mit jeder Einatmung Licht aufnimmt und mit jeder rhythmischen Ausatmung alte Programmierungen und «verrostete» Denkmuster auflöst.

## Gesteigerte Lebensenergie – der Lichtball

Der *Lichtball* ist eine alte hawaiianische Atemübung, bei der wir uns mit *Mana*, mit reiner Lebensenergie aufladen.

*Einatmen*, während Sie visualisieren, wie Licht und Energie von Ihren Füßen über Ihre Beine und Dammgegend Ihre Wirbelsäule entlang nach oben in Ihr Gehirn strömen. Dort verbreitet sich diese Lichtenergie, belebt, erneuert und heilt jede Zelle Ihres Gehirns. Stellen Sie sich Ihren Kopf als einen klaren, strahlenden Lichtball vor.

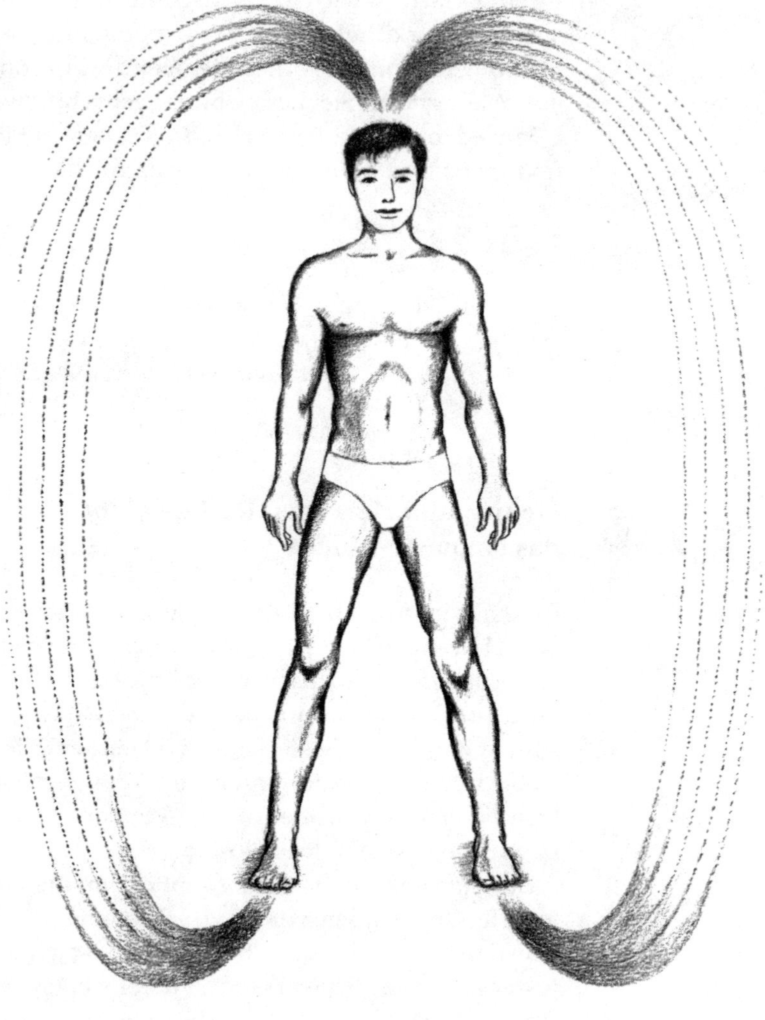

*Der Lichtball*

*Ausatmen*, während Sie visualisieren, wie Licht und Energie aus dem Scheitel, aus der Krone des Kopfes – aus Ihrem *Lichtball* – wie ein Springbrunnen in zwei Halbkreisen rechts und links Ihres Körpers bis hinunter zu Ihren Fußsohlen strömen. Atmen Sie über die Fußsohlen wieder ein. Wiederholen Sie diese Übung sechs- bis zwölfmal.

Mit jedem Atemzug werden Ihr Körper und Ihr Energiefeld mehr und mehr gereinigt, durchlichtet und aufgeladen.

> Mana *ist für die Hawaiianer dasselbe, wie für die Yogis* Prana *und für die Taoisten* Chi. *Es ist reine Lebensenergie, die überall im Universum existiert.*

## Gehirn und Herz im Gleichgewicht – das Namaste-Mudra

Indem wir unseren Körper in ungewohnte Bewegungen und Haltungen bringen, ermöglichen wir gleichzeitig Veränderungen auf seelischer und geistiger Ebene. Das gilt auch für die *Mudras* aus der indischen Tradition. Mudras sind symbolische Gesten mit den Händen, die bestimmte Gehirnregionen beeinflussen und Veränderungen im Gehirn bewirken. Darüber hinaus können sie verschiedene Bewußtseinszustände auslösen.

Das *Namaste-Mudra* – das Symbol der aneinandergelegten Hände – finden wir in verschiedenen Kulturkreisen. Das dahinter verborgene tiefe Wissen ist jedoch verlorengegangen. Die rechte Hand symbolisiert das männliche Prinzip (linke Gehirnhälfte), die linke Hand das weibliche Prinzip (rechte Gehirnhälfte). Beide Hände verkörpern die

*Das Namaste-Mudra*

**Unsere beiden Hemisphären sind *gleichwertige* Hälften eines Ganzen.**

Dualität: Sie stellen die negative und die positive Kraft des Universums dar, die sich gegenseitig bedingen. Diese beiden scheinbar polaren Welten sind nicht voneinander zu trennen: Das eine Prinzip bedarf des anderen. Wir müssen beide miteinander verbinden, um uns zu entfalten – so wie ein Vogel, der seine beiden Flügel einsetzt, um fliegen zu können.

Bringen Sie Ihre Handflächen zusammen, und führen Sie die gefalteten Hände zu Ihrem Herzen. Sie können dabei stehen oder sitzen. Dieses Mudra ist eine kurze effektive Meditation. Wenn Sie auch nur für drei Minuten so verweilen, während Sie ruhig und sanft atmen, werden Sie bereits eine beruhigende, wohltuende Wirkung verspüren.

*Namaste*, das bewußte Zusammenführen und Falten der Hände, soll alle Gegensätze aufheben und uns in das Bewußtsein der Einheit, in den Zustand der Nicht-Dualität führen. Es verbindet Intellekt und Intuition, Gefühl und

Verstand. Es hilft uns, uns mit unseren beiden getrennten Hälften wieder auszusöhnen, indem es uns mit unserem innersten Wesen in Kontakt bringt.

## Gleichgewicht durch den Wechsel-Atem

Der *Wechsel-Atem* hilft uns, das Ungleichgewicht zwischen linker und rechter Gehirnhälfte auszugleichen. Laut Yoga-Lehre befinden sich in unserer Wirbelsäule die drei wichtigsten *Nadis*, die Leitungen für Prana, genannt *Ida, Pingala* und *Sushumna*. Ida strömt auf der linken Seite unseres Körpers, vom Anus bis zur Stirn. Es wird mit dem Mond in Verbindung gebracht, mit dem weiblichen Element, mit Wasser. Pingala strömt auf der rechten Seite unseres Körpers, vom Anus bis zur Stirn. Es wird mit der Sonne assoziiert, mit dem männlichen Element, mit Feuer. Die Schriften sind sich einig, daß Ida in die linke Nasenhöhle läuft und auf die rechte Gehirnhälfte wirkt. Pingala strömt in die rechte Nasenhöhle und wirkt auf die linke Gehirnhälfte.

Inzwischen haben auch Wissenschaftler bestätigt, daß wir unsere rechte Gehirnhälfte aktivieren, indem wir durch das linke Nasenloch atmen. Wenn wir durch die rechte Nasenöffnung atmen, stimulieren wir unsere linke Gehirnhälfte. Die alten Yogis wußten intuitiv eine Balance zwischen den beiden Welten herzustellen, indem sie je nach Bedürfnis die folgende Atemmethode einsetzten.

1. *Linkes Nasenloch – rechte Gehirnhälfte.* Setzen Sie sich entspannt und aufrecht hin. Beobachten Sie ein bis zwei Minuten lang, wie Ihr Atem die Nasenlöcher streift. Entleeren Sie Ihre Lungen langsam von restlicher Atemluft. Atmen Sie dann langsam und tief nur durch das linke Nasenloch ein und aus, während Sie mit dem rechten Dau-

men das rechte Nasenloch am äußeren Nasenflügel verschließen (zwölfmal). Machen Sie eine kurze Pause. Bemerken Sie einen Unterschied zwischen den beiden Nasenlöchern?

2. *Rechtes Nasenloch – linke Gehirnhälfte*. Atmen Sie anschließend nur durch das rechte Nasenloch ein und aus, während Sie ihr linkes mit dem linken Daumen an der Außenseite des linken Nasenflügels verschließen (zwölfmal).

3. *Schnell und rhythmisch*. Führen Sie dann dieselbe Übung durch, indem Sie – jeweils nur rechts und links – im schnellen Rhythmus ein- und ausatmen (zwölf- bis zwanzigmal).

*Der Wechsel-Atem*
Das wechselweise Atmen durch das linke und rechte Nasenloch – genannt *Anuloma Viloma* – beruhigt den Gedankenfluß, zentriert das Bewußtsein und harmonisiert unsere Gehirnhälften.

Setzen Sie sich wieder entspannt auf den Boden oder auf einen Stuhl. Beobachten Sie ein bis zwei Minuten das Ein- und Ausströmen Ihres Atems an den Nasenlöchern. Winkeln Sie Zeige- und Mittelfinger Ihrer rechten Hand an, und führen Sie die Hand zur Nase. Legen Sie den rechten Daumen an den rechten äußeren Nasenflügel. Ringfinger und kleiner Finger liegen am linken äußeren Nasenflügel.

Atmen Sie langsam und tief durch das linke Nasenloch ein, während Sie mit dem Daumen das rechte Nasenloch verschließen. Wenn Sie vollständig eingeatmet haben, verschließen Sie das linke Nasenloch mit kleinem Finger und Ringfinger. Halten Sie den Atem ein bis zwei Sekunden lang an. Lockern Sie dann den Druck des Daumens, und atmen Sie langsam durch Ihr rechtes Nasenloch aus.

*Der Wechsel-Atem*

Atmen Sie wieder durch das rechte Nasenloch ein, das linke dabei geschlossen halten. Verschließen Sie dann das rechte Nasenloch mit dem Daumen. Halten Sie den Atem nicht länger als zwei Sekunden an. Lösen Sie dann Ihre Finger vom linken Nasenloch. Atmen Sie langsam vollständig links aus und gleich wieder ein.

Atmen Sie in dieser Weise etwa zehn Minuten lang. Anschließend ein bis zwei Minuten bewußt normal weiteratmen, während Sie den Atemstrom an Ihren Nasenlöchern beobachten.

*Wenn wir unseres Atems gewahr werden und ihn sanft auf ungewohnte Weise lenken, lösen wir auch in unserem Gehirn alte Gedankenformen und Verhaltensmuster auf. Wir eröffnen uns neue Sichtweisen.*

## Die harmonisierende Acht

Alles Trennende wird ausschließlich von unserem Intellekt verursacht. Jenseits der Dualität existieren Harmonie, Geborgenheit, Frieden, eine satte Glückseligkeit und die Stille. Die *harmonisierende Acht* ist eine wunderbare Übung, den kritischen Intellekt zu überlisten und ihn mit unserer intuitiven Hälfte zu verbinden. Diese Übung können Sie im Stehen, Sitzen oder Liegen durchführen:

1. Stellen Sie sich einen Stab aus Licht vor, der durch die Mitte Ihres Körpers geht, von den Fersen bis über die Krone des Kopfes. Richten Sie beide Körperhälften an dieser Mitte aus.

2. Beginnen Sie mit Ihren Füßen, immer vom Lichtstab ausgehend. Zeichnen Sie in Ihrer Vorstellung eine große Schleife nach links, entlang der Vorderseite Ihres Körpers, die sich an der Rückseite wieder mit dem Lichtstab verbindet, um von dort in einem zweiten Kreis – wieder über die Vorderseite nach rechts außen und rückwärts – in die Mitte zurückzukehren.

3. Gehen Sie langsam weiter nach oben. Visualisieren Sie die *harmonisierende Acht*, wie in der Abbildung gezeigt, und umkreisen Sie so Ihren Körper – Füße, Waden, Knie, Oberschenkel, Becken- und Bauchraum, Brustraum, Hals und Nacken, Augen.

4. Wenn Sie an der Stirn angelangt sind, zeichnen Sie die Acht über Ihrem Kopf, so daß Sie die Schleife erst über Ihre linke Gehirnhälfte und dann über Ihre rechte ziehen. In der Mitte Ihrer beiden Hemisphären – am *Corpus callosum* – ist der Schnittpunkt, an dem sich die beiden Kreise begegnen und wieder trennen.

Beachten Sie: Dehnen Sie die Schleifen so weit in Ihr Energiefeld aus, wie es jeweils für Sie stimmt. Die *harmonisie-*

*Die harmonisierende Acht*

*rende Acht* erhöht die Kohärenz der Gehirnhälften und fördert die Symmetrie unserer beiden Körperhälften.

## Die Dualität transzendieren – vier Bewegungsrituale

**Die Verkörperlichung unseres Geistes bewirkt gleichzeitig die Vergeistigung unseres Körpers.**

Die *Verkörperlichung* unseres Geistes bewirkt gleichzeitig die *Vergeistigung* unseres Körpers. In uns sind Himmel und Erde, Körper und Geist, Wissen und Weisheit. Unser menschlicher Körper ist der Ort, an dem Geist und Materie, Zeit und Zeitlosigkeit, das Unendliche mit dem Endlichen sich wieder aussöhnen und verbinden. Dann leben wir unser energetisches Potential in der Fülle unseres Körpers, mitten in der Welt der Materie und der Zeit. Doch gleichzeitig sind wir im Bewußtsein unserer zeitlosen Unendlichkeit verankert.

Wie aber können wir die beiden Welten in unserem Kopf und entsprechend in unserem Körper verbinden? Wie können wir entdecken, daß wir gleichzeitig Form und Inhalt sind – statisch und dynamisch, flexibel und stabil? Wie ist es möglich, Stille in der Bewegung und Bewegung in der Stille zu erfahren? Wir leben in unserer Mitte wie in einem Kreis, und doch existieren wir gleichzeitig draußen, außerhalb des Kreises. Unser Bewußtsein füllt den Kreis und den Raum. Wir sind innen und außen, rechts und links, oben und unten.

Die *vier Bewegungsrituale* (s. Abb. S. 138–140) sind eine besondere Körpermeditation, die auf mehreren Ebenen gleichzeitig wirkt. Sie öffnen wichtige Energiekanäle unseres Körpers und verbinden unsere beiden Welten. Ich habe sie erstmals 1992 in Ägypten kennengelernt, bei den Pyramiden von Gizeh. Dort versammelten sich Heiler aus aller Welt, um 72 Stunden lang Tag und Nacht diese Übungen durchzuführen. Dabei konnte ich meinen Körper wieder einmal als Ausdruck höchster schöpferischer Intelligenz erleben.

Heute geschieht es immer wieder, daß einige meiner Kursteilnehmer bereits beim ersten Üben dieser *vier Bewegungsrituale* berührt und betroffen sind – nicht nur wegen der Einfachheit und intensiven Wirkung der Gesten. Zum ersten Mal erkennen Sie die Sprache des Körpers, die Kraft der Geste und die Magie der Symbole in Verbindung mit Affirmationen.

Die Bewegungen werden im Stehen ausgeführt und gehen fließend und langsam ineinander über. Sie können die Wirkung intensivieren, indem Sie sich vorstellen, daß alles bereits Wirklichkeit ist, während Sie die Gesten durchführen. Die Begleitsätze visualisieren und sprechen Sie laut oder im Geiste während der einzelnen Bewegungen.

*In uns sind Himmel und Erde, Körper und Geist, Wissen und Weisheit. Unser menschlicher Körper ist der Ort, an dem Geist und Materie, Intellekt und Intuition, das Unendliche mit dem Endlichen sich wieder aussöhnen und verbinden.*

**1. Zeit und Zeitlosigkeit**

a) Hände in Gebetshaltung bringen:
*Ich halte die Zeit zwischen meinen Händen.*

b) Hände langsam auseinanderziehen:
*Ich dehne die Zeit zwischen meinen Händen.*

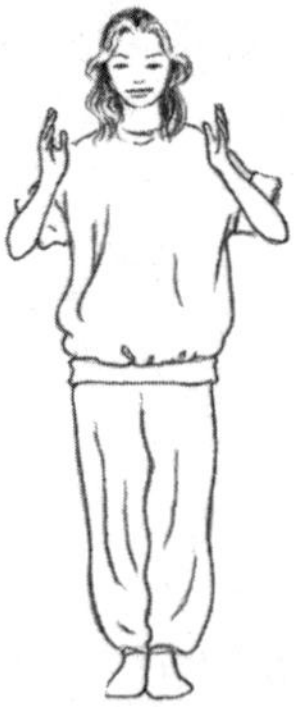

c) Arme mit geöffneten Handflächen nach vorne drücken:
*Ich bin Meister meiner Zeit. Alle Zeit der Welt steht mir zur Verfügung.*

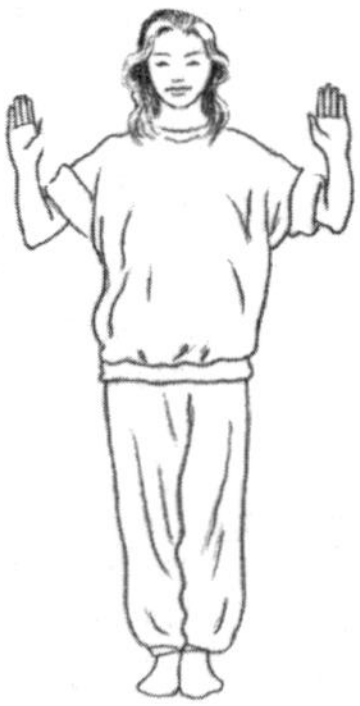

**2. Form und Unbegrenztheit**

a) Arme so weit wie möglich seitlich führen:
*Ich dehne mich aus.*

b) Gehen Sie mit Ihrem Bewußtsein über die Form Ihres Körpers hinaus in Ihr Energiefeld. Dehnen Sie sich in die Horizontale und in die Vertikale, wie ein Kreuz:
*Ich bin weit und frei.*
*Ich bin unbegrenzt.*

c) Führen Sie Ihre ausgestreckten Arme nach vorn. Daumen und Zeigefinger beider Hände bilden ein Dreieck, Spitze nach oben:
*Mit der Kraft der Pyramide hole ich das unbegrenzte Universum in meinen Körper. Ich bringe es in mein Herz.*

d) Handflächen zum Herzen führen, Ellbogen an den Körper drücken:
*Unbegrenztheit und Zeitlosigkeit strömen in mein Herz.*
*Ich öffne mein Herz und verbinde meine Innenwelt mit meiner Außenwelt.*
*Mein Herz weitet sich ins Unendliche.*

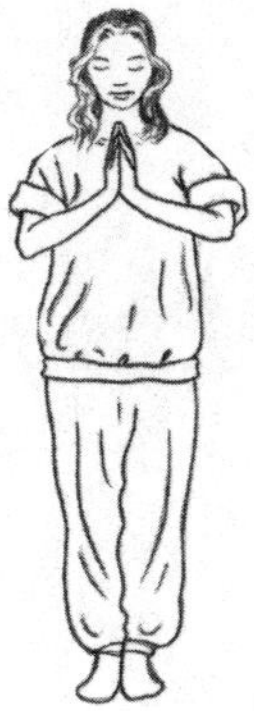

c) Hände wieder in Gebetshaltung:
*Himmel und Erde, Körper und Geist verbinden sich in mir.*

**3. Polaritäten verbinden**

a) Den rechten Arm ausgestreckt nach oben führen, den linken nach unten, so daß beide eine Diagonale bilden. Sie symbolisieren die Polarität in uns und in der Welt. Fühlen Sie:
*Ich bin Himmel und Erde.*
*Ich bin Körper und Geist.*

d) Beide Handflächen auf das Herz legen:
*Ich bin geborgen in mir.*
*Ich bin geborgen in der Einheit des Universums.*

b) Mit ausgestreckten Armen beide Handflächen in Herzhöhe zusammenführen. Fühlen Sie die pulsierende Energie zwischen Ihren Händen:
*Ich verbinde und integriere alle Polaritäten, alle Gegensätze in mir.*

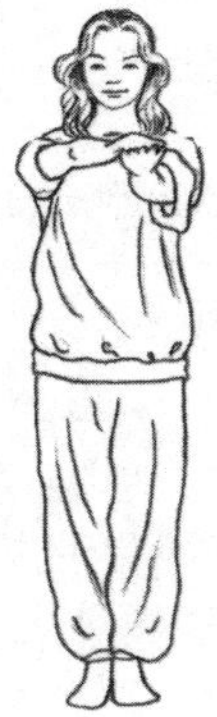

**4. Die Umwandlung**

a) Den linken Arm ausgestreckt nach oben führen, den rechten nach unten. Fühlen Sie wieder die äußerste Grenze Ihres Körpers:
*Ich bin Himmel und Erde, Körper und Geist.*

b) Die Arme ausstrecken und beide Handflächen (die linke auf die rechte) vor dem Körper waagrecht aufeinanderlegen:
*Ich lasse Altes los.*
*Ich entlasse dankbar aus meiner Welt, was jetzt überflüssig geworden ist.*
*Ich schließe das Tor zum Alten.*

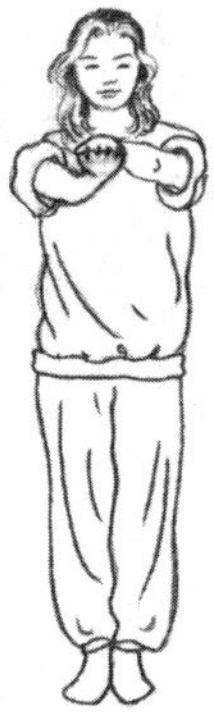

c) Drehen Sie jetzt Ihre zusammengeführten Handflächen um 180 Grad:
*Ich bin bereit für die Veränderung.*

d) Führen Sie Ihren rechten Arm wieder ausgestreckt nach oben, den linken nach unten:
*Ich öffne mich dem Neuen.*
*Ich bin bereit, Neues zu empfangen.*

Abschließend wagen Sie symbolisch einen Schritt mit dem rechten Bein nach vorn:
*Ich habe das Tor zu Neuem geöffnet und den ersten Schritt getan.*

Sollten Sie Schwierigkeiten haben, die Sätze laut auszusprechen und gleichzeitig zu visualisieren, lassen Sie sie weg. Sie können auch einzelne Sätze wählen oder sie Ihren Bedürfnissen entsprechend umformulieren. Finden Sie heraus, was für Sie das Beste ist.

## Klarsicht durch Trataka-Augenübungen

Diese Augenübungen aus dem Yoga wirken unmittelbar auf das Gehirn. Sie schärfen Sehkraft und Konzentration und fördern die geistige Klarheit. Darüber hinaus lösen sie Spannungen und Druck im Augenbereich und erhöhen die Kooperation der Gehirnhälften. Es wurde beobachtet, daß das linke Sehfeld die rechte Gehirnhälfte beeinflußt und das rechte Auge auf die linke Gehirnhälfte wirkt.

**Augenkreisen**

1. Falls Sie Brillenträger sind, nehmen Sie die Brille bitte ab. Strecken Sie die Arme in Schulterhöhe nach außen. Machen Sie eine Faust und strecken Sie die Daumen nach oben. Blicken Sie abwechselnd vom linken zum rechten Daumen und wieder zurück, ohne den Kopf dabei zu drehen. Nur die Augen bewegen sich (zwölfmal).

2. Blicken Sie abwechselnd zur Decke und zum Boden (zwölfmal).

3. Kreisen Sie mit Ihren Augen: rechter Daumen, Decke, linker Daumen, Boden (dreimal in beide Richtungen).

Sie können die Übung auch mit der Vorstellung einer Uhr durchführen. Stellen Sie sich vor, Sie haben ein großes Zifferblatt vor sich. Bei jeder Stunde – von eins bis zwölf – machen Sie eine kurze Pause. Üben Sie je einmal in beide Richtungen, dann wiederholen Sie dasselbe mit geschlossenen Augen.

**Palmieren**
Reiben Sie abschließend Ihre beiden Hände kräftig aneinander, bis sie heiß werden. Legen Sie die Hände über die geschlossenen Augen, ohne die Augenlider zu berühren. Entspannen Sie sich dabei mit tiefen langsamen Atemzügen und genießen Sie die Dunkelheit hinter Ihren Handflächen.

**Die harmonisierende Acht mit den Augen**
Wenn wir beide Augen zusammen nach links oder nach rechts bewegen, überqueren wir unsere Körpermitte. Mit dieser Überkreuzbewegung strecken und dehnen wir unsere äußeren Augenmuskeln und aktivieren gleichzeitig das Zusammenspiel beider Gehirnhälften. Neurologen haben herausgefunden, daß die Verbindung unserer beiden

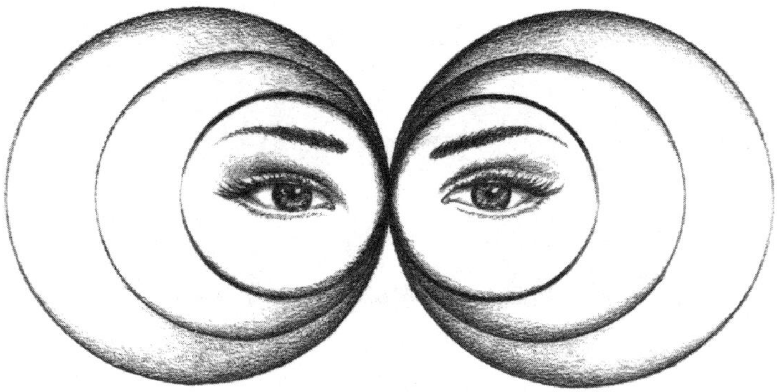

Gehirnhälften ein wichtiger Faktor für entspanntes und ganzheitliches Sehen und für die räumliche Wahrnehmung ist.

Beginnen Sie von links, und beschreiben Sie mit den Augen einen Kreis nach links oben. Kommen Sie zurück zur Mitte, und wechseln Sie auf die rechte Seite über. Sie können sich auch jeden Kreis einzeln als Zifferblatt einer Uhr vorstellen. Lassen Sie die Kreise jedesmal ein bißchen größer werden. Führen Sie die Bewegung dreimal aus, anschließend *Palmieren*.

**Fokussieren**

*Fokussieren* weckt im Gehirn gespeicherte Erinnerungen, und es aktiviert die Kooperation unserer Gehirnhälften.

*Visuelle Erinnerung – Sehen*

Blicken Sie nach *links oben*. Halten Sie den Blick 15 Sekunden lang.

*Kinästhetischer Sinn – Hören*

Blicken Sie nach *links unten* (15 Sekunden lang halten).

*Kreativität*

Blicken Sie nach *rechts oben* (15 Sekunden lang halten).

*Geruchssinn*

Blicken Sie nach *rechts unten* (15 Sekunden lang halten).

*Drittes Auge*

Blicken Sie nach oben zwischen die Augenbrauen. Halten Sie die Augen etwa fünfzehn Sekunden bis zu einer Minute in dieser Stellung. Dabei wird Ihr Drittes Auge, das mit Hellsichtigkeit und Mentalkraft verbunden ist, aktiviert.

*Visuelle Erinnerung – Sehen*
*(links oben)*

*Kinästhetischer Sinn – Hören*
*(links unten)*

*Kreativität*
*(rechts oben)*

*Geruchssinn*
*(rechts unten)*

*Drittes Auge*
*(oben)*

*Fokussieren*

Nach jeder Übung können sie *palmieren*. Das entspannt die Augäpfel und die Muskulatur um die Augen.

**Sonnenlicht für die Augen**

Falls Sie sich vorwiegend in geschlossenen Räumen mit künstlichem Licht aufhalten, entziehen Sie Ihren Augen natürliches Licht. Tageslicht ist aber eine notwendige Nahrung für unsere Augen. Wenn Sie viel mit den Augen arbeiten, sollten Sie sich öfter ans geöffnete Fenster stellen, um natürliches Licht zu tanken. Scheint die Sonne, dann drehen Sie sich so, daß Ihnen das Licht direkt ins Gesicht fällt.

Schließen Sie die Augen. Spüren Sie die Wärme der Sonnenstrahlen auf Ihrem Gesicht. Sehen Sie die Helligkeit hinter den geschlossenen Augenlidern? Visualisieren Sie mit jeder bewußten Einatmung, wie sich die Sonnenstrahlen direkt auf Sie zubewegen und in Ihr Augeninneres gelangen. Entdecken Sie die verschiedenen Farben hinter Ihren Augenlidern? Bewegen Sie Ihre Augäpfel vorsichtig unter den geschlossenen Lidern.

Drehen Sie dann langsam den Kopf von einer Seite zur anderen. Lassen Sie die Wärme und die heilende Kraft der Sonnenstrahlen in jeden Winkel Ihrer Augen gelangen. Halten Sie Ihre Augen die ganze Zeit über geschlossen. Sonnenlicht regt die Netzhaut an und läßt uns die Farben in kräftigeren Tönen sehen. Es stimuliert Teile des Gehirns, wie beispielsweise den Hypothalamus, die Hypophyse und die Epiphyse und deren Hormonausschüttung.

## Durchlässigkeit – die «Geheime Pforte» öffnen

Der Hals ist die Verbindung zwischen Gefühl, Herz und Intellekt. Im Nacken sitzt unser Wille. Wenn wir den Nacken weich und flexibel machen, können wir auch unsere starren Einstellungen aufweichen und verrostete Konzepte aus unserer Welt, aus unserem Gehirn entlassen.

Am letzten Halswirbel, dem obersten Punkt der Wirbelsäule, liegt die *Medulla oblongata*. Genau an dieser Stelle verbindet sich die Wirbelsäule mit dem Schädel und das Zentralnervensystem mit dem Gehirn und dem Knochenmark. Diese Stelle des Körpers wird in alten Mysterien-Schulen als *geheimes Tor zur Wahrheit* bezeichnet. Manche sprechen auch vom *Mund Gottes*. Die geheime Pforte symbolisiert die Verbindung von Geist und Materie, von Körper und Bewußtsein. In geheimen Übungen bestimmter traditioneller Mysterien-Schulen geht es darum, diesen Punkt bewußt, beweglich und durchlässig zu machen. Doch auch so einfache Übungen wie der Sonnengruß oder die Fünf «Tibeter» sowie bestimmte Umkehrstellungen und Atemübungen aus dem Yoga haben eine ähnliche Wirkung.

Die folgenden Übungen sollen unsere Halswirbelsäule und unser Gehirn für leichte Umkehrstellungen vorbereiten. Es ist das abwechselnde Vorwärts-, Seitwärts- und Rückwärtsbeugen des Kopfes, das abwechselnde Dehnen und Pressen von Hals und Nacken, das die *Geheime Pforte* aktiviert, weitet und durchlässig macht.

### Hals- und Nackenmuskulatur lösen

Sitzen oder stehen Sie aufrecht. Ihr Becken ist leicht nach vorn gekippt, so daß Ihre Lendenwirbelsäule gedehnt wird. Dehnen Sie gleichzeitig Ihre Halswirbelsäule, während Sie Ihren Kopf nach rechts und nach links drehen.

Spüren Sie die Dehnung am unteren und am oberen Ende der Wirbelsäule?

1. *Ausatmen*, während Sie Ihren Kopf nach links drehen und mit den Augen nach rechts blicken …

2. *Einatmen*, Kopf zurück zur Mitte drehen, Augen geradeaus …

3. *Ausatmen*, während Sie Ihren Kopf nach rechts drehen und mit den Augen nach links schauen.

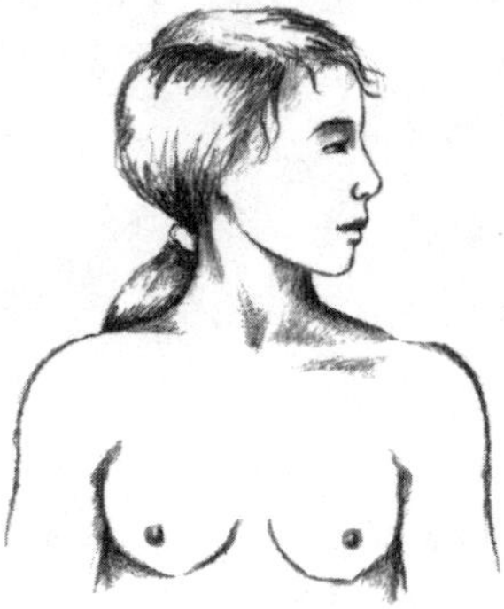

*Die Halsseiten lösen*

Führen Sie jeweils drei bis sechs Runden durch.

**Die Halsseiten dehnen**

Spüren Sie die Dehnung vom Trapezmuskel bis zum Schädelansatz, während Sie Ihr Ohr langsam in Richtung Schulter bringen.

1. *Ausatmen*, während Sie Ihren Kopf seitlich nach links dehnen, das linke Ohr zur linken Schulter, gleichzeitig die rechte Schulter nach unten und außen ziehen.

2. *Einatmen*, während Sie Ihren Kopf wieder in die Gerade bringen.

3. *Ausatmen*, während Sie Ihren Kopf seitlich nach rechts dehnen, das rechte Ohr zur rechten Schulter, gleichzeitig die linke Schulter nach unten und außen ziehen.

Richten Sie sich wieder auf. Achten Sie darauf, daß während der ganzen Übung Ihre Lendenwirbelsäule gedehnt bleibt. Führen Sie jede Dehnung etwa drei- bis sechsmal aus.

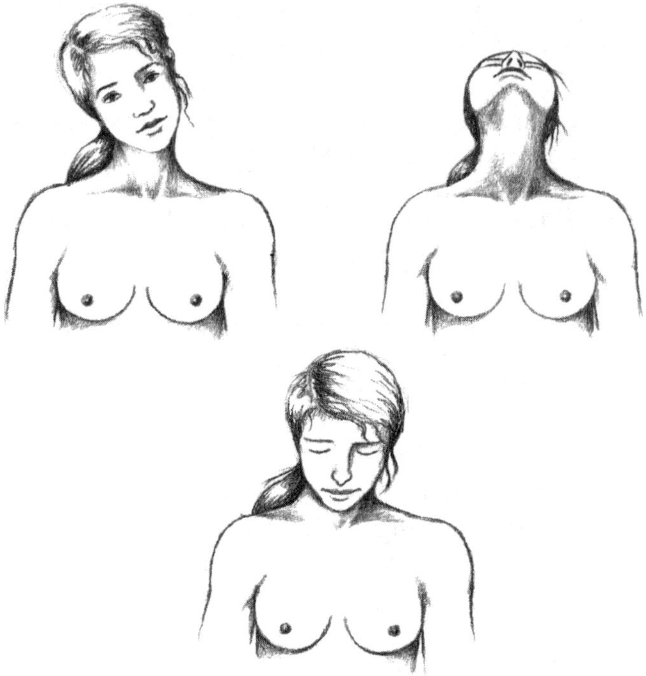

*Die Halsseiten dehnen*

4. *Einatmend* den Kopf weit nach hinten dehnen.

5. *Ausatmend* den Kopf weit nach vorn dehnen.

Führen Sie die Schritte 4 und 5 ebenfalls etwa drei- bis sechsmal durch.

*Beachten Sie: Bei allen Übungen bewegt sich nur Ihr Kopf. Schultern und Rumpf bleiben unverändert. Spüren Sie, was im Inneren des Kopfes geschieht.*

**Kopf und Körper, Verstand und Gefühl verbinden**

Abschließend noch eine Übung, die die Fähigkeit der bildhaften Vorstellung fördert und Kopf und Körper, Verstand und Gefühl verbindet. Der Schnittpunkt ist die *Geheime Pforte*.

Sie können diese Übung im Stehen oder Sitzen durchführen.

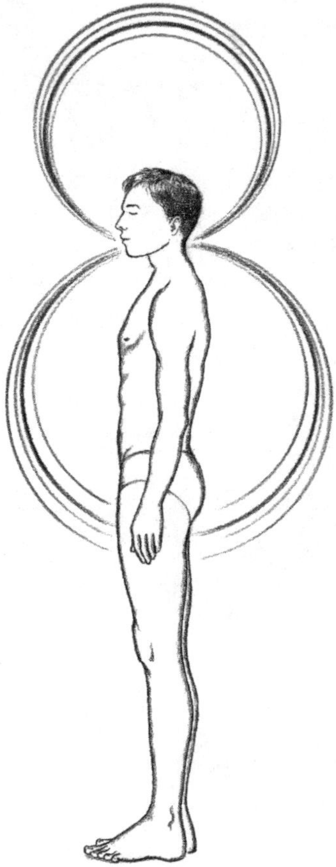

1. Beginnen Sie an der Geheimen Pforte. Zeichnen Sie von dort aus in Ihrer Vorstellung einen Kreis entlang der Mitte am Hinterkopf nach oben über die Krone des Kopfes, vorn entlang der Mitte am Gesicht und durch den Hals zurück zur Geheimen Pforte.

2. Der zweite Kreis geht vom Schnittpunkt an der Geheimen Pforte entlang der Wirbelsäule an der Rückseite des Körpers durch die Dammgegend, weiter entlang der Vorderseite in der Mitte des Körpers bis zum Hals und schließt wieder an der Geheimen Pforte. *Anfang* und *Ende* begegnen sich an diesem Punkt wieder. Wiederholen Sie die Schritte 1 und 2 dreimal und wechseln Sie dann die Richtung.

3. Abschließend klopfen Sie mit Ihren Fingerkuppen leicht und rhythmisch an die *Geheime Pforte*. Stellen Sie sich dabei vor, Sie klopfen an eine Tür, hinter der sich ein Geheimnis verbirgt, und Sie bitten um Einlaß.

## Gehirnaktivierung durch Umkehrstellungen

Umkehrstellungen gehören im Yoga zu den wichtigsten Übungen. Sie unterstützen über den Weg des Körpers einen harmonischen Dialog zwischen Intellekt und Intuition, Gefühl und Verstand, zwischen Innen- und Außenwelt. Darüber hinaus ermöglichen sie eine gleichmäßige, ausgewogene Blutversorgung aller Gehirnteile. Epiphyse und Hypophyse reagieren auf Streß und Spannungen und können den ganzen Körper in Unruhe und Desynchronisation versetzen. Hier wirken leichte Umkehrstellungen harmonisierend.

Unsere beiden wichtigsten Energiezentren – Stirn-Chakra und Scheitel-Chakra – liegen unmittelbar an unserem Gehirn. Das Stirn-Chakra ist mit der Hypophyse verbunden. Die Wissenschaft spricht heute von einem «nach innen gezogenen Dritten Auge». Es symbolisiert das Denken, den Intellekt, aber auch die übergeordnete Intelligenz. Hier erhalten unsere Gedanken jene Form, die sich durch die fünf Chakren nach unten entlang der Wirbelsäule ausdrückt. Das Kronen-Chakra, oben an der Kopfmitte, ist mit der Epiphyse verbunden. Es symbolisiert den «Draht nach oben», die Inspiration. Im Yoga spricht man vom «Tausendblättrigen Lotus», dessen Blüte sich nach oben hin öffnet. Die Umkehrstellungen aktivieren beide Chakren und harmonisieren die Hormonausschüttung.

Die Grundhaltung unseres Kopfes, ob nach vorn gebeugt oder nach hinten in den Nacken gekippt, beeinflußt die Durchblutung unseres Gehirns. Hier spielen die Blutgefäße unseres Halses und unseres Nackens eine wichtige, regulierende Rolle. Daher empfehle ich Ihnen, vor allen Umkehrhaltungen zunächst mit den Übungen der «Geheimen Pforte» Nacken und Hals zu dehnen, um Verspannungen zu lösen.

**Kopf-Fuß-Stellung**

Beugen Sie sich vornüber. Lösen Sie mit jeder Ausatmung Ihre Lendenwirbelsäule. Bleiben Sie entspannt im Schulter- und Nackenbereich. Ihr Kopf hängt locker, der Nacken ist gelöst, so daß Ihre Blutgefäße entspannen können. Der Atem strömt tief durch den Rücken und weiter ins Gehirn. Spüren Sie die Durchblutung in Ihrem Kopf? Halten Sie diese Stellung etwa eine Minute lang. Kehren Sie dann mit der Einatmung langsam Wirbel für Wirbel zurück in die aufrechte Haltung.

*Kopf-Fuß-Stellung*

**Halbkerze**

Legen Sie sich auf den Rücken. Heben Sie langsam die Beine aus der Hüfte in die Halbkerze, Hals und Nacken bleiben entspannt. Stützen Sie das Gesäß mit den Händen ab, die Beine sind angewinkelt. Was fühlen Sie in Ihrem Kopf? Spüren Sie eine leichte Dehnung an der Geheimen Pforte?

**Kerze (Schulterstand)**

Mit zunehmender Übung können Sie die Beine ganz hochheben. Wichtig ist dabei, daß Sie die Stellung nur so lange halten, wie Sie weder Druck im Kopf, noch in den Schläfen, noch in den Augen verspüren.

*Kerze*

## Wenn die rechte Gehirnhälfte dominiert – Atmen und Zählen

Kennen Sie das Gefühl, jeden Bezug zur Wirklichkeit verloren zu haben? Alles scheint Ihnen nebulös, wie im Traum. Da gibt es nichts mehr, was sie «begreifen» oder «ermessen» können: Die linke Gehirnhälfte «streikt». Dieser Zustand kommt häufig bei Künstlern und extrem intuitiven Menschen vor.

Sequentielles Atmen ist eine Möglichkeit, die linke Gehirnhälfte zu aktivieren. Man atmet nach einem bestimmten Rhythmus und zählt dabei. Sind Sie bereit?

*Einatmen*: Zählen Sie 1-2-3-4 oder noch weiter, falls es Ihre Atemkapazität erlaubt.

*Atem anhalten*: Zählen Sie 1-2-3-4.

*Ausatmen*: Zählen Sie wieder 1-2-3-4.

*Atem anhalten*: Zählen Sie wieder 1-2-3-4.

Führen Sie diese Übung drei Atemzyklen lang durch.

Beachten Sie: in allen vier Phasen gleich lang zählen.

## Alpha-Bewußtsein durch Musikmeditation

Wissenschaftliche Untersuchungen bestimmter Yoga- und Meditationstechniken aus Indien sowie japanischer Zen-Übungen haben gezeigt, daß sich der Übende in einen Bewußtseinszustand versetzt, der durch das vermehrte Auftreten von Alpha-Wellen gekennzeichnet ist.

Unser Gehirn erzeugt Alpha-Wellen üblicherweise im Schlaf und während tiefer Meditation, wenn das Unterbewußtsein arbeitet. Sie zeigen an: gesteigertes und plastisches Erinnerungsvermögen, Phantasie, bildhafte Vorstellungen, Kreativität, Inspiration, Tiefenentspannung, Träumen; Abschalten der Denktätigkeit; kosmisches Bewußtsein der Mystiker.

Bestimmte Musikstücke machen es leichter, diesen Entspannungszustand herbeizuführen. Ich habe hier einige spezielle klassische Stücke ausgewählt, die den Alpha-Zustand sowie eine erhöhte Kohärenz der rechten und linken Hemisphäre fördern:

A. Vivaldi
- Die vier Jahreszeiten (Der Winter: Largo, Der Regen)
- Piccoloflötenkonzert C-Dur, RV 443: Largo
- Piccoloflötenkonzert a-Moll, RV 445
- Konzert für Violine und Laute d-Moll

W.A. Mozart
- Klavierkonzert Nr. 15, B-Dur, KV 450
- Flötenkonzert Nr. 1, G-Dur, KV 313: Andante
- Klarinettenkonzert A-Dur, KV 622: Adagio
- Klavierkonzert Nr. 21, C-Dur, KV 467: Andante
- Klarinettenquintett A-Dur, KV 581: Larghetto

J.S. Bach
- Konzert für Violine und Oboe, d-Moll, BWV 1060: Adagio; Largo, ma non tanto
- Suite Nr. 3, D-Dur, BWV 1068: Air

*Erlauben Sie sich, Musik einmal anders als bisher zu hören. Es ist möglich, Musik und Töne mit Ihrem ganzen Körper zu hören und erfühlen. Wir werden dadurch immer empfänglicher für jene Schwingungen, für Melodien, die uns besonders nähren, harmonisieren und heilen.*

Nehmen Sie sich zehn bis fünfzehn Minuten Zeit. Achten Sie darauf, nicht gestört zu werden. Sitzen oder liegen Sie entspannt. Lockern Sie Ihre Kleidung. Tragen Sie nichts Einengendes, so daß die Töne und deren Schwingungen Ihren ganzen Körper berühren und durchströmen können. Lassen Sie die von Ihnen ausgewählte Musik spielen. Versuchen Sie dabei, die Musik nicht mechanisch mit den Ohren, sondern mit Ihrem ganzen Körper, mit der ganzen Haut zu hören und zu fühlen. Sie können dies unterstützen, indem Sie sich Ihren Körper als ein großes hörendes und fühlendes Ohr vorstellen.

Entdecken Sie Ihre eigene Musik, Kompositionen, von denen Sie persönlich berührt sind. Lassen Sie sich von dieser Musik «durchströmen»! Erlauben Sie sich, vollkommen in das Alpha-Bewußtsein einzutauchen. Vielleicht bemerken Sie nach einiger Zeit, wie die Töne der Musik Ihren ganzen Körper, Ihre Aura streicheln – von den Fußsohlen bis zu den Haarspitzen und darüber hinaus. Vielleicht können Sie plötzlich eine Verbindung von Tönen und Farben erkennen. Fühlen Sie die Melodie durch jede Pore Ihres Körpers strömen. Lassen Sie alles Begrenzende, Belastende von Klängen durchdringen und auflösen. Übergeben Sie sich den heilenden Alpha-Frequenzen. Hören und spüren Sie sie mit jeder Zelle, als ob jede Zelle ein sich öffnendes, empfangendes Ohr sei.

Lassen Sie abschließend noch zwei bis drei Minuten in Stille die Musikmeditation nachklingen, während Sie den Alpha-Zustand genießen!

Je tiefer Sie sich dieses Empfangen, diese Hingabe, die in die Verschmelzung der Musik mündet, erlauben, desto bewußter können Sie erspüren, wie Sie selbst zur Musik werden. Ich habe immer wieder erlebt, daß die Musik, die von außen in mich drang, mich in meinem Innersten berührte und plötzlich aus jedem Winkel meines Körpers, aus jeder Faser meiner Seele zu strömen schien – als ob ich sie selbst gespielt hätte. Ich nahm dabei meinem Körper als ein Medium wahr, ein besonderes Instrument, durch das der Schöpfer meine persönliche, individuelle Lebensmelodie inmitten des großen Orchesters seiner Schöpfung erklingen läßt.

# 9 Unser Körper, das Buch mit den «sieben Siegeln»

*Man kann den Menschen nichts beibringen.*
*Man kann ihnen nur helfen, es in sich selbst zu entdecken.*
GALILEO GALILEI

*Nur, wer das Geheimnis des Körpers erkannt hat,*
*kann die Wahrheit des Universums erkennen.*
AUS EINER TANTRISCHEN SCHRIFT

Die meisten Menschen halten die materielle Welt und damit auch ihren physischen Körper für die einzige Realität. Wir können die Materie mit unserem rationalen Verstand erfassen. Hellsichtige, hellfühlige und hellhörige Menschen aber sehen und spüren darüber hinaus verschiedene Energiefelder, die innerhalb und außerhalb des physischen Körpers existieren. Es ist dieselbe Energie, die unseren physischen Körper mit all seinen Zellen belebt, die uns jede Bewegungs- und Ausdrucksfähigkeit ermöglicht. Es ist unsere Schöpferkraft, unsere kreative Intelligenz.

Unser reines Energiesystem setzt sich aus drei grundlegenden Komponenten zusammen:

- *unserem Energiekörper*
- *unseren Energiezentren – den Chakren*
- *unseren Energiekanäle – den Nadis*

Die Chakren dienen im Energiesystem des Menschen als Empfangsstationen, Transformatoren und Verteiler verschiedener Energiefrequenzen. Sie nehmen über die Nadis aus unserem Energiekörper und aus unserer Umgebung

Lebensenergie auf, die für die Erhaltung und Entfaltung der verschiedenen Bereiche unserer menschlichen Existenz notwendig ist. Darüber hinaus strahlen die Chakren Energie in unsere Umgebung aus. Über unsere Chakren treten wir in Austausch mit den Kräften, die auf den verschiedenen Entwicklungsebenen in uns, in unserer Umwelt und im Universum wirksam sind.

**Prana ist die Urquelle aller Energieformen, aller sichtbaren und aller unsichtbaren.**

Die Nadis kann man als eine Art feinstofflicher Arterien bezeichnen. Das Wort Nadi kommt aus dem Sanskrit und bedeutet «Röhre, Gefäß, Ader». Die Aufgabe der Nadis ist es, Prana – fließende Lebensenergie – durch unser Energiesystem und durch unsere Chakren zu leiten sowie unseren Energiekörper und unsere Chakren mit unserem physischen Körper zu verbinden. Prana ist die Urquelle aller Energieformen und drückt sich auf verschiedenen Ebenen durch verschiedene Frequenzen aus.

Außer den sieben Hauptchakren, die aus der Yoga-Lehre überliefert sind, gibt es noch viele Nebenchakren.

Es würde hier zu weit führen, alle Chakren mit ihren Funktionen zu erklären. Vor den Übungselementen zur Reinigung, Aktivierung und Harmonisierung der Chakren möchte ich mich daher in einem kurzen Abriß auf die sieben Hauptchakren in unserem Körper beschränken. Neben den korrespondierenden Sinnesfunktionen, Elementen, Farben und Klängen werden wir auch die Lebensthemen betrachten, die die Chakren symbolisieren.

## Zur Krone der Schöpfung entlang der sieben Energiezentren

**Unser menschliches Bewußtsein entfaltet sich über die sieben Hauptenergiezentren, die sieben Ckakren.**

Unser menschliches Bewußtsein entfaltet sich über die sieben Hauptenergiezentren, die sieben Chakren, vom untersten, dem Wurzel-Chakra, entlang der Wirbelsäule bis

**In unserem menschlichen Körper schlummert das Urwissen der gesamten Schöpfung.**

zum höchsten Energiezentrum, dem Scheitel- oder Kronen-Chakra, in dem das menschliche Bewußtsein mit dem Universalen Bewußtsein verschmilzt. Fünf Energiezentren befinden sich entlang der Wirbelsäule, zwei davon am Kopf. Den sieben Chakren und ihren lebenswichtigen Funktionen entsprechen im physischen Körper die Drüsen und deren Hormonproduktion und Ausscheidung. Chakren- und Drüsensystem sind eng miteinander verbunden. Die Hormone wiederum regeln die Funktionen des Körpers, einschließlich des Alterungsprozesses.

Bei fast allen Menschen befinden sich die Energiezentren im Ungleichgewicht. Sie sind entweder überaktiv oder geschwächt. Bestimmte Übungen, wie beispielsweise der Sonnengruß, die Fünf «Tibeter» oder gezielte Atem- und Visualisierungsübungen, haben eine ausgleichende Wirkung auf Chakren- und Drüsensystem. Regelmäßig durchgeführt können sie dazu beitragen, Unausgewogenheiten auszugleichen und die Über- oder Unterfunktion der sieben Chakren und der ihnen entsprechenden Drüsen günstig zu beeinflussen.

**Erstes Chakra**

Das erste Chakra, das Wurzel-Chakra, liegt an der Basis der Wirbelsäule, in der Dammgegend, zwischen Anus und Genitalien. Das Wurzel-Chakra entspricht dem Element Erde. Seine Sinnesfunktion ist das Riechen, das korrespondierende Organ ist die Nase. Es wird den Nebennieren und deren Hormonfunktion zugeordnet. Seine Farbe ist ein feuriges Rot. Der Vokal *U* und der Laut *LAM* aktivieren und harmonisieren das erste Chakra. Es wird in Verbindung gebracht mit Urvertrauen, Beziehung zur Erde und zur materiellen Welt, Stabilität und Durchsetzungskraft.

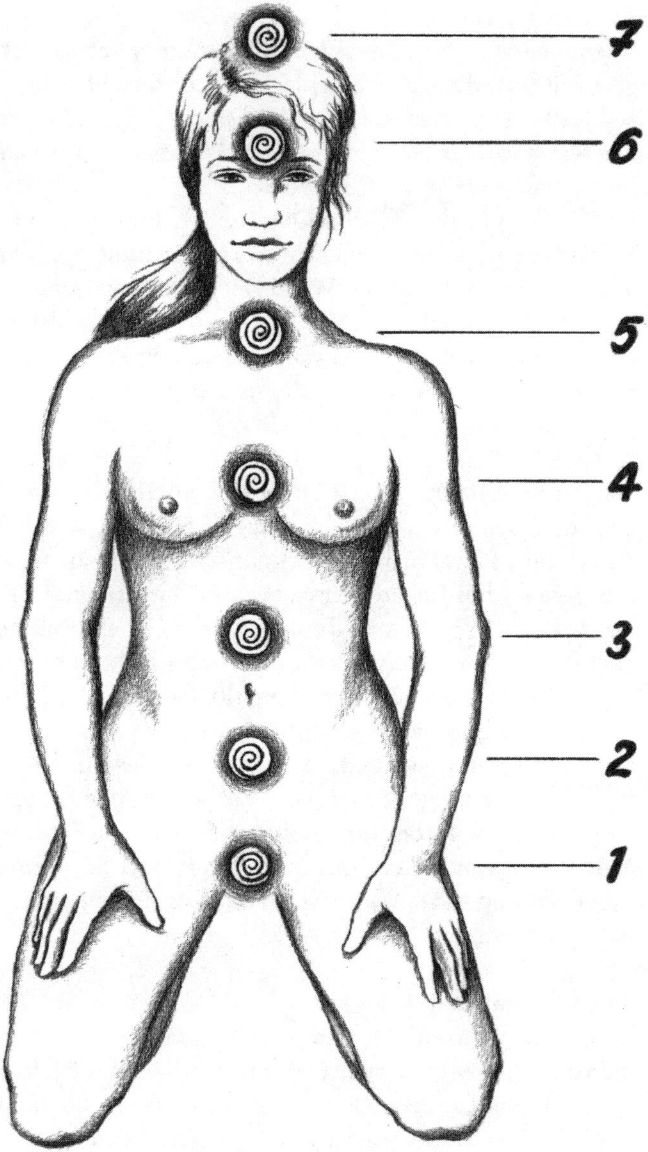


*Die sieben Chakren*

**Unsere Menschwerdung als Mittler zwischen Himmel und Erde führt über die Chakrenleiter mit ihren sieben Hauptstationen.**

### Zweites Chakra

Das zweite Chakra, das Sakral-Chakra, liegt etwa vier Fingerbreit unterhalb des Nabels. Es wird dem Element Wasser und der Sinnesfunktion des Schmeckens zugeordnet. Korrespondierendes Sinnesorgan ist der Mund. Das Sakral-Chakra steht in enger Verbindung mit den Keimdrüsen bei Männern und den Ovarien bei Frauen sowie den Fortpflanzungsorganen. Die ihm zugeordnete Farbe ist ein leuchtendes Orange. Der Vokal *O* (ein geschlossenes *O* wie in «Mond») und der Laut *VAM* regulieren das zweite Chakra. Lebensthema ist hier, mit dem Leben zu fließen – Sinnlichkeit, Erotik, Kreativität und Begeisterung.

### Drittes Chakra

Das dritte Chakra, der Solarplexus, auch Sonnengeflecht genannt, liegt etwa zwei Fingerbreit oberhalb des Nabels. Es ist dem Element Feuer zugeordnet. Sinnesfunktion ist das Sehen über unsere Sinnesorgane, die Augen. Das Sonnengeflecht wird mit dem Pankreas, der Bauchspeicheldrüse, und deren Hormonfunktion assoziiert. Die zugeordnete Farbe ist Gelb bis Rotgelb. Der Vokal *O* (ein offenes *O* wie in «Sonne») und der Laut *RAM* aktivieren und harmonisieren das dritte Chakra. In diesem wichtigen Energiezentrum geht es um die Entfaltung der Persönlichkeit und die Verarbeitung von Emotionen, um Einfluß und Macht, um das Bewußtsein von Kraft und Fülle und um das Erlangen einer Weisheit, die aus unmittelbarer Erfahrung hervorgeht.

### Viertes Chakra

Das vierte Chakra, das Herz-Chakra, befindet sich unmittelbar an der Mitte des Brustbeins und wird dem Element Luft zugeordnet. Die Sinnesfunktion im Herz-Chakra ist der Tastsinn über unser größtes Organ, die Haut. Es steht in enger Verbindung mit der Thymusdrüse und deren Funktion. Seine Farben sind Grün, Rosa und Gold. Der zugeordnete Vokal ist *A*, der Laut *YAM*. Lebensthema in diesem Energiezentrum ist: Entfaltung der Herzensqualitäten, Liebe, Mitgefühl; aus dem Herzen denken, sehen, hören, sprechen, handeln; Hingabe, Heilen.

**Fünftes Chakra**

Das fünfte Chakra, das Kehlkopf-Chakra, liegt zwischen Halsgrube und Kehlkopf, vorn am Hals. Es wird dem Element Äther zugeordnet. Seine Sinnesfunktion entspricht dem Hören über unsere Sinnesorgane, die Ohren. Es steht in unmittelbarer Verbindung mit der Schilddrüse und deren Hormonfunktion. Die zugeordnete Farbe ist Hellblau. Der Vokal ist *E*, der Laut *HAM*. Lebensaufgabe im fünften Chakra ist: Kommunikation, kreativer Selbstausdruck, Offenheit, Weite, Unabhängigkeit.

**Jedes Chakra ist gleich wichtig. Jedes möchte erfahren und gelebt werden.**

**Sechstes Chakra**

Das sechste Chakra, das Stirn-Chakra oder das Dritte Auge, befindet sich einen Fingerbreit über der Nasenwurzel, in der Mitte der Stirn, etwa zwei Fingerbreit hinter der Stirn. Dem Dritten Auge werden alle Sinne zugeordnet, auch übersinnliche Wahrnehmungen. Es ist das Zentrum der Hellsichtigkeit. Es steht eng mit der Hypophyse, der Hirnanhangsdrüse, und deren Hormonfunktion in Verbindung. Seine Farben sind Indigoblau und Violett. Der Vokal ist *I*, der Laut *KSHAM*. Lebensthema ist: Intuition, Hellsichtigkeit, Hellhörigkeit, Geisteskraft, Willensprojektion.

**Siebtes Chakra**

Das siebte Chakra, das Kronen-Chakra, liegt an der Mitte des oberen Kopfes, an der Stelle, wo sich die Fontanelle bei einem Säugling befindet. Es steht in enger Verbindung mit der Epiphyse, der Zirbeldrüse. Die zugeordnete Farbe ist ein strahlendes Weiß, aus dem alle anderen Farben hervorgehen, aber auch Gold oder Violett. Der Laut ist *M* und der Schöpfungsklang des Universums, das Mantra *OM*. Lernthema ist: Vollendung, höchste Erkenntnis durch direkte innere Schau, Vereinigung mit dem universalen Bewußtsein.

Der Weg zu unserem wahren Wesen – über die Menschwerdung, so wie wir gedacht sind, als Mitschöpfer, als Vermittler zwischen Erde und Himmel – führt uns über die Chakrenleiter mit ihren sieben Hauptstationen. Sie lassen sich mit Entwicklungsstufen vergleichen. Jedes Energiezentrum ist gleich wichtig. Jedes will voll gelebt und erlebt werden. Unser menschlicher Mikrokosmos mit all seinen Sinnen, Öffnungen und Energiezentren, mit all seinen Farben, Formen und Klängen, läßt sich mit einer wunderbaren Schöpfungssymphonie vergleichen: In unserem lebendigen Körper wirken alle seine sichtbaren und unsichtbaren Funktionen zusammen wie Musikinstrumente in einem Orchester. Im menschlichen Körper mit allen seinen Zellen schlummert das Urwissen, die gesamte Weisheit des Kosmos.

*Unser Körper ist wie ein Buch mit sieben Siegeln,*
*den sieben verschlüsselten Energiezentren,*
*die es im Laufe unserer Menschwerdung*
*zu entschlüsseln und zu entfalten gilt.*

Bestimmte geistige und körperliche Übungen sind dazu gedacht, uns unserer schlummernden Lebenssymphonie bewußt zu werden und sie so kreativ und lebendig wie möglich zu «spielen». Das bedeutet, Stufe um Stufe alle Töne erklingen zu lassen und sie in der Welt als unser persönliches Lied des Lebens auszudrücken.

*Erweitern Sie Ihr Mosaik mit Übungen, die Ihre Chakren aktivieren und harmonisieren, Unausgewogenheiten ins Gleichgewicht bringen sowie eine Über- oder Unterfunktion der Energiezentren und der entsprechenden Drüsen günstig beeinflussen.*

## Chakrenreinigung mit dem Element Wasser

Legen Sie sich auf den Rücken und entspannen Sie sich von Kopf bis Fuß. Atmen Sie zwei bis drei Minuten lang tief und sanft. Lenken Sie dann Ihre Aufmerksamkeit auf das erste Chakra. Stellen Sie sich vor, wie Sie mit jeder Einatmung Wasser durch das erste Chakra in Ihren Körper saugen, wie es von dort aus in die umliegenden Organe strömt und wie Sie bei der Ausatmung mit dem Wasser Toxine, Schlacken, Blockaden und schmerzhafte Verspannungen durch das erste Chakra wieder herausspülen.

**Die menschliche Wirbelsäule ist wie eine Treppe, die Himmel und Erde auf der Reise unserer Menschwerdung verbindet.**

Steigen Sie in Ihrer Vorstellung auf diese Weise die Chakrentreppe hinauf und wieder hinunter. Verweilen Sie je nach Gefühl ein bis zwei Minuten bei jedem Chakra und bei den Organen, die sich in unmittelbarer Nähe befinden. Vielleicht bemerken Sie bereits bei dieser Übung erste Anzeichen, welche Chakren bei Ihnen verschlossener und welche leichter durchgängig sind. «Durchspülen» Sie die blockierten Chakren etwas länger.

Mit dieser Visualisierungsübung mit dem *Element Wasser* werden Ihre Chakren, die entsprechenden Drüsen und die jeweils umgebenden Organe durchspült, gereinigt und harmonisiert.

## Chakrenöffnung mit dem Element Luft

**Das Element Luft bringt über den Atem Leichtigkeit und Schwerelosigkeit in unseren Körper.**

Der Atem verbindet unsere Innenwelt und unsere Außenwelt, unseren physischen Körper mit unserem Energiekörper. Bewußtes Atmen hilft uns, unsere sieben Energiezentren auf sanfte Weise zu öffnen. Diese Übung verstärkt die Wirkung der vorhergehenden. Das *Element Luft* bringt Leichtigkeit und Schwerelosigkeit in unseren Körper.

Sie können stehen, sitzen oder liegen, während Sie sich vorstellen, wie Sie mit jeder Einatmung Luft und Sauerstoff – wie ein Staubsauger – durch Ihr jeweiliges Energiezentrum saugen. Dabei kann sich das Chakra öffnen, weiter werden und ausdehnen. Prana, die kosmische Energie kann in Ihren Körper strömen und sich mit jedem Atemzug mehr und mehr mit Ihrem Körper verbinden. Reisen sie auf diese Art entlang Ihrer Energieleiter nach oben, vom ersten bis zum siebten Chakra, und wieder zurück. Atmen Sie bewußt, sanft und langsam, während Sie sich vorstellen, wie Sie mit Hilfe von Prana Ihre Chakren öffnen, weiten und gleichzeitig heilen.

## Chakrenaktivierung mit dem Element Feuer

Die Wirbelsäule ist die Basis unseres physischen Körpers. Sie umhüllt das Rückenmark, das Zentralnervensystem, das als Schaltzentrale zum Gehirn unsere Körperfunktionen kontrolliert. Die Wirbelsäule ist die Brücke zwischen unserem Gehirn, dem Steuerorgan, und unserem Körper, dem ausführenden Organ. Sie läßt sich mit dem Stamm unseres Lebensbaumes vergleichen:

Unten befinden sich die Wurzeln – Füße und Beine, unser

Verwurzeltsein in der Erde, der Welt der Materie. Oben thront als Krone der Kopf, die Verbindung zum Kosmos, zu den höheren und weiteren Bewußtseinsdimensionen über das sechste und siebte Chakra hinaus. Die fünf Energiezentren dazwischen sind wie eine Brücke oder eine Treppe mit ihren Stützpfeilern, die Himmel und Erde auf der Reise unserer Menschwerdung stufenweise verbinden.

**Der Atem, die Kraft der Vorstellung und Energielenkung sind Hilfsmittel, unsere Chakren zu erspüren.**

Die *Chakrenaktivierung* ist eine Möglichkeit, uns unserer sieben Lebensstationen entlang unseres Lebensbaumes bewußt zu werden und sie zu aktivieren. Stellen Sie sich eine züngelnde Feuerflamme vor, etwas größer als ein brennendes Streichholz, die Lebendigkeit in jedem Ihrer sieben Chakren bewirkt. Versuchen Sie, diese Übung sowohl im Stehen als auch im Liegen durchzuführen. Dabei können Sie den Unterschied Ihres Energieflusses beobachten.

Beginnen Sie im Stehen. Stellen Sie sich aufrecht hin, die Füße etwa 50 cm breit auseinander. Ihre Knie sind weich, nicht durchgestreckt. Ihr Körper ist locker und entspannt. Ihre Augen sind geschlossen. Beginnen Sie beim ersten Chakra: Richten Sie Ihre volle Aufmerksamkeit ausschließlich auf dieses Energiezentrum, während Sie zwanzigmal durch offenen Mund in einem Ihnen angemessenen Rhythmus – falls möglich dynamischer als Ihr üblicher Atem – ein- und ausatmen. Fahren Sie auf diese Weise fort, durch jedes einzelne Chakra zwanzigmal ein- und auszuatmen. Lassen Sie an jedem Chakra Ihren Atemrhythmus etwas schneller werden. Ihre Aufmerksamkeit bleibt ausschließlich bei dem jeweiligen Chakra. Wenn Sie beim siebten Chakra angekommen sind, atmen Sie sich in derselben Art und Weise wieder die «Treppe» hinunter. Lassen Sie dabei an jeder Stufe – an jedem Chakra – Ihren Atemrhythmus wieder langsamer werden. Wiederholen Sie diesen Vorgang ein- bis dreimal – zuerst im Stehen und dann im Liegen.

*Beachten Sie*: Lassen Sie leichte schüttelnde Bewegungen in Ihrem Körper entstehen, während Sie im Stehen atmen. Forcieren Sie Ihren Atem nicht. Falls Sie Schwierigkeiten haben, die Chakren zu spüren, legen Sie Ihre Fingerspitzen dorthin, wo Sie gerade mit Ihrer Aufmerksamkeit und der Atmung sind. Visualisieren Sie immer wieder das Bild mit der kleinen Flamme des brennenden Streichholzes. Es ist wichtiger, die Aufmerksamkeit bei den Energiezentren zu halten, statt sie ausschließlich auf Atem und Bewegung zu fixieren. Atem und spontane Bewegung sind Hilfsmittel, unsere Chakren und deren Energiequalitäten wahrzunehmen.

*Wir können die Wahrnehmung unserer sieben Energiezentren weder durch Anstrengung noch durch «Machenwollen» erweitern, vielmehr durch bewußte Aufmerksamkeits- und Energielenkung, vor allem aber durch Geduld.*

## Chakrenbalance durch Licht und Energie

Bei dieser Form der Chakraatmung holen Sie mit der Kraft Ihrer Vorstellung bewußt Licht und Energie in Ihre sieben Chakren. Sowohl die Chakren, ihre entsprechenden Drüsen und deren Hormonausschüttung als auch die dazugehörigen Organe werden mit Hilfe Ihrer Vorstellungskraft aktiviert und harmonisiert.

Beginnen Sie mit dem ersten Chakra. Stellen Sie sich die Strahlen eines hellen Scheinwerfers vor oder die Lichtfunken einer Wunderkerze. Mit jeder Einatmung holen Sie sich nun diese Lichtstrahlen oder -funken in das entsprechende Chakra. Ziehen Sie Ihren Atem so tief und so langsam, wie es Ihnen möglich ist, in das jeweilige Chakra und in die Organe, die sich in unmittelbarer Nähe befinden, ohne Ihre Atemorgane zu «vergewaltigen». Stellen Sie sich vor, wie die Lichtstrahlen von außen durch das Chakra in Ihren Körper strömen und dann mit der Ausatmung die umliegenden Organe durchfluten. Atmen Sie ein- bis zweimal die Treppe hinauf und hinunter. Atmen Sie dabei dreimal durch jedes einzelne Chakra.

## Sieben Lichtspiralen

Der Kreis symbolisiert das Unendliche, ohne Anfang und ohne Ende, die vollkommene Harmonie. Im Zentrum des Kreises sind unendliche Stille und Frieden. Wenn wir den Kreis öffnen, wandelt er sich zur Spirale, die oben und unten, innen und außen verbindet. Die Spirale symbolisiert Wandel durch Bewegung: Sie trägt uns aus dem Kreis heraus, führt uns durch alle Ebenen unseres Lebens und schließlich gewandelt zurück zu unserem Ursprung, in unser Zentrum.

**Die Spirale verbindet oben und unten, innen und außen.**

Lenken Sie Ihre Aufmerksamkeit auf die Krone des Kopfes, auf Ihr oberstes Energiezentrum.

*Einatmend* stellen Sie sich vor, wie ein Licht- und Energiestrahl durch Ihr siebtes Chakra in Ihren Kopf strömt.

*Ausatmend* stellen Sie sich vor, wie sich der Lichtstrahl in eine Lichtspirale wandelt, die rechtsdrehend (in Uhrzeigerrichtung) aus Ihrem sechsten Chakra so weit wie möglich nach außen strömt.

*Einatmen*, wieder mit der Vorstellung, wie ein Licht- und Energiestrahl durch Ihr siebtes Chakra, durch die Krone des Kopfes, in Ihren Körper strömt.

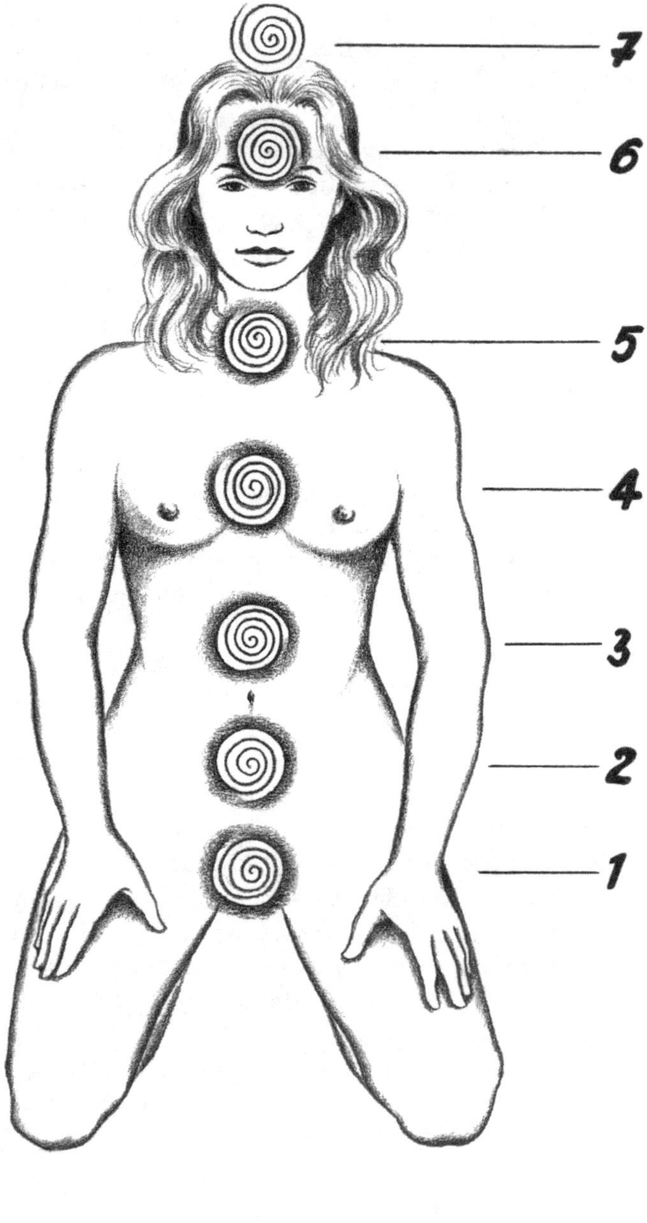


*Sieben Lichtspiralen*

*Ausatmen,* während Sie sich vorstellen, wie sich der Lichtstrahl in eine Lichtspirale wandelt, die in Uhrzeigerrichtung durch das fünfte Chakra so weit wie möglich von innen nach außen strömt.

Reisen Sie in derselben Weise weiter, bis Sie am Wurzel-Chakra, an der Basis angelangt sind:

*Einatmen* von Licht und Energie jeweils durch das siebte Chakra; *ausatmen* mit der rechtsdrehenden Lichtspirale vom siebten, jeweils durch das sechste, fünfte, vierte, dritte, zweite bis zum ersten Chakra.

Atmen Sie dreimal durch jedes Chakra.

*Diese Übung löst Blockaden in den Chakren, öffnet und weitet sie von innen nach außen, erhöht Ihre Lebensenergie und verbindet Ihren Energiekörper mit Ihrem physischen Körper.*

# 10 Von der Macht der Gedanken, der Kraft des Wortes und der Magie der Vorstellung

*Ich Bin von Ewigkeit her,*
*von Anfang an und vor dem Anfang,*
*bis zum Ende und hinter dem Ende.*
*Seit der Schöpfer Himmel und Erde schuf,*
*bin ich als seine Vertraute bei ihm.*
*Ich Bin seine Lust und spiele mit ihm täglich,*
*denn aus reiner Freude entsteht die Schöpfung,*
*durch Freude wird sie erhalten,*
*zu ihr strebt sie hin und kehrt in sie ein …*

Der Mensch als Krone der Schöpfung hat die Fähigkeit und den freien Willen zu denken. Gedanken sind wie lebendige Wesen. Sie entfalten sich wie die Pflanze aus dem Samenkorn. Sie sind keimfähig, das heißt, sie haben eine formgebende Kraft. Gedanken sind Energie, die sich subtil, schnell und leicht bewegt. Sie sind wie elektrische Impulse in unserem Gehirn fühlbar für empfindsame Menschen. Sie strahlen durch uns und wirken auf unsere Umgebung. So ist es auch zu erklären, daß sich manche Menschen in unserer unmittelbaren Umgebung mehr oder weniger wohl fühlen.

**So wie jedes Samenkorn sich zur Pflanze entfaltet, so drängt es jeden Gedanken und jedes Bild, sich zu verwirklichen.**

Wir erschaffen etwas immer zuerst in gedanklicher Form. Jeder Verwirklichung geht eine Idee, ein Gedanke voraus. Die Idee ist wie ein Plan, sie erschafft ein Bild von der Form. Dieses Bild magnetisiert so lange Energie, bis es sich schließlich auf der physischen Ebene materialisiert. So wie jedes Samenkorn sich zur Pflanze entfaltet, so drängt es jeden Gedanken und jedes Bild – gemäß der ihm eigenen Intensität und Kraft –, sich früher oder später zu verwirklichen. Sowohl Pflanzen wie auch Gedanken, Bilder und Worte funktionieren nach dem geistigen Gesetz von Säen und Ernten, dem Prinzip von Ursache und Wirkung.

**Jeder Schöpfung geht eine Idee, ein Gedanke voraus.**

Unser menschliches Denkvermögen, unsere kreative Vorstellungskraft und unsere Sprache sind ein großes Geschenk, dem eine gewaltige Macht zugrunde liegt. Jeder Gedanke und jedes Bild, die in unserem Kopf entstehen, jedes gesprochene Wort beeinflussen – ob bewußt oder unbewußt – uns selbst, unser ganzes Leben und darüber hinaus unsere unmittelbare Umgebung und unsere Mitmenschen. Wir können mit unseren Gedanken, Worten und Handlungen Disharmonie, Unordnung und Zerstörung verursachen, genauso aber Ordnung, Harmonie und Heilung bewirken. Es ist unsere Entscheidung, welche Richtung wir wählen. Es liegt an unserer Achtsamkeit und vor allem in unserer Verantwortung, behutsam und bewußt damit umzugehen. Was immer auch in unserer Gedanken-, in unserer Bilder- und Gefühlswelt geschieht – ob positiv, negativ oder neutral –, es wird sich in unserem Leben spiegeln, wie Unkraut oder die schönste Blütenpracht. Die Früchte, die wir ernten, können nie anders sein als die Saat, die wir ausstreuen.

**Gedanken sind wie lebendige Wesen. Sie haben eine formgebende Kraft.**

Beobachten wir unsere Gedanken einmal im Alltag, beim Zähneputzen, beim Anziehen, Kochen, Autofahren: Häufig sind sie unbewußt, durchdrungen von Erinnerungen, Gewohnheiten und fremden Einflüssen. In unserem Kopf spulen sich pausenlos Monologe oder Dialoge ab. Meistens nehmen wir diese Gedankenflut gar nicht wahr – und doch sind sie die Grundlage dafür, wie wir unsere Wirklichkeit erfahren. Sie bestimmen unsere Wahrnehmungen, unsere Gefühle. Sie blockieren und übertönen die Stimme unserer Intuition. Unser inneres Sprechen beeinflußt unsere körperliche, seelische und geistige Gesundheit.

## Vom Opfer zum Schöpfer

Gedankenkraft ist Schöpferkraft, sie wirkt aufbauend oder zerstörerisch auf allen Ebenen unseres Lebens. Je öfter und intensiver wir uns bestimmten Gedanken widmen, desto schneller werden sie sich realisieren. Unser augenblickliches Leben ist der Spiegel unserer Gedanken.

*Ein bewußter Umgang mit Gedanken löscht negative Gedankenmuster und das Bewußtsein: «Ich bin das Opfer meiner Umwelt».*

Den meisten von uns erscheint Denken und das Aussprechen von Gedanken als etwas dermaßen Selbstverständliches, daß wir noch nie unser Bewußtsein darauf gelenkt haben, was wir wirklich aussagen, wenn wir sprechen, und daher auch gar nicht das Ergebnis wahrnehmen. Die Gedankenstrukturen in unserem Kopf sind wie ein Orchester in unserem Gehirn, durch das wir selbst – entsprechend unserer Bewußtheit – unsere eigene Melodie des Lebens spielen. Diese persönliche Symphonie aus unterschiedlichsten Gedankenformen wird zum Leitmotiv unseres Lebens, egal ob die «Musik» gut oder schlecht, laut oder leise, negativ oder positiv ist. Unabhängig davon, ob wir unbewußtes Opfer oder bewußter Schöpfer sind, werden sich die Kompositionen in unserem Gehirn, in unserem *Inneren* in jedem Fall früher oder später im *Außen* manifestieren.

Die Wechselwirkungen zwischen Körper, Seele und Geist kann jeder von uns deutlich wahrnehmen, entsprechend unserer jeweiligen Bewußtheit. Die Sprache als Brücke, als

*Unsere Gedanken,*
*unsere Worte,*
*unsere inneren Bilder,*
*unsere Gefühle*
*sind das Grundwerkzeug der Schöpfung.*
*Sie ermöglichen uns, unser innerstes Potential*
*auszudrücken und*
*in Form zu bringen.*

«Wortführer» von Körper, Geist und Seele, kann als wirksames Instrument die heilende Verbindung ermöglichen, wenn wir sie bewußt und gezielt nutzen. Durch die Kraft unserer Gedanken und ausgesprochenen Worte, in Verbindung mit bewußter Atmung, können wir Energie so lenken, daß das Wort wie «ein Pfeil mitten ins Ziel fliegt». Aus diesem Zentrum heraus kann sich das vorgestellte Bild, verbunden mit der Energie des Gefühls, manifestieren. Und das verändert unser Leben – innen und außen.

*Wir werden vom Opfer zum Schöpfer,*
*in dem Zeitraum und in dem Umfang,*
*in dem wir unser innerstes Potential durch die*
*Kraft der Gedanken,*
*die Macht des Wortes,*
*die Magie bildhafter Vorstellung*
*und des Gefühls im Außen verwirklichen …*

## Die Kunst, kreativ und erfolgreich zu affirmieren

Denken ist verdichteter Geist. Körper ist verdichtetes Denken. Deshalb ist unser Körper im höchsten Sinne Geist. Und jeder Gedanke, jedes Gefühl, jede Vorstellung – ob positiv oder negativ – beeinflußt unser körperliches Erleben und unser gesamtes Wohlbefinden. Ein bewußter, wacher Umgang mit Gedanken, mit Vorstellungen, mit Gefühlen und vor allem mit Sprache kann unser Leben völlig verändern.

Das pausenlose «Sprechen», die Gedankenflut, die durch unseren Kopf strömt, bestimmt, wie wir unsere Wirklichkeit, unseren Alltag, unsere Umwelt und unsere Mitmenschen erleben und ihnen begegnen. Mit Unterstützung von Affirmationen – Bejahungsformeln – können wir das unbewußte «Sprechen im Kopf» durch positive, zielgerichtete Gedanken ersetzen. Diese wirkungsvolle Technik kann manchmal schon innerhalb kürzester Zeit helfen, negative Gedankenstrukturen und die entsprechenden Verhaltensmuster aufzulösen.

*Affirmation* (von lat. *firmus* – «fest, stark, kräftig») bedeutet Bejahung, Bestätigung, Versicherung. Eine Affirmation sagt entschieden aus, daß etwas *schon jetzt* so ist. Affirmationen gleichen Samen, mit denen wir unser Unterbewußtsein wie einen Garten bepflanzen. Die Samen – verschiedene Themen unseres Lebens betreffend –, richtig gepflanzt und gedüngt, wachsen und gedeihen von der Knospe, zur Blüte, zur Frucht. *Bewußtes, regelmäßiges* Zitieren von Affirmationen, in Verbindung mit dem Gefühl und der Kraft bildhafter Vorstellung schärft unsere Sinne und aktiviert unser noch schlummerndes Potential. Denn wir leben nur einen Bruchteil unserer Fähigkeiten und benutzen nur einen geringen Bruchteil unseres Wahrnehmungsvermögens.

**Affirmationen sind wie Samen, mit denen wir unser Unterbewußtsein wie einen Garten bepflanzen.**

Wenn Sie die folgenden Affirmationsregeln – *zwölf wichtige Punkte* – beachten, wird es Ihnen mehr und mehr gelingen, Ihren inneren Reichtum und die Fülle Ihres verborgenen Potentials gezielt und wirkungsvoll im Außen zu verwirklichen.

*1. Vermeiden Sie negative Formulierungen wie «nicht» und «un...»! Affirmationen regelmäßig wiederholen, bewußt und überzeugend!*

Unser Unterbewußtsein ist wertfrei. Es führt immer genau das aus, was von uns «programmiert» wurde. Verwenden Sie in Ihren Affirmationen daher niemals negative Formulierungen. Je öfter, bewußter und überzeugender Sie affirmieren und sich dabei vorstellen, daß alles bereits jetzt schon so ist, desto schneller und intensiver das Resultat!

Ihre Affirmation könnte beispielsweise lauten: *Ich bin frei und gesund – jetzt!* Nehmen Sie dabei wahr, wie sich der Zustand des Freiseins und Gesundseins anfühlt. Denken und fühlen Sie sich in Ihre Worte hinein, mit Ihrem ganzen Körper, mit Ihrem ganzen Bewußtsein. Spüren Sie und stellen Sie sich die Weite in Ihrem Herzen vor, die Lebendigkeit in jeder Faser Ihres Körpers, die Energie in jeder einzelnen Ihrer Zellen.

*2. Affirmationen laut aussprechen oder innerlich wiederholt zitieren!*

Jeder Manifestation gehen Gedanken, Vorstellungen und Worte voraus. Laut gesprochene Worte, mehrmals hintereinander wiederholt, sind ein Mittel, die Sprache von der Stufe der alltäglichen, unbewußten Geschwätzigkeit auf eine höhere Ebene zu heben. Die rhythmische Wiederholung und der Klang eines bestimmten Wortes oder Satzes machen wach und bewußt und helfen, unachtsames Denken und Sprechen abzustellen. Dabei kann die Frequenz des laut ausgesprochenen Wortes in tiefste Schichten unseres Körpers vordringen, jede Zelle aktivieren und neu programmieren. Laut gesprochene Affirmationen wirken vermehrt auf den Körper. Stille Affirmationen, im Geiste gesprochen – in Form von Gedanken, verbunden mit Gefühlen und vorgestellten Bildern –, beeinflussen unsere seelisch-geistige Verfassung sowie unseren Bewußtseinszustand.

*3. Im Entspannungszustand – vor dem Einschlafen und beim Aufwachen – haben Affirmationen erhöhte Wirkung!*

Affirmationen, die im Alpha-Zustand – in einem losgelösten, entspannten Bewußtsein – durchgeführt werden, wirken noch effektiver, da sie ohne äußere Störfaktoren leichter vom Unterbewußtsein aufgenommen werden können. Sehr wirkungsvoll ist es, Affirmationen und Visualisierungsübungen vor dem Einschlafen und morgens unmittelbar nach dem Aufwachen durchzuführen, solange unser Bewußtsein und unser Denken noch nicht vom Tagesgeschehen beeinflußt sind.

*4. Affirmationen notieren und zur Erinnerung verteilen – beispielsweise in Küche oder Badezimmer oder im Auto!*

Der Kühlschrank und mein Spiegel im Badezimmer sind das «Notizbrett» für jene Affirmationen, mit denen ich meinen Körper, mein Denken und mein Fühlen den jeweiligen Bedürfnissen entsprechend «programmiere» – manchmal laut gesprochen (wenn ich nicht gerade die Zähne putze!) oder gedacht und verinnerlicht. Auch die Badewanne während eines Entspannungsbades ist ein guter Ort zum Visualisieren und Affirmieren!

*5. Affirmationen immer in der Gegenwartsform formulieren! Worte, Vorstellung und Gefühl verbinden!*

Eine Affirmation ist eine positive Feststellung, formuliert in der ersten Person und in der Gegenwartsform, die bereits das Ergebnis unseres Wunsches ausdrückt, zum Beispiel: *Ich bin immer zur richtigen Zeit am richtigen Ort und verwirkliche mit Erfolg genau das Richtige.*

Damit die Affirmation nicht ein mechanischer abstrakter Leitsatz bleibt, ist es wichtig, die Suggestivformel mit unserer Vorstellungskraft und dem Gefühl zu verbinden, als ob alles bereits jetzt schon so sei. Je stärker das Gefühl und je intensiver die Vorstellung, desto wirksamer die Affirmation! Für unser Beispiel bedeutet das: Wenn Sie den Ort kennen, fühlen Sie ihn mit all Ihren Sinnen – Farben, Formen, Klima usw. Sehen Sie mit Ihrem inneren Auge, was Sie dort tun. Wie fühlt sich für Sie der Erfolg an?

*6. Affirmationen kurz, klar und verständlich formulieren!*

Sie können Affirmationen auch auf Band sprechen und diese hören, während Sie zu Hause Dinge erledigen, die keiner großen Konzentration bedürfen. Ihr Unterbewußtsein wird automatisch davon «berieselt». Denken Sie dabei an kurze, klare und deutliche Formulierungen, möglichst einen einzigen Satz, der den Inhalt genau auf den Punkt bringt.

*7. Besonders wichtige Affirmationen drei Wochen lang täglich wiederholen!*

Es ist inzwischen wissenschaftlich belegt, daß das menschliche Gehirn 21 Tage braucht, um neue Impulse umzusetzen. Ich arbeite daher mit für mich besonders wichtigen und persönlichen Affirmationen jeweils drei Wochen lang. Diese neuen Sätze schreibe ich auf, zitiere sie mental oder spreche sie laut aus. Gelegentlich kombiniere ich die Affirmationen mit Atem- und Bewegungsritualen.

*8. Mehrmaliges Niederschreiben von Affirmationen vertieft die Wirkung!*

Auch das Aufschreiben von Affirmationen ist sehr wirksam – eine der effektivsten Techniken, die ich je für mich erfahren habe. Schreiben Sie jede Affirmation mindestens dreimal, besser zwölfmal, während Sie die ganze Zeit über mit Ihrem Bewußtsein beim Inhalt der Affirmation bleiben, diesen vor Ihrem geistigen Auge sehen und so gut wie möglich mit all Ihren Sinnen, mit Ihrem ganzen Gefühl verbinden. Je kürzer und einfacher der Satz, desto leichter wird die Affirmation vom Unterbewußtsein aufgenommen. Eine Affirmation sollte eine klare Aussage haben – und denken Sie daran: keine Verneinungen!

*9. Besonders persönliche Affirmationen geheimhalten!*

Wählen Sie solche Affirmationen, bei denen Sie spüren, daß sie für Sie genau richtig sind. Die von Ihnen gewählten Affirmationen sollten positiv, inspirierend und befreiend für Sie sein. Behalten Sie Ihre persönlichen Affirmationen für sich. Bewahren Sie sie wie einen privaten Schatz, ein wertvolles Juwel. Wenn Sie mit der Affirmation beginnen, ist sie zunächst wirklich wie ein Same, den Sie gerade pflanzen. Um sein Aufgehen zu gewährleisten, muß er sorgfältig gehütet und durch regelmäßiges Zitieren «gedüngt» werden. Dann kann er wachsen und blühen und sich erfolgreich zur Frucht wandeln.

*10. Benutzen Sie zur Verstärkung ICH-BIN-Affirmationen!*

ICH BIN – diese beiden Worte, bewußt ausgesprochen, verstärken jede Affirmation. Sie verbinden den Inhalt der Affirmation mit unserer ICH-BIN-Essenz, mit dem Schöpfer in uns, mit unserem inneren Paradies. Wenn Sie sich vor jeder Affirmation mit Ihrem Zentrum verbinden, können Sie wahrnehmen, wie Ihre persönlichen Grenzen allmählich in den Hintergrund treten und wie Sie tatsächlich mehr und mehr Ihre ICH-BIN-Kraft wahrnehmen und aus Ihrer ICH-BIN-Essenz, aus Ihrem Höheren Selbst, denken, sehen, sprechen, fühlen und handeln. Hier einige Beispiele für ICH-BIN-Affirmationen:

> ICH BIN *die Kreativität meiner Seele, die sich in allen Bereichen meines Lebens erfolgreich verwirklicht.*
> *ICH BIN die Fülle meiner Seele, die sich überall in meinem Leben verströmt.*
> ICH BIN *grenzenlose Energie, die diesen Körper reinigt, heilt und verjüngt.*
> ICH BIN *die Klarheit meiner Intuition, die durch meinen Intellekt wirkt.*

## *11. Affirmationen mit dem Atem kombinieren!*

Gerne zitiere ich Affirmationen in Verbindung mit dem Atem, beispielsweise beim Spazierengehen, beim Radfahren oder Joggen oder auch in der Badewanne. Die magische Kraft des Atems, der Gedanken oder der laut ausgesprochenen Worte, verbunden mit der Vorstellung und dem Gefühl, daß alles jetzt schon so ist, kann Wunder wirken. Hier einige Beispiele, wie Sie Atmung und Affirmationen wirkungsvoll kombinieren können.

*Einatmen*: «Kreativität, Gesundheit, Erfolg.»
*Ausatmen*: «Erfolg, Gesundheit, Kreativität.»

*Einatmen*: «Mein Herz und mein Verstand sind im Gleichgewicht!»
*Ausatmen*: «Mein Herz und mein Verstand sind im Gleichgewicht!»

*Einatmen*: «Mut zur Entscheidung und zum Handeln strömt in alle Bereiche meines Lebens und läßt meine Lebensenergie wieder frei fließen ...»
*Ausatmen*: «Angst strömt aus jeder Zelle meines Körpers, aus jeder Faser meines Bewußtseins, löst körperliche, seelische und geistige Blockaden ...»

*Einatmen*: «Freude»
*Ausatmen*: «Traurigkeit»

*Einatmen*: «Lebendigkeit»
*Ausatmen*: «Müdigkeit»

## *12. Lauern Sie Ihren negativen Gedanken auf!*

Damit die Affirmationen wirkungsvoller sind, hier eine wunderbare Vorübung, die unser Denken reinigt und unser Bewußtsein aufnahmefähiger macht:

Jedesmal, wenn Sie sich bei einem negativen, zweifelnden oder kritischen Gedanken ertappen, denken Sie sofort «Stopp!» oder «Löschen!» und ersetzen diesen Gedanken mit der entsprechenden Gegenaffirmation.

Gedanke: *Das kann ich nicht!*
Gegenaffirmation: *Ich ... (Name) ... bin unbegrenzter Dinge fähig!*

Gedanke: *Niemand liebt mich!*
Gegenaffirmation: *Ich … (Name) … liebe mich – Ich … (Name) … bin geliebt!*

## Affirmationen für jeden Tag

**Die Macht des Wortes und die magische Kraft des Atems können Wunder bewirken.**

Hier habe ich allgemeine Affirmationen sowie ausgewählte Affirmationen zu besonderen Lebensthemen für Sie zusammengestellt. Halten Sie sich aber an diesen Vorschlägen nicht fest. Entdecken Sie Ihre eigenen persönlichen, heilenden Bejahungssätze. Sie können Sie nach einiger Zeit austauschen oder Ihrem eigenen Sprachgefühl und Ihren Bedürfnissen entsprechend formulieren. Denken Sie daran, die Affirmationen kurz, knapp und einfach zu halten.

*Sie sind Ihr eigener Magier!*
*Sie sind der Schöpfer Ihrer Welt und Ihres Lebens!*
*Entdecken Sie den Magier in Ihrem innersten Zentrum!*

Zur Einstimmung und zum Schluß affirmiere ich immer:

*Ich … (Name) … bin jetzt bereit und offen, alles Gute anzunehmen.*
*Ich danke meiner ICH-BIN-Kraft, dem Schöpfer in mir, für alle seine Geschenke!*

**Gesundheit, Körper und Atem**

*Mein Körper ist schön, jugendlich und vital!*
*Mein Körper ist der Ausdruck strahlender Lebendigkeit!*
*Jeder Atemzug gibt mir neue Lebenskraft!*
*Im bewußten Atmen harmonisiere ich Körper, Geist und Seele!*

*Ich vertraue der Weisheit meines Körpers!*
*Ich erkenne meinen Körper als den kostbarsten Wohnsitz meines Wesens!*
*Die kreative Intelligenz in mir regeneriert, aktiviert und transformiert jede Zelle meines Körpers!*
*Jede Zelle meines Körpers wird durch eine neue, makellosere ersetzt!*
*Mit jeder Ausatmung lasse ich los, was mich belastet: Körperliche, seelische und geistige Gifte verlassen meinen Organismus!*
*Jedes Einatmen versorgt mich mit heilender, erneuernder Lebenskraft!*
*Mein Körper ist gesund. Er funktioniert perfekt und vollkommen in der Aufnahme und Verwertung aller lebensnotwendigen Nahrungsmittel!*
*Prana durchströmt mit jedem Atemzug meinen Körper, heilt, aktiviert und erneuert jede Zelle meines Körpers!*
*Mein Kreislauf funktioniert perfekt. Er hält meinen Körper dynamisch und fit!*
*Ich liebe meinen Körper. Er ist mein vertrautester und intimster Freund!*
*Mein Idealgewicht ist … kg!*
*Ich bin gesund, egal, was und wieviel ich esse!*
*Mein Körper erneuert sich ständig. Täglich bringt er mehr Gesundheit, Kraft und Stabilität zum Ausdruck!*
*Ich entlasse festgehaltenen und überflüssigen Ballast aus Körper, Seele und Geist!*
*Ich verbinde mich mit der höchsten Schöpferkraft in mir. Sie bewirkt körperliche, seelische und geistige Gesundheit!*

**Wohlstand, Fülle und Reichtum**

*Ich habe jetzt genügend Zeit und Energie, alle meine Wünsche und Bedürfnisse zu erfüllen!*
*Je mehr ich bekomme, desto leichter fällt es mir, anderen zu geben. Je mehr ich anderen gebe, desto mehr bekomme ich, ohne mich anzustrengen!*

*Es macht mir jetzt Freude, alles Gute anzunehmen. Und dadurch bereichert Wohlstand mein Leben!*
*Es macht mir Freude, das zu tun, was ich schon immer tun wollte, und Geld dafür zu bekommen!*

**Gedanken sind Schöpferkraft – aufbauend oder zerstörend – in allen Bereichen unseres Lebens.**

*Reichtum und Wohlstand machen mich glücklich in allen Bereichen meines Lebens!*
*Fülle und Wohlstand strömen jederzeit in mein Leben!*
*Mein innerer und mein äußerer Reichtum sind im Gleichgewicht!*
*Ich werde um meiner selbst willen geliebt!*
*Ich bin es wert, reich und erfolgreich zu sein!*
*Ich achte Geld und kann es jederzeit annehmen, teilen und loslassen!*
*Geld dient mir zur Selbstverwirklichung!*
*Gute Dinge sind immer für mich da und bereichern mich endlos!*
*Ich bin jetzt bereit, meine innere und äußere Fülle zu teilen, zum richtigen Zeitpunkt und mit den richtigen Menschen!*
*Je mehr ich Reichtum annehme, desto lebendiger werde ich!*
*Je mehr ich Reichtum teile, desto freier werde ich!*
*Immer wenn ich gebe, strömt Leichtigkeit und Freiheit in mein Leben!*

**Erfolg**

*Erfolg und Fülle strömen jetzt in alle Bereiche meines Lebens!*
*Erfolg und Fülle sind meine wahre Natur!*
*Ich bin eins mit der schöpferischen Intelligenz, die sich durch mich erfolgreich und sichtbar verwirklicht!*
*Ich akzeptiere Erfolg, Glück und Wachstum in jeder Situation meines Lebens!*
*Ich lasse die Schöpferkraft durch mich wirken und öffne mich dadurch neuen, größeren Erfolgen in meinem Leben!*
*Ich bin immer zur richtigen Zeit am richtigen Ort und verwirkliche erfolgreich genau das richtige!*
*Ich verdiene es, in allen Bereichen meines Lebens erfolgreich zu sein!*

*Es macht mir Freude, Erfolg anzunehmen, und dadurch bin ich immer erfolgreicher!*
*Ich bin bereit, meinen Erfolg zu teilen!*
*Erfolg auf allen Ebenen gehört zu meinem natürlichen Zustand.*
*Ich bin ein Gewinner!*

**Selbstbewußtsein und Beziehung**

*Mein Verstand und mein Herz sind im Gleichgewicht!*
*Ich fühle mich wohl und geborgen mit anderen!*
*Ich bin bereit, in jedem Menschen etwas Gutes zu sehen!*
*Ich lebe und handle bewußt aus meiner Mitte!*
*Meine Innen- und meine Außenwelt sind im Gleichgewicht!*
*Ich liebe es, neue Menschen kennenzulernen!*
*Ich bin es wert, geliebt zu sein!*
*Ich erlebe jetzt liebevolle, nährende und unterstützende Beziehungen in meiner Welt!*
*Ich brauche mich weder anzustrengen, noch etwas Besonderes zu sein, um meinem Wunschpartner zu begegnen!*
*Ich bin jetzt bereit, die richtige Beziehung für mich einzugehen!*
*Ich bin jetzt bereit, Liebe zu empfangen, zu teilen und zu geben!*
*Ich bin mir bewußt, daß die Quelle aller Liebesbeziehungen in mir ist!*
*Je liebevoller ich mich und die Welt behandle, um so liebevollere Menschen ziehe ich an!*
*Ich ruhe in mir, und ich kann mit und ohne Partner leben!*
*Ich kann nein sagen, ohne die Liebe anderer zu verlieren!*
*Ich bin liebenswert und erkenne meinen Partner als liebenswert!*
*Ich fühle mich frei und sicher, meine Bedürfnisse und Wünsche auszudrücken!*
*Jedesmal, wenn ich ja sage, sage ich ja zum Leben und zu mir selbst!*
*Es ist mir wichtiger, mich selbst zu lieben und zu achten, als auf die Bewunderung und Anerkennung anderer zu warten!*

**Vertrauen und Geborgenheit**

*Ich fühle mich wohl und geborgen in mir und mit mir!*
*Ich fühle mich wohl und geborgen in der Gesellschaft vertrauter Menschen!*
*Ich habe unterscheidendes Vertrauen in allen Bereichen meines Lebens!*
*Ich akzeptiere das Leben und werde vom Leben akzeptiert!*
*Ich vertraue und höre auf die Wahrheit meiner inneren Stimme!*
*Ich bin geborgen, gehalten und getragen von der Liebe des Universums!*
*Ich vertraue und übergebe mich dem Schöpfer in mir!*
*Meine innere Stimme signalisiert mir in jedem Augenblick, das richtige zu sagen und zu tun!*
*Ich höre und vertraue der Weisheit meiner Intuition!*
*Ich bin ein Geschöpf der Erde und des Himmels!*
*Ich vertraue und überlasse mich dem Fluß des Lebens!*
*Ich entlasse jetzt jeden Gedanken von Unsicherheit und Zweifel aus meinem Gehirn!*
*Mein Denken ist frei von Unsicherheit und Zweifel!*
*Ich vertraue darauf, die richtigen Entscheidungen zu treffen – und ich habe den Mut, die Kraft und das Wissen, sie durchzuführen!*
*Die Antwort auf jede Frage ist bereits in mir. Sie wird mir zum richtigen Zeitpunkt gegeben!*
*Alle meine Gedanken, Worte und Handlungen entspringen der Quelle meiner ICH-BIN-Essenz, die mir jederzeit zur Verfügung steht.*

**Vergebung**

*Ich weiß, daß hinter jeder Verletzung Liebe verborgen ist!*
*Ich habe das Recht und den Mut, Ärger auszudrücken, ohne dabei jemanden zu verletzen oder die Liebe anderer zu verlieren!*

**Die Früchte, die wir ernten, entsprechen immer der Saat, die wir ausstreuen.**

*Ich verzeihe meiner Mutter alles, was sie mir meiner Meinung nach angetan hat!*
*Ich verzeihe meinem Vater alles, was er mir meiner Meinung nach angetan hat!*

*Ich weiß, daß meine Eltern mich lieben, auch wenn die Form ihrer Liebe nicht meinen Vorstellungen entspricht!*
*Ich beende Zwistigkeiten und Feindseligkeiten mit Verwandten, Kollegen und Freunden und erlaube mir Harmonie und Frieden!*
*Ich entlasse jetzt alle zweifelnden, negativen und ängstlichen Gedanken und Gefühle! Vergebung, Liebe, Gesundheit und Harmonie bestimmen mein Leben!*
*Ich vergebe mir, meinen Körper und meine Seele mißachtet und vergessen zu haben!*
*Ich akzeptiere alles, was ich jemals verursacht habe, und vergebe mir auf allen Ebenen!*
*Meine Gedanken sind frei von Angst und Verurteilung meiner selbst und anderer!*
*Ich bin frei von Schuld und Schuldgefühlen!*
*Ich entlasse jeden und alles, was mir jemals Unbehagen bereitet hat. Wir alle sind frei, jetzt und jederzeit!*
*Ich liebe mich und andere!*

**Freude und Lebendigkeit**

*Energie, Kraft und Freude strömen durch mich und beleben jede Zelle meines Körpers!*
*Ich bin strahlende Lebenskraft!*
*Freude strömt in alle Bereiche meines Lebens!*
*Ich öffne mich der Freude und der Schönheit des Lebens!*
*Ich bin eine fließende Quelle von Freude und Lebendigkeit!*
*Freude heilt, regeneriert und verjüngt meinen Körper!*
*Ich bin die Verkörperung von strahlender Freude und Lebenskraft!*
*Überall, wo ich bin, verbreite ich Lebensfreude!*
*Freude bringt Leichtigkeit, Lebendigkeit und Liebe in alle Bereiche meines Lebens!*
*Mit jedem Atemzug werde ich lebendiger!*
*Energie und Licht belebt jede Zelle meines Körpers!*
*Mit meiner eigenen Freude aktiviere ich die Freude in meinen Mitmenschen!*

*Ich erlaube mir, mich jeden Tag wieder aufs neue zu freuen!*
*Die Freude, die ich anderen schenke, bringt mir selbst Freude und Lebendigkeit!*
*Ich erlaube mir, mich an der Freude anderer Menschen mitzufreuen und aktiviere meine eigene Freude und Lebenskraft!*
*Freude belebt den Fluß meiner Kreativität! Und meine Kreativität bringt Freude und Erfolg in mein Leben!*

## Der «Affirmationsturm»

Betrachten Sie den «Affirmationsturm», und entdecken Sie spontan den Begriff, der Sie zur Zeit besonders anspricht, die Eigenschaft, die Sie gerade brauchen. Kombinieren Sie dieses Wort mit Ihrer Atmung zu einer kleinen Atemmeditation, zum Beispiel: *Einatmen* – «Freude», *Ausatmen* – «Freude».

Mut
Freude
Demut
Humor
Geduld
Hingabe
Toleranz
Weisheit
Offenheit
Vertrauen
Harmonie
Mitgefühl
Ehrlichkeit
Innere Ruhe
Dankbarkeit
Gelassenheit
Klare Absicht
Verbundenheit
Friedfertigkeit
Wertschätzung
Selbstsicherheit
Empfänglichkeit
Liebenswürdigkeit
Bedingungslose Liebe
Kommunikationsfähigkeit
Die Fähigkeit des Vergebens

## ICH BIN – die Geburt der Freude

*In dieser Stadt Brahmans, die Dein Körper ist,*
*ist eine ganz kleine Stätte in Form eines Lotus,*
*in der ein kleiner Raum ist.*
*Was darin ist, sollst Du erforschen.*
*Das sollst Du wirklich suchen zu erkennen …*
UPANISCHADEN

Der Erfolg des Affirmierens und Visualisierens zeigt sich in Stufen, entsprechend unserer Bereitschaft, uns mit unserem innersten Zentrum zu verbinden, mit der Quelle unseres Lebens. Zunächst aktivieren wir das Umdenken auf der bewußten und unbewußten Ebene mit Hilfe von Affirmationen und der Kraft bildhafter Vorstellung. Doch über unseren Körper und unsere Persönlichkeit hinaus sind wir Teil einer größeren Wirklichkeit, wie immer wir sie auch nennen: Gott, Überbewußtsein, Höheres Selbst, Tao, Atman, All-Liebe ... Wenn es uns gelingt, uns mit der höheren Wirklichkeit zu verbinden, die in und um uns herum existiert, und Affirmationen aus dieser inneren Kraftquelle heraus strömen zu lassen, haben wir den wichtigsten Schlüssel entdeckt. Es ist die Hingabe und Übergabe an das «Höhere Namenlose» innerhalb und außerhalb von uns, die reine ICH-BIN-Essenz, die alles durchdringt und uns mit allem verbindet. Es ist jener Schlüssel, der alle Türen zu unserer Innen- und Außenwelt öffnet, zu Himmel und Erde, vom persönlichen Bewußtsein zum Überbewußtsein und wieder zurück. Alle Gedanken, Worte, Wünsche, Zielsetzungen münden in diesen Raum des *Einen*.

**Über unseren Körper und unsere Persönlichkeit hinaus sind wir Teil einer größeren Wirklichkeit.**

An diesem Ort angelangt, entdecken wir plötzlich, daß es gar nichts mehr zu wünschen oder vorzustellen gibt, weil schon alles da ist. Es ist der Raum, in dem bewußte Absicht zur unschuldigen Absichtslosigkeit wird. Dort ist die komplette Fülle und gleichzeitig das totale Freisein, das vollkommene Wissen und das absolute Vertrauen, daß immer alles da ist, was wir brauchen, und daß es uns jederzeit zur Verfügung steht. In diesem Raum lösen sich alle unsere Bedürfnisse, Wünsche und Vorstellungen auf. Das kleine Ich geht ein in das große ICH BIN – mit all seinen Zielsetzungen und Erwartungen. Dort gibt es nichts mehr zu wünschen, denn alles ist, war und wird immer da sein.

Dort bin ich zu Hause, dort, wo mein kleines Ich und meine ICH-BIN-Essenz verschmelzen, eins werden. Es ist jener Raum, in dem die Vermählung von Herz und Geist geschieht: dort, wo wahre Intelligenz – die kreative Intelligenz – die Fähigkeit des Geistes ist, die Weisheit des Herzens zu ehren ... Die Wahrheit dieser Erfahrung erkennt man an einem Strom intensivster Dankbarkeit, grenzenloser, kraftvoller Liebe und Freude, verbunden mit dem bedingungslosen Vertrauen und dem absoluten Wissen, daß *alles immer zur richtigen Zeit am richtigen Ort zum besten geschieht*.

ICH-BIN-Affirmationen aus dem Raum unseres wahren Wesens, aus der Verschmelzung mit unserer höheren Wirklichkeit, haben höchste Qualität und lassen Freude, Liebe und Leichtigkeit in alle Bereiche unseres Lebens fließen. Sie können spontan «von selbst» – *vom Selbst* – als plötzliche Eingebung geschehen. Manchmal strömen sie auch als subtile Gedankenimpulse wie sanfte Energie- und Lichtwellen durch alle Ebenen unseres Daseins. Sie sind wie Luftblasen, die aus dem Grunde des Ozeans aufsteigen und sich in Wellen unterschiedlicher Formen und Rhythmen an der Oberfläche des Ozeans unseres persönlichen Lebens konkret und sichtbar verwirklichen ...

**ICH-BIN-Affirmationen aus dem Raum unserer größeren Wirklichkeit haben höchste Qualität.**

Kontemplieren Sie zuerst Ihre ICH-BIN-Präsenz. Verbinden Sie sich mit ihr, mit Ihrem Höheren Selbst. Mit zunehmender Übung nehmen Sie wahr, wie Ihre persönlichen Grenzen allmählich in den Hintergrund treten, wie Sie immer mehr in Ihre innere Kraftquelle eintauchen. Am besten, Sie schließen die Augen. Affirmieren Sie dann so, als ob jede Affirmation bereits wirklich wäre.

Beginnen Sie wie immer mit dem Dank:

*Ich ... (Name) ... bin jetzt bereit und offen, alles Gute anzunehmen.*
*Ich danke meiner ICH-BIN-Präsenz, dem Schöpfer in mir und um mich für alle seine Geschenke!*
*ICH BIN Weisheit, Intuition, Mitgefühl!*
*ICH BIN Geborgenheit!*
*ICH BIN grenzenlose Liebe!*

*ICH BIN strahlende Lebenskraft!*
*ICH BIN eins mit der kreativen Intelligenz des Universums, die durch mich meinen persönlichen Schöpfungsplan erfüllt!*
*ICH BIN die Reinheit des Herzens!*
*ICH BIN die Klarheit meines Geistes!*
*ICH BIN die Entfaltung meines Bewußtseins in allen Bereichen meines Lebens!*
*ICH BIN die Freiheit des Herzens und die Klarheit meines Intellekts!*
*ICH BIN grenzenlose Energie, die diesen Körper reinigt, heilt und verjüngt!*
*ICH BIN die Reinheit meiner Intuition, die durch meinen Intellekt wirkt!*
*ICH BIN die höchste Intelligenz, zeitlos und vollkommen und bewirke körperliche, seelische, geistige Gesundheit, jetzt und jederzeit!*
*ICH BIN die heilende Kraft der Vergebung!*
*ICH BIN die Kraft des reinen, ordnenden Bewußtseins und bewirke in meiner Umgebung reines, ordnendes Bewußtsein!*
*ICH BIN die Freiheit der Seele!*
*ICH BIN Freude, grenzenlose Freude in jeder Zelle meines Körpers, in jedem Winkel meines Bewußtseins!*
*ICH BIN ewige Glückseligkeit, die in mir und durch mich in meine Umgebung strahlt!*
*ICH BIN immer zur richtigen Zeit am richtigen Ort und verwirkliche mit Erfolg das richtige!*

Zum Abschluß wiederholen Sie noch einmal:

*Ich …(Name) … bin jetzt bereit und offen,*
*alles Gute anzunehmen.*
*Ich danke meiner ICH-BIN-Präsenz,*
*dem Schöpfer in mir und um mich,*
*für alle seine Geschenke!*

## Den Energieball mit Wünschen (er)füllen

Ich möchte mit Ihnen hier noch eine wirkungsvolle Energieübung – besser gesagt ein kraftvolles «Energiespiel» – teilen:

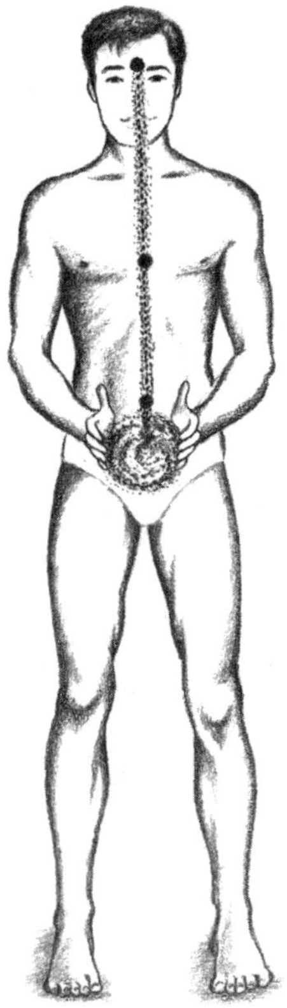

1. Stehen Sie aufrecht. Ihre Füße sind im Boden verwurzelt. Strecken Sie die Arme nach oben, Handflächen geöffnet. Atmen Sie ein bis zwei Minuten langsam und bewußt tief ein und aus. Stellen Sie sich dabei vor, wie Sie sich mit jedem Atemzug mehr und mehr mit Energie aus Erde und Himmel aufladen. Fühlen Sie ein Prickeln in Ihren Handflächen, in Ihren Fußsohlen?

2. Bringen Sie dann Ihre Hände vor Ihr Kraftzentrum etwas unterhalb des Bauchnabels. Legen Sie die Handflächen zusammen. Spüren Sie das Strömen von Energie? Jetzt öffnen Sie im Zeitlupentempo die Hände und führen langsame Bewegungen durch, als ob Sie mit den Händen einen Ball formen, so wie Kinder einen Schneeball. Atmen Sie dabei tief und bewußt.

3. Füllen Sie diesen Ball mit Ihrem derzeit innigsten Herzenswunsch. Die Energie im Ball wird vermehrt und erhöht, wenn Sie mit jeder Ausatmung einen Energie- und Lichtstrahl von Gefühlsenergie aus Ihrem unteren Bauch (2. Chakra), aus Ihrem Herzen (4. Chakra) und einen Lichtstrahl mit Mentalenergie und dem Wunschbild aus Ihrem Dritten Auge (6. Chakra) gezielt zwischen Ihre Handflächen lenken.

4. Nach etwa fünf bis zehn Minuten werfen Sie mit einem lauten «HA», dessen voller Ton aus der Tiefe Ihres Bauches kommt, Ihren aufgeladenen und gefüllten *Energieball*

nach oben. Übergeben und überlassen Sie ihn vertrauensvoll Ihrem Höheren Selbst zur Wunscherfüllung zur richtigen Zeit am richtigen Ort.

## In Harmonie mit dir selbst – die Weisheit der Kahuna

Ein *Kahuna* auf der Insel Maui, Hawaii, vermittelte mir zwei kraftvolle Rituale. Die Kahunas sind die alten Priester und Heiler Polynesiens und Hawaiis. Sie sind Wissende, die bereits mit den Geheimnissen des Universums zur Welt kommen, sagt die Tradition. Die Kahunas verbinden den Kosmos, die gesamte Natur und die Welt der Materie – Licht und Schatten – in sich. Sie sind Mittler zwischen den höheren Welten und der Erde. *Huna* heißt soviel wie Geheimnis. Es ist eine 5000 Jahre alte Philosophie, die aus dem alten Ägypten, aus Israel und Mesopotamien stammt und nach Hawaii weitergetragen wurde, wo sie bis zum Beginn des 20. Jahrhunderts geheimgehalten wurde.

Die Essenz der Huna-Lehre ist, die Harmonie zwischen den drei Ebenen des menschlichen Selbst – dem Unteren Selbst, dem Mittleren Selbst und dem Höheren Selbst – wiederherzustellen. Die Kahunas sehen den menschlichen Körper als wesentliches Instrument, diese Drei-Einheit zu verbinden. *Mana* ist der Zündstoff, der die Lebenskraft und Energie vom Unteren Selbst zum Höheren Selbst transportiert. Mana, das Lebenselixier läßt sich mit Chi und Prana vergleichen. Es symbolisiert zugleich Wasser und den Fluß des Atems.

*Ho'ano* bedeutet Huna-Gebet. Sein Symbol ist der Lebensbaum. Die Kahunas pflanzen den Samen eines Gedankens, einer Bitte, eines Wunsches und nähren ihn täg-

**Auch der Kahuna verbindet *Mana* – den Atem – mit der Kraft der Gedanken und der Vorstellung. Damit heilt er Kranke, die Erde und sich selbst.**

lich mit dem Dünger von *Mana*, Atem, so daß er zum Baum wachsen, zur Blüte reifen und Früchte tragen kann. Auf diese Weise verbinden sie den Atem mit der Kraft der Gedanken und der Vorstellung und heilen Kranke, die Erde und sich selbst.

Der Huna-Priester Alen, der mich das *Huna*-Gebet und *Ho'oponopono* lehrte, erklärte deren Funktion:

> Für uns Kahunas beginnt jede Heilung im Geist – mit der Kraft und der Macht unserer Gedanken. Doch häufig sind unser Denken und unser Unterbewußtsein blockiert, zugeschüttet mit Enttäuschungen und Verletzungen aus der Vergangenheit. «Das verlorene Paradies» ist überschattet von Ängsten, Schuldzuweisungen und Schuldgefühlen. Wir Kahunas reinigen unser Unteres Selbst täglich mit *Ho'oponopono*. Es ist wesentlich, sich selbst und anderen zu vergeben, denn solange Haß, Wut, Rache und alte Verletzungen in unserem Unterbewußtsein nisten, kann unser Unteres Selbst kein Mana an unser Höheres Selbst weiterleiten. Die Verbindung ist «gestört», blockiert ... *Ho'oponopono* und das *Huna*-Gebet sind wie eine Brücke in die Freiheit, in unseren paradiesischen Urzustand. Sie führen uns zu dem «Höchsten Magier», dem «Spirituellen Zauberer» in uns. *Ho'oponopono* ist die Tür zu dem grenzenlosen Reichtum, der ewigen Fülle und der bedingungslosen Liebe und Freiheit in unserem Herzen. Das *Huna*-Gebet ermöglicht uns dann, unsere Höchste Wirklichkeit, unser volles Potential in der Welt auszudrücken und zu leben – für uns und zur Heilung anderer!

## Ho'oponopono

*Ho'oponopono – Vergebung* – kann schriftlich, laut oder mental geschehen. Es ist wichtig, auch innerlich zu fühlen, daß man von Schuld befreit wird.

1. Setzen Sie sich entspannt auf einen Stuhl. Vor Ihnen liegt ein Blatt Papier. Lenken Sie Ihre Aufmerksamkeit nach innen. Nach einigen Minuten lassen Sie aus Ihrem Bewußtsein diejenigen Personen aufsteigen, von denen Sie jemals verletzt worden sind, und die entsprechenden Situationen. Schreiben Sie die Namen auf die linke Seite des Blattes.

2. Forschen Sie anschließend in Ihrem Inneren weiter, in welchen Situationen Sie selbst Personen, andere Lebewesen oder auch Dinge verletzt, mißachtet oder zerstört haben. Schreiben Sie dies mit wenigen Worten auf der rechten Seite auf, während Sie Bilder, Emotionen und Gefühle hochkommen lassen.

3. Lassen Sie sich genügend Zeit, bevor Sie langsam und bewußt das Blatt Papier so klein wie möglich zerreißen. Zitieren Sie dabei tief ausatmend folgende Affirmation mindestens dreimal laut oder in Gedanken:

*Ich entlasse jeden und alles aus meiner Welt,*
*was mich jemals verletzt hat und was ich verletzt habe!*
*Wir alle sind frei, jetzt und jederzeit!*

4. Sie können den Zettel auch verbrennen. Wenn ich dieses Ritual durchführe, gehe ich gerne in die Natur: Ich verbrenne das Papier in der Nähe eines Wassers und werfe die Asche in den Fluß oder in einen See, ganz langsam und

bewußt. Dabei zitiere ich manchmal laut, manchmal leise in Gedanken die oben erwähnte Affirmation. Unser Unterbewußtsein reagiert sehr stark auf Symbole und Elemente: Feuer, Wasser, Erde (entspricht Asche). Wiederholen Sie diese Übung von Zeit zu Zeit – sie fördert die Wirkung von allen Affirmationen, Bildern und Wunschgebeten.

## Mana sammeln

Bevor wir mit dem *Huna-Gebet* beginnen, möchte ich Sie mit einer Form des *Huna-Atems* vertraut machen, die Sie mit dem Huna-Gebet verbinden können:

1. Atmen Sie ein, und visualisieren Sie, wie Licht und Energie von Ihren Füßen über Ihre Beine und Dammgegend Ihre Wirbelsäule entlang nach oben in Ihr Gehirn strömen, sich dort verbreiten und jede Zelle Ihres Körpers füllen. Stellen Sie sich dabei Ihren Kopf wie einen Lichtball vor.

2. Atmen Sie aus, und visualisieren Sie, wie Licht und Energie aus der Krone Ihres Kopfes – aus Ihrem Lichtball – wie ein Springbrunnen in zwei Halbkreisen rechts und links bis hinunter zu Ihren Fußsohlen strömen; atmen Sie über die Fußsohlen wieder ein.

3. Abschließend können Sie die Mana-Aufladung mit einem Wort Ihrer Wahl kombinieren, zum Beispiel «Mut», «Freude», «Vertrauen», «Gelassenheit».

Wiederholen Sie diese Übung drei- bis sechsmal. Mit jedem Atemzug werden Sie mehr und mehr gereinigt, «durchlichtet» und mit Mana aufgeladen.

## Das Huna-Gebet

1. Malen Sie sich in Ihrer Gedankenwelt ein klares Bild Ihres Wunschobjektes. Es ist wichtig, die Einzelheiten genau zu beschreiben. Unser Unteres Selbst (Unterbewußtsein) kann nicht zwischen richtig und falsch unterscheiden. Es empfängt alle Botschaften – gut oder schlecht – und gibt sie genau so weiter. Löschen Sie Ihre gegenwärtige, unerwünschte Situation vom Bildschirm Ihres Geistes, indem Sie in Ihrer Vorstellung einen Schwamm oder Staubsauger zu Hilfe nehmen. Ersetzen Sie die alte Situation mit dem neuen Wunschbild, das Sie klar und deutlich in Ihrem Kopfinneren kreieren.

2. Üben Sie sich darin, das Ergebnis bereits zu sehen, zu hören und zu fühlen – mit all Ihren Sinnen. Stimmen Sie sich darauf ein, wie es sich anfühlt, wenn Sie das Gewünschte erhalten haben. Nehmen Sie sich vor, in Ihrer persönlichen Umgebung und Ihren Mitmenschen gegenüber entsprechend zu handeln, mit dem inneren Wissen und Vertrauen, daß alles bereits so ist. Ihr Unteres Selbst ist wie ein Kind. Es liebt Bilder und reagiert auf alle Gefühlsprojektionen.

**Unser Unterbewußtsein ist wie ein Kind. Es liebt Bilder und reagiert auf Gefühlsprojektionen.**

3. Dann nehmen Sie drei oder mehr tiefe Atemzüge, während Sie mit der Ausatmung Ihr Wunschbild zusammen mit dem Gefühl an Ihr Höheres Selbst übergeben. Mit zunehmender Übung können Sie das *Huna-Gebet* mit dem *Huna-Atem* verbinden.

Wiederholen Sie diese Übung für einige Zeit täglich (am besten 21 Tage lang), so daß der Same des Wunsches, das vorgestellte Bild und das Gefühl wachsen und sich verwirklichen können. Die tägliche Übung des *Huna-Gebetes* fördert die Erfüllung. Sie werden bemerken, daß Sie die Bilder jeden Tag klarer und schärfer sehen und die Gefühle intensiver wahrnehmen können.

Beachten Sie zwei wesentliche Punkte: Bewahren Sie den Samen Ihres Wunschgedankens für sich. Hüten Sie ihn wie ein kostbares Geheimnis, solange er nicht verwirklicht ist und Sie die Früchte noch nicht ernten können. Die Macht und die Kraft zu blühen und Früchte zu tragen kann verlorengehen, wenn Sie den kostbaren Inhalt vor seiner Reife verschütten.

Löschen Sie alle Zweifel in sich. Jeglicher Zweifel entmutigt Ihr Unteres Selbst. Sie verzögern und blockieren das Wachstum Ihres kostbaren Samens und damit die Erfüllung des Wunschgedankens.

Unser Höheres Selbst, das Göttliche in uns, ist bereit, alle Wünsche zu erfüllen, solange Sie niemanden damit verletzen. Unsere Höheres Selbst ist ewig und weise. Es ist unser Beschützer – unser innerer Vater und unsere innere Mutter, denen wir vollkommen vertrauen können. Sie sind jederzeit für uns da. Doch sie zeigen sich nicht ungebeten: Sie warten auf unsere Anrufungen, auf unsere Gebete und Wünsche. Und es liegt nur an uns, den Samen unserer Wünsche und Gebete regelmäßig zu düngen und mit Mana zu bewässern.

*Ho'oponopono und das Huna-Gebet sind wie eine Brücke zu unserem paradiesischen Urzustand.*
Ho'oponopono *– Vergebung – ist der Schlüssel zur Freiheit unseres Herzens.*
*Das* Huna-Gebet *ist der Schlüssel, unser volles Potential zu entfalten – für uns selbst und zur Heilung anderer.*

# Teil III

# Das Paradies ist in dir – das Garten-Eden-Mysterium

In der Mitte des Herzens

*Das Herz des Menschen ist ein Heiligtum.*
*In seiner Mitte befindet sich ein kleiner Raum,*
*in dem das große Geheimnis wohnt.*
*Um diese Mitte des Herzens zu erleben,*
*müßt Ihr in der Art und Weise leben,*
*die das große Geheimnis uns gelehrt hat.*
*Der Mensch, der offenen Herzens ist,*
*trägt die Welt und all sein Wissen in*
*der Mitte seines Herzens …*

BLACK ELK VOM STAMME DER SIOUX

# 11 Von der Körperintelligenz zur Intelligenz des Herzens

*In völliger Dunkelheit deines Käfigs versteckt,*
*verborgen in der Höhle deines Herzens,*
*leuchtet eine kleine Flamme – lockend, schwach und einsam noch,*
*und doch kennt sie alle deine Geheimnisse,*
*die sich dann offenbaren,*
*wenn dein kleines Ich sich von ihr verschlingen läßt,*
*bis du selbst zu dieser Flamme wirst …*

AUS DEN VEDEN

## Der verkörperte «Baum der Erkenntnis»

«Der Schöpfer *ruht* im Stein, *atmet* in der Pflanze, *träumt* im Tier und *erwacht* im Menschen», sagt Kahlil Gibran. «Wir kommen nicht in den Himmel, sondern suchen diesen zu verkörpern», erklärt er weiter. Das erste Mal, als ich mich, meinen Körper und die Formen, Farben, Gerüche und Geräusche um mich herum als paradiesischen Urzustand erlebte, war auf der Insel Mauii, in Hawaii, an einem geheimen Nacktbadestrand. Wochenlang verbrachte ich dort all*ein*, um ein Manuskript zu überarbeiten. Ich war nackt, sicher und geborgen, eingebettet in die unbeschreibliche Schönheit dieser Natur. Um mein Gehirn zu klären und mich vom Geist inspirieren zu lassen, stellte ich mich immer wieder an das Ufer des türkisblauen Meers und praktizierte den *Schöpfungsatem*.

Die Sonnenstrahlen drangen in jede Pore, von dort in jede Zelle, erwärmten und belebten mich bis ins Knochenmark. Der angenehm warme Wind streichelte beruhigend und zärtlich meine Haut. Der Sand funkelte diamantfarben im Licht der Sonnenstrahlen. Das Rauschen der Wellen schien letzte Reste von Unklarheiten aus mir herauszuspülen. Hier stand ich nackt, allein, einfach nur bewußt atmend. Auf einmal hatte ich das Gefühl, zur Welle zu werden, einzutauchen in den sichtbaren unendlichen Ozean vor mir. Gleichzeitig war mir, als ob ich mich in meiner höheren grenzenlosen Wirklichkeit auflösen würde, um dann wieder zu dem smaragdgrünen Ozean zu werden, zur Weite des Himmels, bis zum Horizont und darüber hinaus. Alle Grenzen verschoben sich. Es gab plötzlich gar keine Trennung mehr zwischen Oben und Unten, Innen und Außen. Mitten in dieser Bühne der Natur, in ihrer schöpferisch abgestimmten Symphonie von Farben, Formen und Tönen sah und fühlte ich mich mit meinem bloßen Körper wie in einem zeitlosen Liebesspiel mit der Schöpfung um mich herum. Eine Verschmelzung mit den Pflanzen und ihren tropischen Blüten, mit den schwarzen Vulkanfelsen hinter mir, dem Ozean vor mir, dem Himmel über mir, dem heißen, feuchten Sand unter meinen Füßen: Mein Bewußtsein war plötzlich überall, in allem um mich herum, und alles war in mir. Ich war alles. Und in diesem Augenblick wußte ich: Der Garten Eden ist ein Bewußtseinszustand. Es ist die Einswerdung mit mir und mit allem, was um mich herum existiert. Der Weg in den Himmel führt nicht über den Tod, sondern über das verkörperte, gelebte Leben. Und dieses Leben heißt Liebe – Liebe, die das *Diesseits* mit dem *Jenseits* verbindet. Begleitet war dieses Erleben von strömender Dankbarkeit, mir selbst, der Schöpfung, dem ganzen Leben gegenüber. Die Tiefe und Erhabenheit dieses Gewahrseins, verbunden mit einem Strom berührender Dankbarkeit, läßt sich mit Worten kaum beschreiben. Es war, als ob ich mich innerhalb und durch meinen Körper – im Zentrum meines Wesens, aber genauso außerhalb von mir –

**Der Garten Eden ist eine Ebene des Bewußtseins. Es ist unser paradiesisches Bewußtsein, erfahrbar tief innerhalb unseres Körpers.**

mit der Essenz des Urschöpfers wieder verbunden hatte. Dabei habe ich mich als Teil des Urschöpfers erkannt und erinnert, und dieses Erleben fühle ich heute noch in meinen Zellen.

Ewig jung zu bleiben, nicht sterben zu müssen – das ist seit der Vertreibung aus dem Paradies ein Menschheitstraum und in allen Kulturen bis zum heutigen Tag lebendig. Jeder von uns trägt in seinem tiefsten Herzen mehr oder weniger bewußt einen Keim dieser Sehnsucht in sich, und wir warten noch immer auf die Erfüllung. Kann es sein, daß wir glauben, diese Sehnsucht niemals stillen zu können, weil wir denken, das Paradies, den Garten Eden, gäbe es nur in einem Jenseits, nicht aber auf dieser irdischen Welt? Vollkommene Gesundheit, Glückseligkeit, Liebe, Schönheit, ewige Jugend, Weisheit, Harmonie, Frieden und andere Begriffe, die wir mit einem paradiesischen Zustand verbinden, seien eben nur in dem fernen Garten Eden möglich, aus dem wir vertrieben worden sind. Daher ist das Paradies innerhalb der Dualität, in unserer Welt, auf unserem Planeten nirgendwo für immer zu finden; vielleicht noch an sagenumwobenen Orten wie Shambhala oder Shangri-La oder auf bestimmten Trauminseln in der Südsee. Können Sie sich vorstellen, daß wir dauerhaftes paradiesisches Bewußtsein in unserem menschlichen Körper erleben können? Daß Shambhala oder der Garten Eden eine Ebene des Bewußtseins in uns ist, ein Seinszustand transzendenter Wirklichkeit? Einfacher ausgedrückt, ein Teil von uns, den wir vergessen, verschüttet, vorübergehend verloren haben?

**Das Paradies in dir ist das wahre, ewige Ich, der offene, unbegrenzte Himmel in dir.**

Tief verborgen hinter unserer mehr oder weniger bewußten Sehnsucht schlummert das zeitlose Wissen, die Wahrheit, daß dieses Paradies unser Urzustand ist, unsere Lebensflamme in unserem Wesenskern. Es ist unser ewiges Erbe, versteckt als Same in der Tiefe unseres Herzens, im Zentrum unsere Seele und im Kern jeder unserer Körperzellen. Dort wartet es auf die Erlösung aus der «Erbsünde» – *hier auf dieser Welt* und nicht irgendwo und irgendwann im Jenseits. Unser rhythmischer Lebenspuls klopft ständig an die Tür unserer immer noch dumpfen Unbewußtheit. Er möchte das verriegelte Schloß zu unserem vergrabenen Paradies, zu unserem wirklichen Erbe, sprengen. Unser ewiges Feuer des Wissens brennt weiter, auch wenn unsere physischen Körper aus Fleisch und Blut sich über Jahrtausende immer wieder zu Asche wandeln.

Wir werden als Samenkorn des Schöpfers geboren, erklären die Kahunas, die hawaiianischen Heiler. Wir werden wieder als Samenkorn sterben. Wir können aber auch zur Blüte und zum Baum werden. «Die Geburt ist nicht ein augenblickliches Ereignis, sondern ein dauernder Vorgang», erklärt Erich Fromm. «Das Ziel des Lebens ist es, ganz geboren zu werden … und seine Tragödie, daß die meisten von uns sterben, bevor sie ganz geboren sind … Zu leben bedeutet, jede Minute geboren zu werden.» Ein Kahuna-Priester sagte einmal zu mir: «Die Tür zu deiner größeren Wirklichkeit ist vorübergehend geschlossen. Doch gibt es Methoden und Möglichkeiten, das verrostete Schloß wieder zu öffnen, die verrotteten Mauern abzubrechen. Was dahinter zum Vorschein kommt, ist das wahre, das ewige Ich, der offene unbegrenzte Himmel in dir …»

Den Himmel auf die Erde zu bringen bedeutet, die ewige Lebensflamme innerhalb unseres physischen Körpers, den unsterblichen Atomkern im Herzen einer jeden Zelle, wiederzuentdecken, zu befreien und auf dieser Welt zu leben und zu verwirklichen. Das schien bislang unerfüllbar. Zwar hat es zu allen Zeiten und in allen Kulturen Methoden gegeben, unser Lebensfeuer, unsere Lebenskraft auf allen Ebenen unseres Daseins zu aktivieren, zu entfalten und zu erhalten – von außen und von innen. Diese Verfahren werden heute zunehmend auch von der Wissenschaft bestätigt. Doch fehlte es meist an der entsprechenden Einstellung, der Bereitschaft und dem Mut umzudenken und daraus resultierend an dem not*wendigen* Bewußtsein, dieses Wissen zu leben und zu verwirklichen.

Depressionen, Schmerzen, Krankheit, Gebrechlichkeit, innere und äußere Krisen, vorzeitiges Altern – alles Zustände, die diejenigen, die sie gerade durchleben, als Abgrund oder Fegefeuer beschreiben – sind ein Schrei unseres innersten Wesenkerns, zurückzukehren, zurück ins Paradies, das *in uns* ist, *in unserem Körper*, der von unserer Seele, von unserem Geist belebt und durchdrungen wird.

**Das Wissen um deine Unsterblichkeit ist in der Tiefe deiner zellulären Struktur, in deinem Bewußtsein eingebettet.**

«Das Land der Alterslosigkeit und Gesundheit findest du nirgendwo außer in deinem Körper», sagte mir einmal Dr. Deepak Chopra, der heute in den USA lebende indische Arzt für Ayurveda und Wissenschaftler, der sein Leben den Forschungen über die Erneuerung des menschlichen Körpers widmet. Er erklärt, daß unser Körper der sicht- und greifbare Ausdruck unserer kreativen Intelligenz, der Weisheit allen Lebens ist. Jede Erfahrung, die wir jemals gemacht haben und die noch vor uns liegt, ist in unseren Zellen gespeichert. Jede einzelne Zelle ist ein Lebewesen für sich, das die Information der Schöpfung in sich trägt. Die kreative Intelligenz, die das gesamte Universum erschaffen hat, hat den menschlichen Körper aus der gleichen Substanz geboren. In den DNS-Archiven unserer Zellen ist unsere gesamte Schöpfungsgeschichte enthalten.

Die Rishis – die Weisen des alten Indien – drückten diese Erkenntnis in folgenden Worten aus:

*So, wie der Mikrokosmos, ist der Makrokosmos.*
*So, wie jedes einzelne Atom, ist das ganze Universum.*
*So, wie der menschliche Körper, ist der ganze Kosmos.*
*So, wie die kreative Intelligenz eines Menschen, ist das Bewußtsein im Kosmos …*

«Wer seinen Körper verändern will, muß zuerst sein Bewußtsein wandeln», sagt Chopra. Wenn wir unser Bewußtsein entfalten, kann sich auch unser Körper wieder ändern. Unser Denken, unsere Vorstellungen und unsere Gefühle sind unsere Wirklichkeit. Sie haben in uns ihren Ursprung. Die Weise, wie wir uns sehen, macht uns zu dem, was wir sind. Wenn wir die Betrachtungsweise unserer Situationen ändern, können wir tatsächlich alle Begriffe von Leben, Altern und Sterblichkeit ändern und schließlich unsere Langlebigkeit erkennen. Es sind unsere Sichtweisen, die unseren physischen Körper formen – darüber hinaus unsere Umgebung beeinflussen – unsere Städte, Länder, Kontinente, bis hin zu dem Naturgeschehen im Kosmos.

## Das Yoga der Zellen

*Größer aber noch, wie der sichtbare Weltraum mit seinen Elementen*
*ist der Raum im Inneren des Körpers und des Herzens.*
*Er birgt Feuer und Wind, Himmel und Erde, Sonne und Mond …*

AUS DEN VEDEN

Viele geistige Lehrer erklären uns, daß die Information von Alterslosigkeit, die Flamme der Unsterblichkeit in der Tiefe unserer zellulären Struktur und in unserem Bewußtsein eingebettet ist, so auch Aurobindo und die Mutter*. Sie waren Pioniere von Langlebigkeit und der Vergeistigung und Transmutation des physischen Körpers. Ihre Entdeckungen und Forschungen führen in die Tiefe des menschlichen Körpers, in das Herz jeder menschlichen Zelle. Dort sei das wirkliche Leben, das Leben ohne Tod zu finden. «Die Welt der Materie, unser Körper, enthält bereits alle Wunder, schlummernd sozusagen. Wir müssen sie erwecken, wiederentdecken, sie mit ihrem sonnigen Gegenstück oben in Beziehung setzen», erklärt die Mutter. Sie widmete ihr ganzes Leben dem *Yoga der Zellen*, der Erforschung der Transmutation des menschlichen Körpers.

> In jedem Teilchen, in jedem Atom, in jeder Zelle unseres Körpers lebt schlummernd die Information des Ewigen und das Wissen des Unendlichen. Wir müssen den Körper dieses zeitlose Wissen wiederentdecken, seine unbegrenzten Fähigkeiten wieder erkennen lassen. Das ist das *Yoga der Zellen* ... Die Grundlage der Alters-, Krankheits- und Todesprogrammierung ist die Trennung der Zelle von der Zelle, des Menschen vom Menschen, die Trennung des Menschen vom *äußeren* sowie von seinem *inneren* Universum ... Alterslosigkeit und der Zustand ohne Krankheit und Tod ist wie eine immerwährende Wiedergeburt innerhalb unseres menschlichen Körpers. Es ist eine dauernde Veränderung unserer physischen Struktur, die ewige Erneuerung unserer menschlichen Zellen. Denn unsere Zellen entstammen alle einer einzigen Form. Die Information, die in einer Zelle gespeichert ist, überträgt sich früher oder später auf andere Zellen, setzt dort gespeichertes Wissen frei. Dann entdeckt ihr,

* Sri Aurobindo und Mira Alfassa (die «Mutter»), hierzu siehe auch M. Magyarosy, *Vom Ozean zum Gipfel.*

daß Tod und Krankheit nur Schein und Täuschung ist, so wie das Leben der meisten Menschen auch Schein ist. Aus Angst vor eurer wahren Größe und Wirklichkeit, vor eurer Unsterblichkeit und der dadurch bedingten Unbegrenztheit haltet ihr doch lieber nur an eurem Schein fest. Wir finden unsere Erlösung nur, indem wir uns dieser Wahrheit bewußt werden und sie leben.

Laut Dr. Chopra sind die Zellen ein in Materie gekleidetes Gedächtnis. Nehmen wir einmal an, wir haben tausend Leben hinter uns mit einer durchschnittlichen Lebensdauer von sechzig Jahren. Das würde bedeuten, daß wir heute sechzigtausend Jahre Zellengedächtnis in unserem Körper tragen.

**Das *Garten-Eden-Mysterium* bedeutet, die höchste Wirklichkeit, den Garten Eden in der Tiefe der Materie und unseres Menschseins wieder zu erkennen, zu befreien und in der Welt zu verwirklichen.**

Die *Vertreibung aus dem Paradies* ist unsere Urwunde. Damit verbunden sind die Angst vor Trennung und der Urschmerz des Verlassenseins. Es ist die Trennung von uns selbst, von unseren Mitmenschen, von der Welt. Wir können sie wieder aufheben, indem wir den schlummernden Schöpfer in uns wach werden lassen. Das bedeutet, unsere körpereigene Intelligenz und unsere Herzensweisheit zu aktivieren und zu entfalten. Dann können wir wieder nach Hause kommen. Der Weg führt über unser lebendiges Haus, gebaut aus Billionen von Zellen – unseren Körper. In ihm und durch ihn können wir uns als «Krone der Schöpfung» erkennen, als den wahren Menschen, als das unbegrenzte Wesen, das wir immer waren, immer sind und immer sein werden.

Aurobindo meint, daß wir noch so lange sterben werden, bis wir erkennen, daß unser menschlicher Körper ein Ort höchster Befreiung ist, das Verbindungsglied zwischen Himmel und Erde. Wir müssen das Göttliche der Tiefe mit dem Göttlichen der Höhe zusammenführen. Das Paradies ist auf der Erde, tief in unserem Körper. Wir können es jede Minute – durch unsere Zustimmung oder unsere Verweigerung dieser Wahrheit gegenüber – neu schaffen oder wieder zerstören. Der Mensch hat die Wahl, durch die Macht des Denkens zu leben, zu erkranken, zu gesunden oder zu sterben. Wir können uns entscheiden, unser Bewußtsein begrenzt zu lassen oder es zu entfalten. In dem Augenblick, wo wir unser Denken ändern, können wir unser Bewußtsein wandeln und damit alle Konzepte von Leben, von Gesundheit und Krankheit, von Alter und Sterblichkeit. Und das bedeutet, die höchste Wirklichkeit, den Garten Eden, in der Tiefe der Materie und unseres Menschseins zu erkennen, zu befreien und zu verwirklichen.

*Die Rückkehr ins Paradies* ist die Aussöhnung mit unserem Körper, mit unserem innersten Wesenskern. Es ist das tiefe Erleben unseres Ursprungs, das Einswerden mit uns selbst. Es ist die Geburt des wahren Menschen: das *Garten-Eden-Mysterium*. Kein Buch kann uns diese Erfahrung schenken, auch kein Guru der Welt. Wir selbst machen uns dieses Geschenk: Nehmen wir uns Zeit für uns, unseren Körper und unsere Mitmenschen und seien wir offen und bereit, die unmittelbare Erfahrung zu machen, daß wir nicht nur einen Körper haben, sondern daß wir Körper sind – beseelte Körper und lebendige verkörperte Liebe.

*Die Rückkehr ins Paradies bedeutet*
*die Aussöhnung mit unserem Körper,*
*mit unserem innersten Wesen,*
*das tiefe Erleben unseres Ursprungs,*
*die Einswerdung mit uns selbst.*
*Es ist die Geburt des wahren Menschen.*

## Von der Alchimie der Zellen zur Transformation des Herzens

*Unser Körper ist ein warmes, menschliches Lebewesen*
*aus Fleisch und Blut,*
*in dem der Urschöpfer Ekstase und Enstase*
*als Ausdruck seiner Freude, seiner Liebe und seines Lichtes*
*«erleibt» …*

Wie aber können wir uns das zelluläre Wissen, das Grundgeheimnis der Schöpfung in den DNS-Archiven unserer Zellen erschließen? Taoisten in China und Japan, Yogis in Indien und Tibet entdeckten bereits vor Tausenden von Jahren Methoden und Möglichkeiten, menschliches Leben zu verlängern: Sie benutzten bestimmte Liebespraktiken, gezielte Energie- und Atemübungen, um das Energiepotential des Körpers zu aktivieren und zu transformieren. Für die Taoisten beispielsweise war es selbstverständlich, Chi, die Quelle der Urlebensenergie, anzuzapfen und gezielt zu lenken, mit Chi zu heilen und es gleichzeitig zu nutzen, sich mit der Weisheit des Körpers zu verbinden, um Alter, Krankheit und Tod vorzubeugen.

**Bewußtsein kann niemals zerstört, sondern nur gestört werden – durch negative Gedankenenergie.**

Für mich gibt es kein größeres Wunder als unseren physischen Körper. Wir sind reines Bewußtsein innerhalb unseres sichtbaren Körpers, der über den Atem von Prana genährt wird. Bewußtsein kann niemals *zer*stört, nur *ge*stört werden, durch falsche Gedankenorientierung. Unser Körper kann sich innerhalb eines Jahres erneuern, er produziert eine Million Zellen pro Minute. In jeder dieser Zellen ist der gesamte Schöpfungsplan gespeichert und damit die Möglichkeit, Langlebigkeit und Gesundheit, Weisheit, Liebe und Freude zu entfalten. Wenn wir aber über unsere Gedanken in unserem Bewußtsein an Krankheit, Gebrechlichkeit und deren Fortdauer bis zum Tod festhalten, wenn wir unser Bewußtsein und damit unseren Körper weiterhin mit «negativer» Gedankenenergie wie einen Computer pausenlos programmieren, verhindern wir die Erneuerung unseres Körpers und blockieren die Alchimie unserer Zellen.

**Denken ist verdichteter Geist. Körper ist verdichtetes Denken. Wir selbst sind die Alchimisten unseres Körpers.**

Denken ist verdichteter Geist, Körper ist verdichtetes Denken. Jeder Gedanke, jedes Wort, jede Bewegung bewirkt Resultate in unserem Körper, in unseren Gefühlen, in allen Bereichen unseres Lebens. Unser Körper folgt immer den Anweisungen unseres Denkens, den Impulsen, sich zu bewegen. Wenn wir die Einstellung zu uns selbst ändern und durch aufbauende Gedanken, Worte und Bilder mit unserem Körper kommunizieren, können wir auf unsere Zellen einwirken und sie neu programmieren. Damit beeinflussen wir auch alle unsere Organe, Knochen, Muskeln, unsere Gewebe, unser Gehirn – alles, was unsere physische Form ausmacht.

Es sind unsere Gedanken, Bilder, Vorstellungen, Gefühle, die unser Überleben ermöglichen. Unser Denken und unsere gesprochenen Worte fördern unsere Glaubensprogrammierungen, aus denen wiederum unsere Vorstellungen, Emotionen und Gefühle geboren werden. Sie bedingen sich gegenseitig. Sie sind der Nährboden unseres Lebens, auf dem – je nach unserer Entscheidung – Gesundheit oder Krankheit, Alter oder Tod, Vitalität, Schwaches oder Siechendes gedeiht. Wir selbst sind die Alchimisten unseres Körpers, unserer Persönlichkeit und darüber hinaus die Alchimisten unseres Lebens und unserer Umgebung. Wir selbst können unserem Körper durch unser Denken und Verhalten Gesundheit, Verjüngung und Langlebigkeit schenken.

Und das bedeutet, unseren Körper von der Höchsten Schöpferkraft, von der leuchtenden, diamantenen Essenz unseres unbegrenzten Wesens durchdringen zu lassen, de-

*Die Alchimie der Zellen, die Transmutation des Körpers und die Transformation des Herzens gehen Hand in Hand. Dieser Wandlungsprozeß ist das Er-leben, Er-lieben und Er-leiben der Höchsten Schöpferkraft in jeder Zelle, in jedem Winkel und mit jeder Faser unseres Körpers.*

ren Substanz reine absichtslose Liebe ist: zunächst für kurze Augenblicke, bis dieses «paradiesische Erleben», unser Urzustand, einmal wieder zum «ewigen Augenblick» wird.

## ICH BIN zu Hause angekommen

**Unser paradiesischer Urzustand ist wie eine Wiedergeburt ins Leben, innerhalb unseres Körpers. Es ist ein Seinszustand in der Tiefe unseres Herzens.**

Gezielte Bewegungsrituale in Verbindung mit bestimmten Affirmationen und ausgewählten Atem- und Bewußtseinspraktiken sind Möglichkeiten, unsere körpereigene Intelligenz freizusetzen. Dabei geht es zunächst darum, unser Bewußtsein in unserem Körper zu verbinden, in unser lebendiges Haus wieder einzukehren und es auch tatsächlich zu «bewohnen». Wir entdecken, wie es uns möglich ist, seine Schwere und Trägheit oder aber seine Überaktivität mit unserem Geist zu beeinflussen. Wenn es uns gelingt, uns auf «Geschehenlassen» statt auf «Machen» zu konzentrieren, kann die «Datei» unserer Kreativität und Intuition wieder geöffnet werden.

Der Schlüssel ist die Kombination von Bewegung und Atem mit der Kraft der Vorstellung in dynamischen, aber auch in meditativen Bewegungsübungen. Sie ermöglichen Ihnen, den jeweiligen Bedürfnissen Ihres Körpers entsprechend, Ihre sexuelle Energie, Ihre Urlebenskraft als Schlüssel zu Lebensfreude und Ekstase zu entdecken. Es ist wie eine Wiedergeburt ins Leben, innerhalb des Körpers: die Einswerdung durch das Liebesspiel von Körper, Herz und Geist in uns und durch uns, mit allem, was ist. Dabei durchdringt der Atem alles, löst alles Krankhafte, Festgefahrene und Unbewußte auf, alles, was uns von uns selbst trennt. Er führt uns direkt in die Freiheit – eine Freiheit, die gleichzeitig eine neue Geburt innerhalb unseres Körpers ins Leben bedeutet.

Versuchen Sie schon jetzt beim Lesen, sich auf diese Erfahrung einzustimmen:

> Noch ist mein Körper die Trennwand zwischen Innen und Außen, zwischen Oben und Unten. Doch wenn ich tief in mein Inneres tauche, dort, wo ich zu Hause bin, kann ich alle Gesetze des Universums als meine eigenen wiedererkennen. Dieses Erleben geschieht ausschließlich durch die Übergabe an den Schöpfer in mir, durch die Hingabe meiner Persönlichkeit, meines Körpers und meines Herzens an meine ICH-BIN-Präsenz, an das grenzenlose Gewahrsein, das alles durchdringt und alles verbindet. Diese Hingabe ist der wichtigste Schlüssel, der alle verschlossenen Tore zu meiner Innen- und Außenwelt wieder öffnet. Es ist die Brücke zu Himmel und Erde, vom persönlichen Bewußtsein zum Überbewußtsein und wieder zurück. Alle Gedanken, Worte, Wünsche und Gefühle, alle Ziele münden in diesen unendlichen Raum des Einen. Dort angelangt, entdecke ich plötzlich, daß es gar keine Trennung mehr gibt zwischen dem Garten Eden im Außen und dem Paradies in mir. Es ist eine Ebene des Bewußtseins in mir, in meinem Körper, in der Tiefe meines Herzens. Es ist ein Seins-Zustand. Ein Raum der Leere und grenzenlosen Weite und gleichzeitig der überströmenden Fülle. Es ist das Wissen

**Wenn wir tief in unser Inneres tauchen, dort wo wir zu Hause sind, können wir alle Gesetze des Universums als unsere eigenen wiedererkennen.**

**Wenn Gott den Menschen nach seinem Ebenbild geschaffen hat, dann ist auch der Mensch ein Schöpfer.**

und das Vertrauen, daß stets alles da ist, was immer ich in meiner persönlichen Welt brauche.
Bestimmte Bejahungssätze, insbesondere die ICH-BIN-Affirmationen, ermöglichen es mir, mich aus der Rolle des Opfers zu befreien und zum Schöpfer meines Lebens zu werden. Liebe und Leichtigkeit können wieder in mein Leben strömen. Wenn Gott den Menschen nach seinem Ebenbild geschaffen hat, dann ist auch der Mensch ein Schöpfer. Selbst wenn mir diese Erfahrung vorerst nur zeitweise gelingt, erlebe ich dabei Augenblicke, in denen ich plötzlich entdecke, daß es gar nichts mehr zu wünschen oder zu affirmieren gibt, weil alles schon da ist. Alle Bedingtheit hat sich auf einmal in Bedingungslosigkeit verwandelt. All mein Tun ist plötzlich dem Geschehenlassen gewichen, und ich blicke staunend um mich: Da sind Fülle und gleichzeitig Freisein von der Fülle, das Wissen und das absolute Vertrauen, daß mir alles zur Verfügung steht. Das kleine Ich ist *eins* geworden mit dem großen ICH BIN. Und in diesem Bewußtsein gibt es nichts mehr zu wünschen, denn alles ist, war schon immer und wird immer da sein. ICH BIN wieder zu Hause angekommen, dort, wo mein kleines Ich mit dem Urschöpfer verschmilzt, wieder eins wird. Und nur auf dieser Ebene kann ich wirklich mit meinen inneren Gesetzen kreieren, was mir gefällt. Es ist der Raum, in dem die heilende Aussöhnung von Geist und Materie, von Himmel und Erde, von allen Polaritäten wie von selbst geschieht. Dort ist der Ursprung, die Quelle von Glückseligkeit, von grenzenloser, kraftvoller Liebe, Freude und Freiheit – mit anderen Worten das *Garten-Eden-Mysterium.*

Die in diesem Kapitel empfohlenen Methoden und Übungen unterstützen uns, Informationen aus unseren Zellen und DNS-Archiven, aus unserem verkörperten Baum der Erkenntnis zu empfangen und unsere körpereigene Weisheit wiederzuentdecken. Ein Geschenk unseres intimsten Freundes, das, wenn wir es wirklich wollen und geschehen lassen können, jederzeit für uns verfügbar ist. Das Ergebnis ist die Metamorphose, die Neustrukturierung von Materie, innerhalb unseres Körpers, verbunden mit der Auflösung alter Blockaden, Programme und Traumata. Warum sollte das nicht die Erlösung, die Befreiung von unserer «Erbsünde» bedeuten? Auf diese Weise können wir unser wahres Erbe antreten: *das Garten-Eden-Mysterium, das Paradies in, mit* unserem und *durch* unseren *Körper*.

## Bewußtseinsreise durch den Körper

Sie können diese Übung im Stehen, Sitzen oder Liegen durchführen. Sie dauert nur etwa drei bis fünf Minuten.

Schließen Sie Ihre Augen. Lenken Sie Ihre Aufmerksamkeit einige Sekunden nur auf Ihren Atem. In Ihrer Vorstellung visualisieren Sie die Flamme einer Kerze. Anfangs fällt die Übung leichter, wenn Sie tatsächlich eine angezündete Kerze hinstellen. Schauen Sie direkt in das Licht.

Holen Sie dann im Geist das Licht der Flamme durch die Krone Ihres Kopfes. Atmen Sie tief, und fühlen Sie, wie Ihr Atem in Verbindung mit dem Licht in Ihr Gehirn strömt, sich in Ihre rechte und linke Gehirnhälfte und dann in Ihrem ganzen Kopf ausbreitet.

Lassen Sie von dort das Licht durch Ihren Hals in Ihren Brustraum strömen, in den rechten und linken Arm bis in die Fingerspitzen, die ganze Wirbelsäule hinunter, vom letzten Nackenwirbel bis zum Steißbein, dann Ihr rechtes und linkes Bein hinab bis zu den Fußsohlen und Zehenspitzen.

Stellen Sie sich vor, wie das goldgelbe Licht der Flamme sich überall im Körper verteilt, in alle Ihre Organe, Muskeln und Nerven bis ins Innerste Ihrer Knochen. Visualisieren Sie, wie die äußere Lichtflamme Ihr inneres Licht, Ihr Lebensfeuer aktiviert, zum Fließen und Strahlen bringt.

Ihr ganzer Körper leuchtet und strahlt jetzt in einer einzigen Lichtflamme und ist durchströmt von Ihrem reinen Bewußtsein, eingehüllt und durchdrungen von heilender Energie und Licht. Sie fühlen sich mit jeder Reise durch Ihren Körper durchlässiger, klarer und leichter.

## Reinigung der Zellen – den «Baum der Erkenntnis» schütteln

Der Alterungsprozeß des Körpers wird unter anderem von den sich in den Zellen ansammelnden Abfallstoffen verursacht und von der daraus resultierenden mangelhaften Sauerstoffversorgung, außerdem durch negative Gedanken-Programmierung. Bewußtes Atmen sowie geistige und körperliche Bewegung sind unerläßliche Grundlagen für Verjüngung und Langlebigkeit. *Die Reinigung der Zellen* ist eine einfache Übung, die Atem, Bewegung und Vorstellungskraft wirkungsvoll kombiniert:

Stellen Sie sich aufrecht hin. Lenken Sie Ihre Aufmerksamkeit nach innen. Entspannen Sie Ihren Körper, von den Füßen bis zu den Haarspitzen, während Sie tief und bewußt durchatmen. Beginnen Sie dann langsam, Ihren Körper von innen nach außen zu schütteln. Atmen Sie dabei tief ein, so tief Sie können, und achten Sie dann besonders auf die Ausatmung. Atmen Sie komplett aus, während Sie sich vorstellen, daß Sie alle Ängste, alle Aggressionen, alle körperlichen, seelischen und geistigen Blockaden, die Sie jetzt in Ihrem Leben belasten, aus Ihrem Organismus entlassen und herausschütteln.

Zitieren Sie während des Ausatmens in Ihrem Geiste geeignete Affirmationen. Hier einige Beispiele:

*Ich … (Name) … entlasse jetzt aus meiner Welt, was ich nicht mehr brauche!*
*Ich … … bin frei von Furcht!*
*Ich … … bin frei von Wut!*
*Ich … … bin frei von körperlichen, seelischen und geistigen Beschwerden!*
*Ich … … bin frei von Angst vor Alter und Gebrechlichkeit!*
*Ich … … bin frei von Depressionen!*
*Ich … … entlasse jetzt alle Krankheiten aus meinem Organismus!*

Schütteln Sie sich weiter. Lassen Sie in Ihrer Vorstellung alles Eingefrorene, Festgefahrene dahinschmelzen! Bleiben Sie abschließend noch zwei bis drei Minuten stehen und spüren Sie nach.

Wenn Sie diese einfache Übung für einige Zeit täglich etwa fünf bis zehn Minuten konsequent durchführen, werden Sie sich über die Wirkung wundern. Finden Sie Ihre eigenen Sätze, die für Sie jeweils stimmen. Erinnern Sie sich: Kreativität und Langlebigkeit bedingen sich gegenseitig! Lassen Sie sich bei dieser Übung von rhythmischer Trommelmusik begleiten, die alles Überflüssige «heraustrommelt».

## Unser Zellengedächtnis aktivieren

**Unsere Gedanken, unsere Sprache und unser Atem sind die Grundwerkzeuge der Schöpfung.**

Unsere Sprache und unser Atem sind die Grundwerkzeuge der Schöpfung. Sie ermöglichen uns, das zu verwirklichen und zu leben, was in uns ist. Folgende zwölf Affirmationen sind ein unterstützendes Hilfsmittel, um unser *Zellengedächtnis zu aktivieren*. Zitieren Sie während des Einatmens in Gedanken die Affirmation, und sprechen Sie sie möglichst laut mit der Ausatmung. Der Ton des hörbar gesprochenen Wortes vertieft die Wirkung auf die Zellen, auf das Gewebe des Körpers und ermöglicht darüber hinaus eine Wandlung in Ihrem Bewußtsein.

1. *Ich (Name) lebe jetzt bewußt in meinem und durch meinen Körper!*
2. *Ich … erkenne und akzeptiere jetzt die Weisheit und die Intelligenz meines Körpers!*
3. *Jede Zelle meines Körpers wird jetzt durch eine reinere, mehr verfeinerte, vollkommenere ersetzt!*
4. *Ich … übergebe meinen Körper bis in jeden Winkel meinem unsterblichen Geist!*
5. *Ich … bin jetzt eins mit der schöpferischen und heilenden Kraft, die in jeder Zelle meines Körpers wohnt und wirkt!*
6. *Ich … bin strahlende Lebenskraft, die jetzt jede Zelle meines Körpers erneuert, verjüngt und heilt!*
7. *Ich … bin jetzt bereit, die Informationen aus dem Kern meiner Zellen und DNS zu empfangen und umzusetzen!*
8. *Ich … erlebe jetzt meinen Körper und alle seine Zellen als die verdichtete Substanz meines Geistes!*
9. *Die Klarheit und die Reinheit meines Geistes aktivieren und transformieren jetzt jede Zelle meines Körpers!*
10. *Ich … bin verkörperter, lebendiger Geist!*
11. *Jede Zelle meines Körpers ist eine ewig fließende Quelle von Freude, Liebe und Lebendigkeit!*

12. *Ich … entscheide mich jetzt, Krankheit und Gebrechlichkeit jederzeit durch Gesundheit, Lebensfreude und Langlebigkeit zu ersetzen!*

*Wählen Sie Ihre eigenen Affirmationen, in Ihrer eigenen Wortwahl, den Bedürfnissen Ihrer augenblicklichen Lebenssituation entsprechend. Erinnern Sie sich: Sie sind der Schöpfer Ihrer Welt! Jetzt und jederzeit …*

## Das befreiende JA – der «G-Punkt» des Herzens

Wenn wir unsere Aufmerksamkeit nach innen richten, können wir uns, unser Leben und unsere Mitwelt aus einer anderen Perspektive sehen und wahrnehmen. Lenken Sie ein- bis zweimal pro Tag Ihre Aufmerksamkeit, gefolgt von Ihrer Energie, für ein bis zwei Minuten nur in Ihr Herz. Spüren Sie, ob Sie mit Ihrem Herzen Kontakt aufnehmen können. Fühlen Sie, wo es «lebt». Verbinden Sie sich mit seinem Rhythmus, mit seinem Pulsieren, mit seiner Kraft, mit seiner Sprache, in der es zu Ihnen spricht. Antworten Sie mit einem innerlichen *JA*. Lassen Sie, so gut es Ihnen jeweils gelingt, ein *befreiendes Ja* aus der Tiefe Ihres Herzens aufsteigen, zu sich selbst, zu Ihren Mitmenschen, zu allen Lebewesen.

Wenn Sie Ihrer Aufmerksamkeit erlauben, eine Zeitlang in der Tiefe Ihres Brustraums zu bleiben, ohne irgendeine Vorstellung oder Erwartung, was geschehen soll – einfach nur das innerlich geflüsterte *JA* –, werden Sie bald Ihren Herzschlag hören und spüren. Sein Rhythmus bestimmt Ihr Leben. Erlauben Sie Ihrem Herz-Chakra, sich in der Tiefe Ihrer Brusthöhle zu öffnen. Lassen Sie es wieder lebendig werden, gewähren Sie ihm Raum. Vielleicht werden Sie bald eine Empfindung von Weite, Wärme und Geborgenheit an dieser Stelle wahrnehmen.

Ich erlebe diesen Punkt manchmal als den *G-Punkt des Herzens*, die empfindsamste Stelle in unserem Mikrokosmos. Doch anders als der «G-Punkt» der Frau, der versteckte Lustpunkt an der Pforte zur Gebärmutter, schenkt uns der G-Punkt des Herzens zeitlich unbegrenzte Geborgenheit, satte Freude und sanfte, seelische Ekstase im «Schoß unseres Herzens». Er ist so klein wie ein Atomkern, und doch enthält er das ganze Universum und noch mehr. Er ist an kein Geschlecht gebunden. Er ist die Pforte zu unserem wahren Ursprung, zu unserem ewigen Zuhause, zum Schöpfer in uns.

**Unser Lebenskeim im Schoß unseres Herzens ist so klein wie ein Atomkern und enthält doch das ganze Universum.**

Sammeln Sie sich an jenem kleinen Punkt – im Herzen Ihres Herzens – in Ihrem innersten Zentrum. Dort ruht verborgen unser Lebenskeim, der seit der «Vertreibung aus dem Paradies» darauf wartet, wieder aktiviert, zur Entfaltung, zum Leben und zum Blühen gebracht zu werden. Der Weisheitslehrer Ramana Maharshi beschreibt diesen Punkt als den «Sitz unseres *Selbst*, nicht größer als ein Stecknadelkopf, in dem das ganze Universum enthalten ist».

Sie werden sich wundern, wie positiv sich diese anstrengungslose Aufmerksamkeitslenkung in Verbindung mit dem innerlichen Zitieren des befreienden *JA* – regelmäßig durchgeführt – auf Ihre beruflichen, privaten und zwischenmenschlichen Kontakte auswirkt. Und nicht nur das: An diesem Punkt wartet ein befreiendes Geschenk auf Sie, eine wesentliche Botschaft …

*Erlauben Sie sich das Wunder aufzuspüren, Ihr Geheimnis, das Sie sind! DAS Geheimnis – etwas, was mit Worten kaum vermittelt und doch plötzlich erfahren werden kann.*

## Die Magie des Herzens – der Herz-Atem

**Der einfache Herz-Atem**

1. Schließen Sie Ihre Augen. Stehen, sitzen oder liegen Sie. Atmen Sie sanft und tief durch Ihre Nase ein und aus. Stellen Sie sich vor, daß Ihr Atem ausschließlich durch Ihr Brustbein tief in Ihre Brusthöhle ein- und ausströmt. Erlauben Sie Ihrem Herzen, mit jedem bewußten Atemzug «durchspült» zu werden.

2. Lassen Sie Ihren Atem allmählich langsamer, tiefer, satter und runder werden. Lenken Sie ihn in jene Räume Ihrer Brusthöhle, in denen Sie Enge, Beklemmung, Härte oder Blockaden verspüren. Verschiedene Gefühle können auftreten: Angst, Trauer, Einsamkeit, genauso aber Freude, Geborgenheit, Berührtsein, Ergriffenheit. Erlauben Sie ihnen ihr Dasein und verbinden Sie sich über den Atem mit diesen Gefühlen, wie immer sie auch sein mögen. Denken Sie an das *befreiende Ja*! Umarmen Sie sie wie einen liebenden Freund, und atmen Sie dabei weiter – sanft, tief und rund – ohne Unterbrechung. Atmen Sie auf diese Weise etwa fünf Minuten lang.

**Der erweiterte Herz-Atem**

Nach einiger Zeit können Sie den Herz-Atem mit Hilfe Ihrer Vorstellungskraft ergänzen und erweitern. Diese erweiterte Variante unterstützt Sie dabei, Ihre Herzensenergie zu entfalten und zu erhöhen und Selbstakzeptanz, Liebe und Mitgefühl zu entwickeln.

*Der Herz-Atem verbindet uns mit unserem innersten Wesenskern – mit unserem Lebenskeim, mit unserem Ursprung. Er nährt und heilt die Flamme unseres Lebens. Und er hilft uns, die Weisheit, die Intelligenz und die Kraft unseres Herzens zu entfalten.*

*1. Mit dem Herzen denken*

Stellen Sie sich vor, tief in Ihrer Brusthöhle befindet sich an der Stelle Ihres Herzens ein Gehirn. Fühlen Sie und zitieren Sie innerlich während jeder Ein- und Ausatmung folgende Worte: *Mit dem Herzen denken!*

Führen Sie diese Atmung etwa ein bis drei Minuten lang durch.

*2. Mit dem Herzen sehen*

Als nächstes visualisieren Sie ein Auge, das anstelle Ihres Herzens in Ihrer Brusthöhle erscheint – in der Größe und Farbe, die sich für Sie richtig anfühlt. Mit jeder Ein- und Ausatmung fühlen und zitieren Sie innerlich: *Mit dem Herzen sehen!*

Führen Sie diese Atmung ebenfalls etwa ein bis drei Minuten lang durch.

*3. Mit dem Herzen hören*

Nun visualisieren Sie an der Stelle Ihres Herzens ein Ohr, in der für Sie stimmigen Größe. Fühlen und zitieren Sie innerlich mit jeder Ein- und Ausatmung: *Mit dem Herzen hören!*

Auch diese Atmung führen Sie etwa ein bis drei Minuten lang durch.

*4. Mit dem Herzen sprechen*
Abschließend visualisieren Sie anstelle Ihres Herzens einen Mund, in der für Sie stimmigen Größe tief in Ihrem Brustraum. Fühlen und zitieren Sie innerlich mit jeder Ein- und Ausatmung: *Mit dem Herzen sprechen!*

Diese Atmung wieder ein bis drei Minuten lang durchführen.

*Wenn Sie den Herz-Atem einige Zeit regelmäßig üben, können Sie sich mit der Magie des Herzens verbinden, mit seiner Kraft und mit seiner grenzenlosen Weisheit. Sie werden sich und Ihre Mitmenschen aus einer anderen Sicht wahrnehmen. Sie entdecken die Wahrheit hinter der Wahrheit!*

## Der ewige Augenblick – Achtsamkeits- und Bewußtheitsübungen für jeden Tag

*Aufwachen bedeutet aus dem Augenblick zu leben und gleichzeitig die Ewigkeit zu berühren.*

Während der letzten dreißig Jahre meines Lebens bin ich in den Osten und in den Westen gereist, in den Norden und in den Süden. Ich habe diese und jene Meister aufgesucht, diese und jene Ausbildungen und manche Fortbildung absolviert und dabei vielfältige Erfahrungen gemacht. Und ich bin zu der einfachsten aller Erkenntnisse gekommen: Jede Reise führt zu mir.

**Wir begegnen allem und jedem auf dieser Welt immer innerhalb unseres Körpers, durch alle unsere Sinne.**

Egal welcher Weg, welche Richtung, welcher Kontinent: Alles erlebe ich in mir, innerhalb und durch meinen Körper, der mich jederzeit überall in der Welt begleitet. Ich entscheide den Weg, ich wähle die Richtung und das Medium. Doch welche Richtung ich auch wählen mag, ich reise letztlich immer in und durch meinen Körper. Ich begegne allem und jedem auf dieser Welt immer innerhalb meines Körpers, in der Tiefe meiner Seele und meines Herzens, mit der klaren Erkenntnis meines Geistes, durch alle meine Sinne.

In mir begegnen sich Anfang und Ende jeder Reise, jeder menschlichen Begegnung, jeder Tätigkeit. In und durch meinen Körper geschieht jede Wahrnehmung, die ich dabei erlebe. Er ist das Alpha und das Omega meines Seins. Im innersten Zentrum aber gibt es keinen Anfang und kein Ende, dort gibt es nur den *ewigen Augenblick*, die ewig strömende Quelle der Kraft.

**Wahre Heilung geschieht aus unserem Ursprung.**

Für mich bedeutet Heilwerden heute, mir der Fülle des Lebens in jedem Augenblick bewußt zu sein und diese Totalität zu akzeptieren. Und zwar die gesamte Bandbreite – so gut mir das jeweils möglich ist: von tiefster Verzweiflung bis zu höchster Glückseligkeit. Eine Krankheit zu verdrängen, die Seufzer, die Schreie und das Schluchzen der Seele mit welchen Kompensationsmitteln auch immer zu unterdrücken, ohne diese verschlüsselte Botschaft erkannt zu haben, wird letztlich immer zur Stärkung von Krankheit und Disharmonie führen. Heilung geschieht stets aus unserem Ursprung. Sie strömt aus der Quelle des lebendigen Heiltempels im Zentrum unseres körperlichen Hauses, aus jeder seiner Zellen. Wenn ich den Botschaften meines Körpers aufmerksam lausche, dann entdecke ich *den Heiler in mir*. Es ist mein ewiger innerer Heiler – mein reiner Geist, reines Bewußtsein, dessen ich mir in jedem Augenblick gewahr sein kann. Alle Heilmethoden sind lediglich vorübergehende Krücken, die mich stützend durch die verschiedensten Erfahrungen zum Ursprung meines Daseins begleiten: zu meiner reinen Bewußtheit, zu Freude und überströmender Liebe, zurück zur Erfahrung des Lebendigseins in Harmonie und Frieden.

Hier möchte ich Ihnen zehn Achtsamkeits- und Bewußtheitsübungen für jeden Augenblick vorstellen, die uns auf dieser Reise unterstützen.

## Hier und Jetzt – präsent im Augenblick

Nur der Augenblick existiert: Vergangenheit und Zukunft sind Projektionen unseres Geistes. Beobachten Sie sich einmal einen Tag lang: Wie oft reisen Sie mit Ihren Gedanken in die Vergangenheit, wie oft in die Zukunft? Wer von uns möchte nicht bestimmte Erfahrungen aus der Vergangenheit wiederholen, sucht sie sogar mehr oder weniger bewußt? Und wer befürchtet nicht, daß sich bestimmte schmerzhafte Erlebnisse in Zukunft wiederholen könnten?

**Früher oder später entdecken wir: Es gibt nichts Neues ... Es gibt nur EINS – im Augenblick sein, im Augenblick leben.**

Wenn Sie mit Ihrer Aufmerksamkeit – und dadurch mit Ihrer Energie – immer wieder in die Vergangenheit und in die Zukunft reisen, sind Sie der Sklave von Raum und Zeit. Eine derartige starre Fixierung beschleunigt den Alterungsprozeß. Gelingt es Ihnen jedoch, sich aus den selbstgeschaffenen Begrenzungen zu lösen, können Sie in einen Raum völlig neuer Erfahrung eintreten – in ein *Bewußtsein der Zeitlosigkeit*. Dort gibt es weder Krankheit noch Angst vor Krankheit, Alter und Tod. Dort existieren weder Vergangenheit noch Zukunft, keine Sekunden, Stunden, Tage oder Jahre. Sie alle werden bedeutungslos. An diesem inneren Ort tauchen Sie in ein Bewußtsein von Fülle, von Harmonie und Lebendigkeit im Augenblick: Alles existiert gleichzeitig.

**Nur der Augenblick existiert. Vergangenheit und Zukunft sind Projektionen unseres Geistes.**

Die Übung ist ganz einfach. Sicher haben Sie gelegentlich am frühen Morgen beim Aufwachen einen Zustand von wohligem Sein und reinem Bewußtsein, von Noch-Zeitlosigkeit erlebt. In solchen Momenten befinden Sie sich in Ihrem reinen ICH-BIN-Bewußtsein – Ihre wahre Natur. Es ist wie eine Erfahrung des zeitlosen Geistes innerhalb eines genauso zeitlosen Körpers. Kein Haften an der Vergangenheit und keine Kontrolle über die Zukunft: Nur der Augenblick existiert, kurz bevor die ersten Gedanken in Ihnen aufsteigen. Es ist noch das reine *Hier* und *Jetzt*.

Spüren Sie diesen kurzen Augenblick bewußt auf. Bleiben Sie jeden Morgen in diesem Bewußtsein, so gut und so lange Sie können. Allmählich wird es Ihnen gelingen, diese «Sekundenmeditation» zu verlängern und die Erfahrung sogar in den Alltag zu übertragen. Doch kein Erfolg ohne Übung! Es geht nur darum, sich bewußt für die Übung zu entscheiden und sich regelmäßig daran zu erinnern. Unabhängig davon können Sie wenigstens ein paarmal täglich – egal, was Sie gerade tun – tief durchatmen und innerlich die folgenden Worte zitieren:

ICH BIN *im Hier und Jetzt!*
*Ich lebe im Hier und Jetzt!*

## Unsere Sprache reinigen

Meistens erscheint *Sprechen* für uns als etwas dermaßen Selbstverständliches, daß wir selten unser Bewußtsein darauf lenken, *was* wir sagen und *wie* wir etwas sagen und *wieviel* Unwesentliches wir äußern. Sprache ist das Grundwerkzeug der Schöpfung. Sie ermöglicht uns, auszudrücken und in Form zu bringen, was in uns ist. In der Tat manifestiert sich das, was wir fühlen, denken und aussprechen. Bewußtes und achtsames Umgehen mit Sprache kann uns daher viel über uns selbst lehren.

**Beobachten Sie: Was fühlt Ihr Körper, wenn Sie bei sich selbst und Ihren Mitmenschen alle Formulierungen beobachten, die Abwertung und Zweifel ausdrücken, die richten und verurteilen.**

Beobachten Sie, so oft Sie daran denken, Ihre Sprache: *Was* spricht da *wie* und mit welchen Worten aus mir? Dazu ist keine bestimmte Übungsform erforderlich, nur Achtsamkeit und Bewußtheit im Umgang mit unserer Sprache.

Achten Sie beispielsweise darauf, wie oft Sie die Worte «ich muß» verwenden. Manche Menschen beginnen jeden zweiten oder dritten Satz auf diese Weise. Was bedeutet das? «Ich muß» heißt mit anderen Worten: «Ich will nicht, *aber leider …*» So zwängen wir uns selbst in ein Korsett. Ersetzen wir «ich muß» durch einen anderen Ausdruck, beispielsweise durch *«ich kann», «ich will», «ich werde», «ich habe»*. Das drückt aus, daß wir etwas zu verschenken haben, statt uns und unsere Kreativität im Gefängnis unseres «Muß» zu verschanzen.

Wir können auch üben, mit unserer Sprache *bewußt* und *achtsam* umzugehen, indem wir die Auswirkung von bestimmten Worten beobachten. Folgende Formulierungen verwenden wir häufig in Botschaften, die wir uns selbst und anderen zukommen lassen: «ich kann nicht», «unmöglich», «ja, aber», «versuchen», «wenn nur», «sollte», «könnte», «hätte», «würde», «jedoch», «schwierig», «eigentlich», «man», «es wäre» … Mit solchen Worten halten wir unsere Angst und unsere Schuldgefühle in unserem Inneren lebendig.

Häufig bringen wir mit unserer Sprache Zweifel und Bewertungen oder Einschätzungen unserer selbst und unserer Mitmenschen zum Ausdruck. Beobachten Sie bei sich selbst und Ihren Mitmenschen alle Formulierungen, die Abwertung und Zweifel ausdrücken, die richten und verurteilen! Wie geht es Ihnen damit? Wie fühlen Sie sich dabei?

*Unsere Sprache und Wortwahl ist der hörbare Beweis, mit welcher Bewußtheit, Achtsamkeit und Wertschätzung wir dem Schöpfer in und durch uns erlauben, sich auszudrücken und mitzuteilen. Unsere Worte zeigen, welche Einstellung wir uns selbst und unseren Mitmenschen gegenüber haben.*

## Die Kunst des bewußten Zuhörens

Wirkliche Kommunikationsfähigkeit besteht für mich in der *Kunst des Zuhörens*. Was wirkliches Zuhören bedeutet, drücken die folgenden Sätze aus, die ich vor Jahren in Kalifornien während einer Fortbildung einmal am Schwarzen Brett entdeckt habe:

> Ich habe dich nur gebeten, mir *zuzuhören*. Doch du hast, – ohne mich aussprechen zu lassen, sofort mit Ratschlägen reagiert. Du hast mir nicht *zugehört* …
>
> Wenn ich dich bitte, «nur» *zuzuhören* und du sofort selbst zu sprechen beginnst, analysierst, warum und weshalb und weswegen alles so ist und ich nicht so oder so fühlen sollte, mißachtest du meine Gefühle …
>
> Wenn ich dich bitte, «nur» *zuzuhören* und du sogleich mein Problem selbst lösen möchtest, hast du meinen Worten und der Botschaft dahinter nicht zugehört … Ich fühle mich von dir nicht geachtet, du übergehst meine Situation und meine Gefühle, die ich dir mitteilen möchte …

> Alles, warum ich dich bitte, ist «nur» *zuzuhören*. Wenn du sprechen willst, warte bitte 30 Sekunden, und dann verspreche ich dir, dir «nur» *zuzuhören* …

Die Fähigkeit des *bewußten Zuhörens* ermöglicht uns eine Erweiterung unserer Wahrnehmung, wenn wir auf folgendes achten:

- mit unserer Aufmerksamkeit vollkommen präsent bei dem Sprecher zu sein;
- Wertungen, eigene Theorien und besserwisserische Ratschläge bereits im Ansatz zu löschen und uns ganz und gar auf den Sprechenden einzustimmen;
- dem Sprechenden unsere mitfühlende Energie zu geben.

Wenn wir auf diese Weise zuhören, können wir auch wahrnehmen, was unser Gegenüber zwischen und hinter den Worten vermittelt. Gleichzeitig ermöglichen wir dadurch dem Sprechenden seine eigene Erkenntnis und Einsicht, die mit unserer eigenen gar nicht übereinstimmen muß. Wir machen ihm ein Geschenk – ein Geschenk, das während des Gebens unsere eigene Wahrnehmung erweitert.

Üben Sie sich wenigstens einmal täglich in der *Kunst des bewußten Zuhörens* unter Beachtung der drei Punkte.

*Die Fähigkeit des bewußten Zuhörens ermöglicht uns eine Erweiterung unserer Wahrnehmung: Das Hören und Fühlen einer Wahrheit, die hinter und zwischen den Worten verborgen ist.*

## Das Gift zerstörerischer Gedanken loslassen

Jeder Gedanke – ob positiv oder negativ – bildet eine unsichtbare mentale Form, die wie ein Bumerang zu uns zurückkehrt und sich früher oder später in irgendeiner Art und Weise in unserem Körper manifestiert.

Es gibt eine einfache Methode, mit krankmachendem, negativem Gedankengift umzugehen. Jedesmal, wenn Sie sich bei einem negativen Gedanken ertappen, holen Sie tief Luft. Während Sie ausatmen, stellen Sie sich vor, wie Sie dabei die negativen Gedankenformen, die sich in Ihrem Gehirn gebildet haben, wieder löschen.

**Gedanken – negativ oder positiv – sind unsichtbare *mentale* Formen. Früher oder später manifestieren sie sich in unserer *physischen* Form.**

Das mag am Anfang etwas ungewohnt und schwierig sein. Mit zunehmender Übung werden Sie sich wundern, wie oft Sie sich dabei beobachten, zweifelnde, abwertende und negative Gedanken zu formen. Immer müheloser gelingt es Ihnen, solche Gedanken bereits im Ansatz zu löschen. Mit der Zeit werden Sie ähnliche Gedankenformen auch bei Ihren Mitmenschen wahrnehmen können und – anstatt zu reagieren – sich mit der gleichen Übung davor schützen.

## Im Gleichgewicht sein

Häufig fällt es uns schwer, positive Impulse in die Tat umzusetzen. Wir bleiben Sklaven unserer Ideen, die aus dem «Schoß unseres Gehirns» geboren werden. Diese «Kopflastigkeit» bewirkt häufig, daß wir uns vom restlichen Teil unseres Wesens abschneiden. Vertieftes Körperbewußtsein im konkreten Handeln unter Einbeziehen unserer Gefühle ermöglicht es uns, den Kontakt zu unserem Körper mit all seinen Aspekten und die Verbindung zu uns selbst wiederherzustellen.

Sie können Ihr Gleichgewicht selbst überprüfen, indem Sie einmal am Tag Ihre Aufmerksamkeit auf folgende Fragen richten: In welchem Verhältnis stehen meine Gedanken, Gefühle, Worte und Handlungen zueinander? Was überwiegt und warum? Was sollte bewußter gelebt, was kann reduziert werden? Habe ich den Mut zur aufrichtigen Betrachtung, um mit der gewonnenen Einsicht ein Ungleichgewicht auszubalancieren?

## Inneres und äußeres Aufrichten

Lenken Sie Ihre Aufmerksamkeit mehrmals täglich auf die Haltung Ihrer Wirbelsäule. Bemerken Sie ein Aufrichten und Durchhängen im Wechselspiel mit Ihren Stimmungen, mit Ihrer augenblicklichen Vitalität oder Erschöpfung? Was teilt der «Stamm Ihres Lebensbaumes» Ihnen mit? Was geschieht, wenn Sie sich bewußt aufrichten? Was verändert sich, wenn Sie sich erlauben, auch einmal «durchzuhängen»? Was überwiegt: Ihre innere Aufrichtigkeit sich selbst und der Welt gegenüber oder eine starre Haltung? Was wollen Sie: mehr Disziplin oder mehr Loslassen? Wie ist die Harmonie zwischen Ihrer äußeren Aufrichtung und Ihrem inneren Aufrichtigsein? Spüren Sie diesen Fragen in Ihrem Inneren nach.

## Unsere Körpersprache verstehen lernen

Wenn Sie Ihre eigene Körpersprache und die anderer Menschen verstehen lernen wollen, beobachten Sie sich und andere ganz bewußt, mehrmals täglich. Wählen Sie Situationen, in denen der Körper echt und ursprünglich spricht: beispielsweise unter Zeitdruck, beim Wiedersehen oder

Abschiednehmen, bei Auseinandersetzungen im Büro oder in der Familie. Achten Sie bewußt auf Momente, in denen elementare, spontane Gefühle zum Ausdruck kommen: Glück, Freude, Ärger, Angst, Niedergeschlagenheit, Ungeduld, jede Art von Streß. Nehmen Sie dabei genau die Signale wahr, die Ihr Körper und andere Körper aussenden. Beobachten Sie auch, ob die Körperhaltung zur Stimme paßt. Seien Sie immer ein mitfühlender Beobachter. Auf diese Weise können Sie sehr viel über sich selbst und Ihre Mitmenschen erfahren.

*Aufrichtigkeit und wertfreie Selbsterkenntnis läßt uns auch unsere Mitmenschen wertfrei und mitfühlend erkennen und akzeptieren.*

## Unsere Sinne schärfen

Es ist unsere Aufmerksamkeit, die unseren Sinnesorganen erhöhte Präsenz und Lebendigkeit verleiht. Lenken Sie Ihre Aufmerksamkeit auf Ihre Hände und Finger, während Sie ein Buch zur Hand nehmen. Fühlen Sie die Beschaffenheit des Papiers, das Gewicht und die Form des Buches. Hören Sie gleichzeitig die Geräusche in Ihrer näheren und weiteren Umgebung. Spüren Sie Ihre Füße auf dem Boden. Sind sie kalt oder warm? Welche Farbe hat das Buch vor Ihnen?

Durch Ihre wachsende Aufmerksamkeit verfeinert und erweitert sich Ihre Wahrnehmung, so daß Sie Ihre Sinnesorgane in immer kürzerer Folge und schließlich gleichzeitig einsetzen können. Informationen aus der Außenwelt werden mit erhöhter Geschwindigkeit über Augen, Ohren, Nase und Haut ausgetauscht.

Wiederholen Sie diese einfache Übung regelmäßig. Sie trainieren so Ihr «Aufmerksamkeitsorgan» und treten nach und nach in Kontakt mit einer Intelligenz, die Sie wieder mit der tieferen Weisheit Ihres Körpers und Ihres Wesens verbindet.

## Rendezvous mit unserem Höheren Selbst

Beobachten Sie wenigstens einmal täglich, wie oft Sie zum Sklaven von Streß und Emotionen werden, die Sie selbst verursacht haben. Fragen Sie sich: *Wer* ist im Streß? *Wer* hat Angst? *Wer* gerät in Panik oder Wut? *Wer* ärgert sich? *Wer* ist traurig? *Wer* gerät in Zeitnot? *Wer* hat Schmerzen? *Wer* hat das verursacht? Ich selbst?

Nehmen Sie wahr, wo Sie im Körper, im Denken und im Atmen festhalten. Und immer wieder heißt es: Ausatmen und Loslassen!

Ihr Höheres Selbst, Ihre ICH-BIN-Essenz, ist niemals von Ihrer Alltagspersönlichkeit getrennt. Doch Sie verlieren sich immer wieder und trennen sich von Ihrer wahren Natur. Erlauben Sie sich öfters ein *Rendezvous mit Ihrem Höheren Selbst*, indem Sie sich daran erinnern und auch während Ihrer Alltagsaktivitäten fragen: Wer bin ich? Wer oder was reagiert aus mir? Sie werden sich wundern, wie leicht und mühelos Ihnen nach einiger Zeit vieles von der Hand gehen wird. Vielleicht erleben Sie sogar, wie Arbeiten und Tätigkeiten, die Sie für äußerst wichtig gehalten hatten, plötzlich überflüssig werden!

## Das Geheimnis des inneren Beobachters

Hier ist eine Methode für jeden Augenblick: eine Achtsamkeitsübung, mit deren Hilfe Sie Emotionen und Gefühle in Ihrem Körper aufspüren und auflösen können, bevor Sie sie auf Ihre Umgebung projizieren. Emotionale Situationen beim Autofahren, Diskussionen im Büro und in der Familie oder Warteschlangen im Supermarkt eignen sich besonders gut zum Üben. Jede Emotion, jedes Gefühl drückt sich über unseren Körper aus und lokalisiert sich an bestimmten Stellen.

Spüren Sie, an welcher Stelle Ihres Körpers sich das Gefühl – Ihre Wut, Ihre Angst, Ihre Traurigkeit, Ihr Streß – bemerkbar macht. Bleiben Sie mit Ihrer Wahrnehmung eine Weile in diesem Bereich. Lenken Sie sanft Ihren Atem und Ihre Aufmerksamkeit dorthin. Nach einiger Zeit des Trainierens können Sie beobachten, wie die Emotionen sich allmählich auflösen. Und nicht nur das: Sie können die Emotionen – bevor sie sich im Körper «einnisten» und «verdichten» und schließlich körperliche Beschwerden verursachen – bereits im Entstehen abfangen.

*Das Geschenk für ausdauerndes Achtsamkeitstraining ist der Kontakt zu einer übergeordneten Intelligenz, die uns mit der tiefen Weisheit unseres Körpers und mit der Wahrheit unseres Herzens verbindet.*

# 12 Vom «dichten» zum «lichten» Körper mit lebendiger Nahrung

*Die Nahrung ist ein Liebesbrief, den der Schöpfer an seine Geschöpfe schreibt und den wir entziffern müssen.*
*Wie aber können wir uns geliebt fühlen, geschweige denn andere lieben, wenn wir Seinen Geschenken weder Bewußtheit, noch Achtung und Dankbarkeit zurückgeben?*

AIVANHOV

Die Achtsamkeit im Umgang mit unserem Körper bezieht sich auch auf das, was wir zu uns nehmen – unsere Nahrung. Ich möchte daher in diesem Buch auch auf die Bedeutung *bewußter* Ernährung und *bewußten* Essens eingehen.

**Du bist, was du ißt.**

*Du bist, was du ißt* – und was du denkst. Jeder, der Veränderungen in seiner Welt bewirken will – sei es, weil er aus gesundheitlichen Gründen dazu gezwungen ist, oder weil er bemerkt, daß etwas in seinem Leben nicht stimmt – wird sich darum bemühen, seine Gewohnheiten zu ändern, insbesondere auch seine Ernährung.

Ich will hier weder einen neuen Diätplan vortragen noch den absoluten Vegetarismus proklamieren, sondern einige hilfreiche Tips und Anregungen mit Ihnen teilen, die ich selbst erfolgreich ausprobiert habe. Im Literaturverzeichnis finden Sie Hinweise auf weiterführende Informationen.

## Lebendige Nahrung für Körper, Seele und Geist

**Vitalstoffreiche Nahrung führt zu körperlicher Beschwingtheit und geistiger Klarheit.**

Immer wenn ich konzentriert an einem Projekt arbeite, nehme ich ausschließlich *lebendige Nahrung* zu mir, sonnengereifte, vitalstoffreiche Kost, die meinen Körper leichter und durchlässiger und meinen Geist klarer macht.

In der vitalstoffreichen Ernährung wird die *Qualität* der zugeführten Nahrungsmittel höher bewertet als die *Quantität*. Vitalstoffreiche Kost ist lebendige Nahrung aus frischen, rohen Lebensmitteln, die unverändert gegessen werden und die der Körper leicht verdaut und umsetzt. Der Mensch kennt sie seit Jahrtausenden. Je mehr Gespür wir wieder für bewußtes Essen entwickeln, desto mehr werden wir intuitiv nach solcher Kost verlangen.

Unter Berücksichtigung einer ausgewogenen Nahrungszusammenstellung beinhaltet das Wesentliche der Vitalkost folgende sonnengereifte Produkte: Obst und rohes Gemüse, Wildgemüse, Trockenfrüchte, Getreide, Samen, auch gekeimtes Getreide und Sprossen, Algen, Ölpflanzen. Auch die fermentativ veränderten Lebensmittel, die durch Milchsäuregärung gewonnen werden, zählen dazu. Diese wichtigen Grundnahrungsmittel enthalten alles, was wir brauchen, um uns körperlich leicht, beschwingt und geistig klar zu fühlen. Sie können auch einen stark geschwächten Organismus wieder regenerieren und aktivieren.

Die Wirkungen lebendiger vitalstoffreicher Ernährung auf Körper, Seele und Geist:

- *erhöhte Energie und rundherum körperliches Wohlbefinden*
- *ein gesunder, geschmeidiger, vitaler Körper*
- *körperlich-seelisch-geistige Leichtigkeit, Durchlässigkeit und Beschwingtheit*
- *Klarheit im Denken und Erkennen*
- *Steigerung der Abwehrkräfte*
- *Geschärfte Sinneswahrnehmungen*
- *Ausdehnung des Bewußtseins*
- *Entfaltung der geistigen Fähigkeiten*
- *seelisches und geistiges Wachstum*

Ich möchte Sie nicht davon überzeugen, sich ab sofort ausschließlich mit lebendiger Nahrung zu versorgen, noch Sie zu fanatischen Anhängern einer solchen Ernährungsweise zu machen. Jeder Mensch muß seine Ernährungsweise an seine persönlichen Bedürfnisse anpassen und dabei verschiedene Faktoren, vor allem seine Lebensweise und seine Entgiftungsfähigkeiten berücksichtigen. Im Laufe der Zeit werden Sie Ihre eigenen Erfahrungen sammeln und mehr und mehr Ihre Bewußtheit und Ihre Intuition benutzen, um die *Lebens*mittel herauszufinden, die speziell für Ihre Lebendigkeit, für Ihre körperliche, seelische und geistige Gesundheit und für Ihr Wohlbefinden geeignet sind. Dabei lernen Sie, Nahrungsmittel gefühlsmäßig danach zu unterscheiden, ob sie Ihrem Körper Energie zuführen oder ob sie ihm diese entziehen.

**Entfalten Sie Ihr Gespür, die für Sie geeigneten Lebensmittel herauszufinden. Lernen Sie zu unterscheiden, welche Nahrung Ihrem Körper Energie zuführt und welche ihm Energie entzieht.**

## Sonnenenergie essen und trinken

Die Nahrung, die wir zu uns nehmen, liefert nicht nur Energie in Form von Kalorien, sondern auch Aufbaustoffe zur Bildung von Gewebe, Blut und Knochen. Unser Gewebe braucht Eiweiß, um kräftig und geschmeidig zu bleiben. Drüsen und Organe benötigen verschiedene Vitamine, Mineralien und Spurenelemente, um ihre Leistungsfähigkeit zu erhalten. Billionen von Enzymen wirken als Katalysatoren im Körper und steuern so zahllose verschiedene Körperfunktionen. Unsere Körperchemie ist so komplex, daß wir sie kaum mit dem Verstand erfassen können – ein reines Wunderwerk schöpferischer Intelligenz.

Reine Nährmittel sind Lebensmittel voller essentieller Nährstoffe, wie sie von der Natur für uns bereitgestellt werden. Sie harmonisieren alle Funktionen unseres Körpers, versorgen uns mit ihrer Sonnen- und Lebensenergie. Darüber hinaus begünstigen sie die Reinheit unseres Körpers und beeinflussen unseren Körpergeruch über die Haut und die Ausscheidungen (Schweiß, Urin, Stuhl). Genauso bedeutend ist ihr Einfluß auf unser äußeres Erscheinungsbild (frischer Teint, Zähne, Haare, Nägel) und nicht zuletzt auf unseren Alterungsprozeß. Reine *Lebens*mittel, von Sonne, Licht und Erde genährt, versorgen jede Zelle unseres Körpers mit *Lebens*kraft. Hier eine kurze Beschreibung der wichtigsten reinen *Lebens*mittel:

*Frisches Gemüse und Früchte*
Obst und Gemüse sind kondensiertes Sonnenlicht. Wer Obst und Gemüse ißt, verbindet sich und seinen Körper mit Prana, dem Licht der Sonne, mit reiner Lebensenergie. Obst und Gemüse sind unsere besten Vitamin- und Mineralstoffquellen. Sie versorgen uns mit Enzymen, den biologischen Katalysatoren, die für fast alle Funktionen des Körpers benötigt werden. Die Enzyme aus frischen Produkten regen wiederum den Körper an, körpereigene Enzyme zu produzieren. Viele Enzyme, Vitamine und Mineralstoffe werden durch die Verarbeitung der Lebensmittel verändert, speziell durch hohe Temperaturen beim Kochen. Daher sind gekochte, eingemachte und tiefgefrorene Früchte und Gemüse zu vermeiden. Diese Nahrung enthält nur noch einen Bruchteil ihrer ursprünglichen Vitalstoffe. Rohes Gemüse enthält Vitamine, Mineralien, Enzyme und Ballaststoffe.

Ballaststoffe sind wichtig für die Verdauung, die Darmhygiene und den regelmäßigen Stuhlgang. Viele Krankheiten werden von einer zu trägen Verdauung begünstigt. Der regelmäßige Verzehr frischer Salate hilft, diesem Problem vorzubeugen. Grünes Blattgemüse enthält Chlorophyll, das die Körperzellen mit Sauerstoff versorgt und zugleich desinfizierend und antibakteriell wirkt.

Frisches Obst ist ein wundervolles Frühstück und eine ideale Zwischenmahlzeit. Es enthält Vitamine, Mineralien, Enzyme und Ballaststoffe. Obst hat eine reinigende Funktion und versorgt uns mit natürlichem Fruchtzucker, ein wertvoller Energielieferant. Die meisten Früchte brauchen zum Wachsen viel Sonne. Sie speichern also die Energie der Sonne, der großen Energiequelle unseres Planeten. Diese Vitalkraft geben sie an uns weiter. Wenn Sie frische, reife Früchte essen, stimuliert das ihre Lebenskraft und steigert Ihre Vitalität.

**Reine Lebensmittel – von Sonne, Licht und Erde genährt – versorgen jede Zelle unseres Körpers mit Lebenskraft. Sie harmonisieren alle Funktionen unseres Körpers.**

Je nach Veranlagung und Eßgewohnheiten vertragen einige Menschen einen höheren Anteil an ungekochten Lebensmitteln als andere. Gehen Sie also achtsam und bewußt vor, wenn Sie Ihre Ernährung umstellen, und sorgen Sie für einen behutsamen, allmählichen Übergang. Achten Sie dabei besonders auf Beschwerden wie Verstopfung oder Blähungen.

*Frische Säfte*

Frischgepreßte Säfte sind für Ihre Gesundheit ebenso wichtig wie frisches Obst und Gemüse. Solche Säfte sind einzigartige Nahrungsmittel. Sie enthalten in konzentrierter Form die gesundheitsspendende Essenz des Lebens. Sie sind voller natürlicher Vitamine, Mineralien, Enzyme und Fruchtzucker, werden schnell vom Körper aufgenommen und sind leicht verdaulich. Die Lebenskraft, die wir über frische Säfte aufnehmen, stimuliert unsere innere Chemie zur Höchstleistung: Schwache Verdauungsorgane werden verjüngt, blockierte Körperenergien werden frei für andere Aktivitäten. Es wurde beobachtet, daß frische Gemüsesäfte sogar noch mehr zur Steigerung der Lebenskraft beitragen als Obstsäfte, da sie mehr Mineralstoffe und Vitamine enthalten. Sie werden feststellen, daß Sie sich viel leichter, stärker und energievoller fühlen, wenn

Sie für einige Zeit eine Mahlzeit pro Tag durch frisches Obst oder frische Säfte ersetzen.

*Nüsse und Samen*

Nur wenige *Lebens*mittel sind so hochkonzentrierte Speicher vitaler Kräfte wie rohe Nüsse und Samen. Samen sind die Essenz, der innerste Kern des Pflanzenlebens. Sie enthalten den gesamten Bauplan für die Pflanzen. Im Reich der Pflanzen sind Nüsse und Samen der höchste Ausdruck von Sexualkraft und Fruchtbarkeit. Bekanntlich liefern Nüsse und Samen Vitamine, Mineralien, essentielle Fettsäuren und Proteine. Sie werden seit ältester Zeit in vielen Kulturen benutzt, um die Sexualkraft wiederherzustellen, zu erhalten und zu erhöhen.

Nüsse sollen nicht geröstet, sondern roh gegessen werden, denn das Rösten tötet die Enzyme, zerstört die Vitamine und macht die wertvollen Öle schwerer verdaulich. In rohem Zustand hingegen sind Nüsse lebendige Kraftspender. In richtiger Kombination versorgen uns Nüsse und Samen mit Eiweiß von höchster Qualität. Und Eiweiß ist unentbehrlich für den Aufbau von Gewebe, für die Abwehr von Krankheiten und zum Wiederaufbau des Körpers nach einer schweren Krankheit. Männer brauchen Eiweiß unter anderem für die Produktion von Sperma, das besonders reich an Eiweiß ist. Bei Frauen ist Eiweiß ein wichtiger Faktor für einen gesunden Menstruationszyklus. Nüsse und Samen sind besonders wertvoll für die Funktion der Nebennieren. Diese wiederum schützen den Körper vor Streß und Müdigkeit.

*Getreide*

Historisch gesehen ist Getreide das am weitesten verbreitete Grundnahrungsmittel. Weizen, Roggen, Hafer, Gerste, Dinkel, Reis, Hirse, Buchweizen und Mais sind unsere

«Kraftpakete». Das volle Korn ist eine kraftvolle Nahrung. Es ist zugleich Same und Frucht des langen Getreidegrases. Alles, was robuste, gesunde Pflanzen zum Wachsen brauchen, ist in den kleinen Körnern zu finden. Ebenso wie Nüsse und Samen sind Körner höchst fruchtbare Lebensmittel. Sie wachsen im Sonnenlicht und absorbieren eine enorme Menge an Sonnenkraft.

Die Intuition für das körpereigene Bedürfnis

*Wenn Sie sich bei jeder Mahlzeit daran erinnern, Ihr Gespür zu entwickeln, was für Ihren Körper gut ist und was nicht, werden Sie nach und nach die Impulse Ihres inneren Heilers besser verstehen lernen. Und Sie werden für sich eine Ernährungsweise zusammenstellen, die genau auf Ihre Bedürfnisse abgestimmt ist. Nutzen Sie also Ihre körpereigene Weisheit, und finden Sie heraus, was für Sie in Ihrer jeweiligen Situation, unter Berücksichtigung Ihres Alters, Ihrer Gesundheit und Ihrer seelisch-geistigen Verfassung optimal ist.*

Sie selbst sind verantwortlich für Ihre Gesundheit, für Ihr körperliches, seelisches und geistiges Wohlbefinden. Nehmen Sie sich Zeit bei der Auswahl der Nahrungsmittel und beim Essen. Erlauben Sie Ihrer Intuition durch *bewußte* Nahrungsaufnahme, sich zu entfalten. Ihre innere Stimme weiß noch immer am besten, was Ihrem Organismus gut tut – selbst wenn es einmal Junk food à la Mac Donalds sein sollte, weil Sie spüren, daß Sie das gerade jetzt unbedingt brauchen. Sofern Sie jeden Bissen bewußt und langsam kauen und diese Mahlzeit ohne Schuldgefühle genießen, ist das durchaus in Ordnung!

## Entgiftung – der Hauptschlüssel

Zu allen Zeiten, in allen Kulturen und in allen Ländern der Erde hat es Ärzte und Therapeuten gegeben, die übereinstimmend erkannt hatten, daß Krankheit eine *Ver*giftung des Körpers, des Denkens und des Fühlens darstellt und daß Heilung nur über den Weg der *Ent*giftung von Körper, Seele und Geĭst möglich ist. Diese Erkenntnis finden wir bei den Essenern, bei den Indern, bei Patanjali und in der Ayurvedischen Medizin, bei Buddha, Konfuzius, Laotse und in der gesamten chinesischen und tibetischen Medizin sowie in der Naturheilkunde des Mittelalters und der Neuzeit.

Wenn wir uns körperlich, seelisch und geistig im Gleichgewicht fühlen, dann sind wir beweglich und können ohne Dogmen und starre Disziplin unseren Alltag genießen. Ist unser Gleichgewicht gestört, gibt unser Körper Signale. Häufig sind es durch Vergiftung ausgelöste Symptome. Die aus dem gestörten Gleichgewicht resultierende Vergiftung und Verschlackung ist die Wurzel der meisten Krankheiten. Gesundheit bedeutet, mit der Natur und mit sich selbst in Einklang zu leben – das einfachste Prinzip, das überall auf der Welt gültig ist und auf alle Menschen dieser Erde zutrifft. Die Wiederherstellung des inneren und äußeren Gleichgewichts von Mensch, Natur und Kosmos ist die älteste Form aller therapeutischen Maßnahmen, die auch heute noch überall gültig ist. Wichtige Bestandteile dieses ganzheitlichen Gesundheitsverständnisses sind eine *bewußte Ernährung* und die regelmäßige Reinigung, *Entgiftung* und *Entschlackung* unseres Körpers, unserer Emotionen und unseres Denkens.

Der Körper ist unser wertvollster Lebensgefährte. In dem Maße, in dem wir ihm durch reine Ernährung Energie von außen zuführen und ihn von alten Toxinen entschlacken und befreien, werden auch unsere Seele, unser Gehirn und der in uns wohnende Geist von altem Ballast gereinigt und entschlackt.

Die beim Stoffwechsel produzierten Schlacken im Inneren des Körpers müssen ebenso ausgeschieden werden wie die von außen in den Körper eingeführten Gifte, und zwar über unsere Ausscheidungsorgane Lunge, Nieren, Blase, Leber und die Haut. Diese fünf Organe sind besonders anfällig für Krankheiten, die durch Vergiftung von innen sowie von außen ausgelöst werden. Dabei gibt es verschiedene Belastungsfaktoren: Bei der Lunge sind es die allgemeine Luftverschmutzung, Abgase, Rauch, psychischer Streß (blockiert die Atemorgane), mangelhafte Bewegung und unzureichende Sauerstoffzufuhr. Über die Leber, unsere wertvollste «Kläranlage», werden sämtliche Nahrungsmittel mit ihren Giften gefiltert, unter anderem weißer Zucker und andere raffinierte und denaturierte Nahrung. Tierische Fette im Übermaß, extremer Konsum von Alkohol, Kaffee und Tee sowie anderen Stimulanzien und alle chemischen Produkte belasten unsere Leber. Auch Nieren und Blase leiden unter chemischen Produkten und künstlichen, industriegefertigten Nahrungsmitteln sowie unter Wassermangel und zuviel Salz. Für den Darm gelten die gleichen Belastungsfaktoren wie für die Leber. Schwerverdauliche Speisen beeinträchtigen unser Denkvermögen. Chronische Verstopfung verhindert die Ausscheidung der Giftstoffe und bewirkt die Rückvergiftung des gesamten Organismus bis in die Zellen unseres Gehirns. Jede Vergiftung des Körpers und jede emotionale Störung beeinflußt unser Gehirn.

In allen großen Weltreligionen finden wir Zeiten, in denen dem Körper eine Ruhepause geboten wird – beispielsweise am Sabbat, zur Fastenzeit oder beim Ramadan. Diese Perioden ermöglichen dem Körper Erfahrungen von vollkommener Tiefenentspannung, Zufriedenheit und Leichtigkeit bis hin zu außergewöhnlichen spirituellen Erfahrungen. Da unsere heutige Kultur keinen festen rituellen Rahmen für diese notwendigen Ruhepausen bietet, sind wir aufgerufen, uns selbst zu helfen. In den vergangenen Jahren konnte ich immer mehr beobachten, wie positiv verschiedene Entgiftungsmethoden meine geistigen Fähigkeiten beeinflußt haben. Regelmäßige Entschlackungsperioden bewirken eine beachtliche Steigerung der Konzentration und des Gedächtnisses, erhöhte kreative und intuitive Fähigkeiten sowie eine schärfere Wahrnehmung unserer Sinnesorgane.

Entgiftungsmethoden helfen uns, verkrustete Konditionierungen und gesundheitsschädigende Gewohnheiten abzubauen, überholte mentale Programme aufzulösen und für Neues offen zu werden. Die Liste individueller Erfahrungen ist unerschöpflich. In den Hinweisen auf die weiterführende Literatur im Anhang finden Sie Informationen zu verschiedenen Entgiftungsmethoden. Stellen Sie sich Ihr persönliches Entschlackungsprogramm zusammen, und lassen Sie sich nicht entmutigen: Gesundheit und die Entfaltung von erhöhter Bewußtheit und Achtsamkeit lassen sich nicht mit harter Disziplin erzwingen. Sie sind das Resultat einer ständigen Anpassung, wobei das Gleichgewicht zwischen Flexibilität und Stabilität stets von neuem ausbalanciert wird.

## Darmreinigung und Gehirnhygiene

**Unser Darm und unser Gehirn stehen in unmittelbarer Verbindung.**

Ein gesunder Darm ist die Grundlage für einen gesunden Körper, für einen klaren Geist in einem genauso klaren Gehirn. Ähnlich wie ein Baum sich aus seinem Wurzelwerk ernährt und sich nur auf einem guten Boden gut entwickeln kann, während er auf einem schlechten Boden dahinkümmert und verfault, so muß sich auch der menschliche Körper ein gutes Wurzelwerk schaffen, um gesund und kräftig zu gedeihen. Die Krone des Baumes – Blätter, Blüten und Früchte – werden aus gesunden, fruchtbaren Wurzeln ernährt. Genauso verhält es sich mit unserem Körper: Unser Darm und unser Gehirn stehen in unmittelbarer Verbindung. Beide beeinflussen und bedingen sich gegenseitig. Denn so, wie in unserem Unterbewußtsein und in unserer Erinnerung unverdaute Brocken über Jahre gespeichert werden und uns psychisch und geistig belasten, liegen auch in unserem Darm vor sich hin gärende, faulende Essensreste und uralte verfestigte Kotsteine, die permanent unseren Organismus vergiften und entsprechende Emotionen und Gedanken in uns hervorrufen. Für mich gibt es zwischen den faulen Gärstoffen und harten Kotsteinen im Darm, den gärenden Emotionen in unserem Unterbewußtsein, unserer Trägheit und Energielosigkeit sowie den hartnäckigen giftigen Gedanken und verrosteten Konzepten in unserem Gehirn keinen wesentlichen Unterschied: Sie hängen eng zusammen, bedingen sich gegenseitig und sind tödliches Gift für Körper, Seele und Geist.

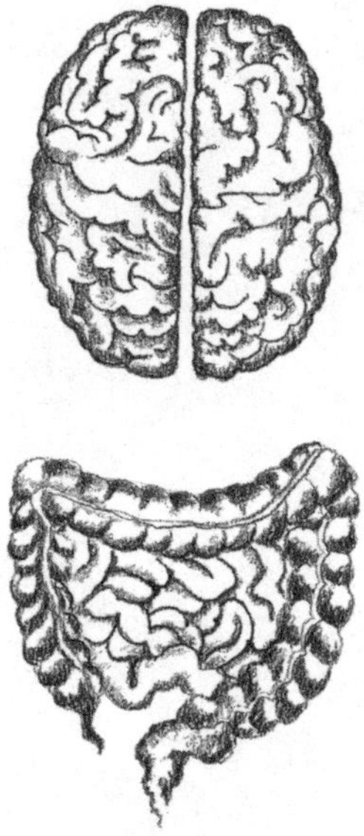

*Darmreinigung und Gehirnhygiene*

Unser Darm ist vielfältigen Belastungen ausgesetzt. Eine fehlerhafte Ernährung und Lebensweise, Umweltbelastungen, Nikotin, Alkohol und Medikamentenmißbrauch beeinträchtigen die Darmfunktion. Die regelmäßige Einnahme von Abführmitteln zerstört die Darmschleimhäute zusätzlich. Nehmen krankheitsfördernde Darmbakterien überhand, kann der lebensnotwendige Sauerstoff nicht mehr in ausreichender Menge ins Gewebe gelangen. Gift- und Abfallstoffe werden nicht genügend ausgeschieden. Es kommt zu einer Selbstvergiftung des Körpers, zu einer sogenannten Rückvergiftung, die bis ins Gehirn wirkt.

**Nur ein gesunder Darm kann lebenswichtige Vitamine, Spurenelemente und Mineralstoffe aufnehmen. Nur eine gesunde Schleimhaut ist fähig, krankmachende Gifte auszuscheiden.**

Wenn nämlich die Gifte des Dickdarms nach innen statt nach außen geleitet werden, leiden Leber, Haut, Lunge, Lymphsystem und Magen. Als Folge können sich die verschiedensten Beschwerden und Krankheiten einstellen.

Lokale Störungen und Entzündungen des Darms führen darüber hinaus zu einer erheblichen Minderung unserer Abwehrkräfte. Die Schleimhaut des Dickdarms ist das erste und wichtigste Verteidigungssystem gegen Giftstoffe. Nur ein gesunder Darm mit einer intakten Bakterienflora kann die lebenswichtigen Vitamine, Spurenelemente und Mineralstoffe aufnehmen und verwerten. Und nur eine gesunde Schleimhaut ist fähig, krankmachende Gifte auszuscheiden.

Bewußte Ernährung und eine regelmäßig durchgeführte Darmreinigung – beispielsweise mit Hilfe von Darmspülungen – beugen Krankheiten vor, kräftigen unser Immunsystem und steigern die Vitalität. Die positiven Wirkungen einer konsequenten Darmpflege sind unschätzbar, wie ich aus eigener Erfahrung weiß. Einmal pro Jahr unterziehe ich mich einer kompletten Darmreinigung und erlebe dabei jedesmal tiefgreifende Veränderungen im Körper, in der Psyche und im Geist; ähnlich wie während einer Fastenkur. Anschließend fühle ich mich wie neugeboren – leistungsfähiger, lebensfroher, dynamisch. Mein Körper ist leicht und schwerelos, der Geist ungewöhnlich klar.

Der Nährboden für Krankheit, Gebrechlichkeit, frühzeitiges Altern und Tod sind unser Gehirn und unser Darm. Daher sind Gehirnhygiene und Darmreinigung unerläßlich für unser Wohlbefinden, unsere Gesundheit und Lebensfreude.

*Die Reinigung unseres Gehirns vom krankmachenden Gift unserer negativen Gedanken, von Trägheit, Energielosigkeit und Unbewußtheit und die Reinigung unseres Darms von tödlichen Giften und faulen Gärstoffen beugen Krankheit vor und führen zum Wiedergewinn und Erhalt unserer Gesundheit, zu Vitalität, Verjüngung und Langlebigkeit.*

## Zehn Tips für bewußtes Essen

*Was* wir essen ist wichtig – aber nicht weniger wichtig ist, *wie* wir essen. Denn die Verwertung der Nahrung, die wir in uns aufnehmen, hängt in hohem Maße davon ab, wie bewußt oder unbewußt wir essen.

**1. Essen Sie in Ruhe!**
Wenn Sie gestreßt oder nervös sind, warten Sie lieber, bis Sie sich entspannt fühlen, sonst belasten Sie mit dem Essen nur Ihre Verdauungs- und Ausscheidungsorgane. Diese haben durch Streß, Umweltverschmutzung und Emotionen wie Angst und Aggressionen ohnehin eine Menge Toxine zu verkraften.

**2. Nehmen Sie innerlich Kontakt mit der Nahrung auf, bevor Sie zu essen beginnen!**
Besinnen Sie sich kurz darauf, woher Ihre Nahrung kommt und wie sie auf Ihren Teller gelangt ist.

**3. Kauen Sie den ersten Bissen besonders bewußt, gut und lange!**
Dadurch werden die Verdauungssäfte in Gang gesetzt. Wenn Sie viel Zeit haben, kauen Sie jeden Bissen so lange und bewußt wie möglich. Darüber hinaus aktivieren die Kaubewegungen Ihre Gehirnfunktionen.

**4. Benutzen Sie Ihre fünf Sinnesorgane beim Essen!**
Essen Sie mit Augen, Ohren, Nase, Zunge und Haut. Sie werden erstaunt sein, wie sich plötzlich Ihre Wahrnehmung erweitert.

**5. Kauen Sie gründlich!**
Gründliches Kauen entlastet Magen und Darm. Das Zahnfleisch wird belebt und durchblutet, Kiefer und Kiefermuskulatur können entspannen und sich lösen. Sie werden Ihre Nahrung intensiver schmecken, und Ihr Hunger kann mit der Hälfte der Nahrung gestillt werden.

**6. Trinken Sie zu den Mahlzeiten so wenig wie möglich, am besten gar nichts!**
Die Verdauungssäfte, die die Nahrung aufschließen, werden durch Getränke verdünnt. Und das verhindert, daß die Nahrung richtig verdaut wird.

**7. Vermeiden Sie Überessen!**
Unser Körper benötigt nur eine bestimmte Menge an Nahrung. Spüren Sie genau hin: Ihr Körper gibt Ihnen immer zum richtigen Zeitpunkt das Stoppsignal. Überhören Sie es, belasten Sie nur unnötig Ihre Organe.

**8. Essen Sie bewußt!**
Vermeiden Sie es, die Nahrung unbewußt in sich hineinzuschaufeln, während Sie fernsehen, Radio hören, lesen,

Diskussionen austragen oder aber Probleme in Ihrem Kopf wälzen. Nehmen Sie Farben, Formen und Geruch von dem Essen auf, das vor Ihnen steht. Das sind nämlich auch Energien, die unseren feinstofflichen Körper nähren.

**9. Genießen Sie, was Sie essen!**
Ob Sie nun reine, natürliche Lebensmittel zu sich nehmen oder gelegentlich auch mal Junk food – genießen Sie jede Mahlzeit ganz bewußt. Sie schaden sich selbst, wenn Sie sich einreden oder von anderen einreden lassen, daß das, was Sie gerade essen, ungesund ist und Sie krank oder dick macht. Erinnern Sie sich an die Macht Ihrer Gedanken und an die Kraft Ihrer Worte!

**10. Lassen Sie Essen und Meditation eins werden!**
Wenn Ihnen das gelingt – auch nur einen Moment lang – wird Ihr ganzes Dasein mehr und mehr zur «gelebten Meditation» im Alltag werden.

*Die Art und Weise, was und wie wir essen, spiegelt die Bewußtheit und Wertschätzung für uns selbst und für die Schöpfung wider.*

## Zwölf praktische Tips für einen «lichten» Körper

- Übergewicht vermeiden
- Leichtverdauliche «lebendige Nahrung» essen, viel frisches Obst, Sprossen und Getreide, sonnengereift und falls möglich, biologisch; Nüsse und Samen ungesalzen
- Täglich sechs bis acht Gläser klares, reines Wasser (gefiltert oder stilles Mineralwasser) trinken

- Zu Beginn jeder Jahreszeit – Winter, Frühling, Sommer, Herbst – jeweils drei Entschlackungstage einplanen, während dieser Zeit Alkohol, Kaffee und Zigaretten meiden
- Regelmäßig für körperliche Bewegung sorgen, dreimal wöchentlich mindestens zwanzig Minuten schnelles Gehen in sauberer Luft
- Bewußt atmen, täglich mindestens dreimal zwanzig tiefe Atemzüge an frischer Luft nehmen
- Regelmäßig für geistige Aktivität sorgen (erhebende Literatur, anregender Gedankenaustausch, gute Filme …)
- Offenheit und Bereitschaft für Neues zeigen
- Krisen und Krankheit als Möglichkeit zur «Horizonterweiterung» erkennen und akzeptieren
- Kommunikations- und Kontaktfreudigkeit pflegen, Weltoffenheit zeigen
- Anpassungsfähig bleiben
- Regelmäßig Zeit für Entspannung und Meditation einplanen

# 13 Vergebung, das letzte Geheimnis

*Ich habe gut und böse gekannt,*
*Sünde und Tugend, Recht und Unrecht.*
*Ich habe gerichtet und bin gerichtet worden.*
*Ich bin durch Geburt und Tod gegangen,*
*Freude und Leid, Himmel und Hölle.*
*Und am Ende erkannte ich,*
*daß ich in allen bin und alles in mir …*

HAZRAT INAYAT KHAN

## Befreiung von den Fesseln der Vergangenheit und Zukunft

Vor einigen Jahren verbrachte ich einige Zeit im *Center for Attitudional Healing* in Tiburon, Kalifornien, das von Dr. Gerald Jampolsky gegründet wurde. Kranke und deren Angehörige, aber auch Gesunde finden dort praktikable Wege zur Selbsthilfe in Krisenzeiten. Ich befand mich selbst gerade in einer inneren und äußeren Umbruchsituation. Während dieser Zeit nahm ich an einem Workshop teil, bei dem Kranke und Gesunde sich gegenseitig als Lernende und Lehrende begegnen. Die meisten Kranken litten unter lebensbedrohenden Krankheiten wie AIDS oder Krebs, oder waren von Alkohol, Medikamenten oder Drogen abhängig. Es gab auch Teilnehmer mit schwersten psychischen Störungen bis hin zu geistiger Verwirrung – Opfer ihrer Eltern und Vorgesetzten, mißhandelt und sexuell mißbraucht als Kinder und Abhängige. Unter den Anwesenden waren sogar einige «Täter», gerade aus der Haft entlassen.

Wir waren über hundert Teilnehmer und aus allen Staa-

**Vergebung ist der wichtigste Schlüssel zu innerer Freiheit und dauerhaftem Frieden.**

ten der USA, aber auch aus Afrika, Europa und Asien zusammengekommen, um uns in diesen zeitlosen Prinzipien der Selbstheilung – frei von jedem Dogma, unabhängig von jeder Religion und ohne starres System – praktisch und theoretisch fortzubilden. Das Thema war *Vergebung*: Vergebung als letzter und wichtigster Schlüssel zu innerer Freiheit, als Brücke zur Gesundheit, als einzige Möglichkeit zu dauerhaftem innerem Frieden und bedingungsloser Liebe. Vergebung ist für uns Menschen eines der schwierigsten Themen überhaupt, und doch ist das Nichtvergeben-Können Ursache der meisten Krankheiten und Verbrechen. Vergebung bedeutet auch, sich selbst zu vergeben. Dann fällt es uns leichter, auch anderen zu vergeben.

Auf dem Workshop haben wir erfahren, daß dauerhafte innere Freiheit und Frieden nur durch Vergebung möglich ist. Die Ursache aller Krankheiten ist Angst oder Aggression, entstanden aus Schuldgefühlen oder Schuldzuweisungen. Dahinter verbirgt sich Liebe, die Essenz unseres wahren Wesens. Doch ohne uns aus den negativen Fesseln der Vergangenheit – wie massiv auch immer diese sein mögen – und der daraus resultierenden Angst vor der Zukunft zu befreien, können wir niemals in den Raum innerer Freiheit zurückkehren. Jampolsky erklärt diesen Zusammenhang wie folgt:

**Ein Mensch, der nicht vergeben kann, bleibt gefesselt an die Vergangenheit. Er kreiert die Zukunft aus den Erfahrungen seiner Vergangenheit.**

> Vergebung ist das einzige wirklich dauerhafte Medikament, das alle Krankheiten heilen kann. Vergebung ist die wirkungsvollste Medizin, uns von schweren Ängsten und tiefen Schuldgefühlen zu befreien, uns von verdammenden Urteilen, aus verhärtender Verbitterung und Groll zu lösen. Wenn wir Groll in uns nähren, wird gleichzeitig Angst in unserer Psyche aktiviert. Wir werden zu Gefangenen unserer selbst. Ein Geist, der nicht

vergessen kann, ist verwirrt, verbittert, voller Aggressionen und Ängste. Er ist sich der Rechtmäßigkeit seines Ärgers und der Richtigkeit seiner urteilenden Bewertung sicher. Der nicht vergebende Geist lebt starr in der Vergangenheit. Er sträubt sich gegen Veränderung. Er sieht die Zukunft wie die Vergangenheit. Er kreiert die Zukunft aus den Erfahrungen der Vergangenheit, an der er noch immer haftet und die er nicht loslassen will. Daher begibt er sich mehr oder weniger bewußt immer wieder in dieselben Situationen. Der nicht vergebende Geist sieht sich selbst immer als unschuldig und andere als schuldig. Er ist geprägt von Besserwisserei und Rechthaberei … Und das bewirkt alle möglichen lebensbedrohenden Krankheiten, Abhängigkeiten und genauso lebensbedrohliche Süchte.

## Die heilende Wirkung der Vergebung

In einer der Übungen ging es um Loslassen und Vergebung im Umgang mit Sterbenden und deren Angehörigen. Ich machte dabei eine Erfahrung, die noch heute mein Leben und meinen Alltag weitgehend beeinflußt. Wir waren aufgeteilt in Kleingruppen zu je acht Personen. In meinem Team wollte niemand die Rolle des Sterbenden übernehmen. Ich war noch immer im Jetlag, fühlte mich erschöpft und gleichzeitig aufgewühlt von den dramatischen Lebensgeschichten der Teilnehmer. Daher glaubte ich, mich als Todkranke und Sterbende, auf der Matratze liegend, etwas ausruhen zu können.

Ich lag in der Mitte, umgeben von sieben Personen, von denen jede eine andere Rolle vertrat – Familienmitglieder, Menschen, die mich zutiefst verletzt hatten und solche, die ich verletzt hatte. Nach einer Weile rutschte ich plötzlich in einen Erfahrungsraum, den ich in dieser Intensität noch nie erlebt hatte. Mein Körper wurde schwereloser, weiter und weiter. Ich dehnte mich aus, alles wurde heller. Und auf einmal war ich mit meinem Bewußtsein in den Körpern meiner «Mitspieler». Ich wußte genau, was in jedem von ihnen vorging, wie sie in ihrer Seele wirklich zu mir standen. Ich war mit allen verbunden, sie waren in meinem Bewußtsein, ein Teil von mir. Einige Augenblicke lang gab es nonverbale gegenseitige Eingeständnisse, die wir auf der Seelenebene längst wußten. Dann glitt ich immer tiefer, in eine wunderbare Dimension: Es war ein Raum, in dem es gar nichts mehr zu vergeben gibt, in dem weder Opfer noch Täter, weder Angst noch Aggression, weder Schuld noch Schuldgefühle existieren. Plötzlich erkannte ich: Schuld und Sühne, Schuldzuweisungen und Schuldgefühle – all das ist eine Schöpfung von mir selbst, geboren in meiner *persönlichen* Welt. Verborgen in den dunkelsten Kammern meines Gehirns, im Käfig meines Herzens lagern diese Gefühle als große schwarze Knoten, wie unsichtbare dicke Krebsgeschwüre, die ich ein Leben lang weder preisgeben noch loslassen konnte. Der Raum aber, in dem ich mich jetzt befand, ist völlig unberührt davon. Dort gibt es keine Ängste, keine Trauer um den Verlust des Sterbenden, weil dort kein Tod existiert, nur unendlicher Frieden und Weite, eine tiefe, satte Glückseligkeit.

Wie aus weiter Ferne hörte ich die Worte meiner Mitspieler, während ich innerlich gleichzeitig mit ihnen eng verbunden war. Einige weinten, ihre Tränen waren echt. In mir hörte ich eine Stimme, klar und deutlich: «In dieser Welt, aber nicht mehr von ihr … nur aus dieser Welt heraus kannst du dich selbst und jeden, der dort eintaucht, für immer heilen.» In einer völlig veränderten Stimme hörte ich mich zu den anderen sagen, daß nichts zu vergeben sei.

Es war und wird auch nie etwas zu vergeben sein. Denn dort, wo ich mich jetzt befand, ist bereits alles für immer vergeben. Schuldgefühle, Trauer und Angst vor Verlust und Tod sind nur ein Schatten von dem, was wir wirklich sind. Diese Schatten hindern den Sterbenden und auch alle Lebenden, den Raum zu betreten, wo es nur Frieden, Freiheit und Liebe gibt. Die Schatten halten uns zurück, *nach Hause* zu reisen, in *unser* Zuhause in der Tiefe unseres Herzens. Dort können wir uns mit Menschen aus aller Welt – egal welcher Rasse, ob Feind oder Freund – verbinden. Es ist jene überpersönliche Dimension, die in der Tiefe eines jeden von uns immer und überall präsent ist als unsere reine Essenz – ob Opfer oder Täter, ob gesund oder krank. Vergebung ist die einzige Möglichkeit, unsere persönlichen Schatten zu erkennen, zu durchschauen, zu akzeptieren und uns dadurch aus unseren Verstrickungen zu befreien.

Bedauernd stellte ich fest, daß meine Mitspieler in diesem Augenblick diese Erfahrung nicht mit mir teilen konnten, weil sie – so wie auch ich vor kurzer Zeit noch – in der Identifikation mit ihren persönlichen Schatten gefangen waren. Ich hatte erfahren, daß mein innerster Raum heil ist. Mit diesem Wissen kann ich mich und andere jederzeit als gesunde Wesen betrachten. Trotz körperlicher und seelisch-geistiger Schmerzen (manchmal gerade deshalb!) ist es mir möglich, die Tür zu meinem innersten Wesen zu öffnen und mich mit meiner wahren Essenz zu verbinden. *Vergebung* ist der Schlüssel zum letzten und wichtigsten Schloß, um die Schwelle vom Persönlichen zum Überpersönlichen zu überwinden.

**In jedem Menschen gibt es einen Raum, in dem weder Opfer noch Täter, weder Schuld noch Sühne existieren.**

Unsere Schuldgefühle und Schuldzuweisungen, die Trennungs- und Verlustängste, mit denen wir uns immer wieder identifizieren, hindern uns daran, in diesen Raum einzutauchen. Dabei geht es um die größte aller Künste:

**Vergebung ist das einzige wirkliche Medikament, das Krankheiten dauerhaft heilen kann. Sie ist die wirkungsvollste Medizin, uns von schweren Ängsten und tiefen Schuldgefühlen zu befreien.**

die Lebenskunst, alle Situationen, die uns unsere Seele präsentiert, als Lernerfahrungen anzunehmen, mit einer inneren Haltung der Vergebung, ohne uns selbst und andere im Alltag pausenlos zu bewerten und zu verurteilen. Es geht darum, Schuld nicht mehr ausschließlich in unserer Umwelt und bei unseren Mitmenschen zu suchen, sondern äußere Erfahrungen und Situationen als Spiegel unserer Gedanken und Gefühle zu erkennen und zu akzeptieren und die entsprechende Eigenverantwortung dafür zu übernehmen. Dann läßt sich jeder Augenblick als eine Gelegenheit zur Neuwerdung erleben, als eine Möglichkeit zur «Wiedergeburt» innerhalb unseres physischen Körpers, bis wir schließlich den Zugang zu unserer innersten heilenden Quelle wiederentdecken. Jene Quelle ist größer als unsere individuelle Persönlichkeit, größer als jede Meinung, die wir über uns, unsere Mitmenschen und unsere jeweiligen Situationen haben: Sie ist die größte Kraft, die es gibt, das letzte Geheimnis – vom überschatteten Leben zum wirklichen Leben, von der selbstverursachten eigenen Gefangenschaft in die erlösende Freiheit. Vergebung ist der Weg zu ihr.

*Die Geburt ist nicht ein augenblickliches Ereignis,*
*sondern ein dauernder Vorgang.*
*Das Ziel des Lebens ist es, ganz geboren zu werden.*
*Seine Tragödie ist,*
*daß die meisten Menschen sterben,*
*bevor sie wirklich geboren sind.*
*Zu leben bedeutet, jede Minute geboren zu werden …*

ERICH FROMM

## Wirkungsvolle Vergebungsrituale

*Jenseits von Gut und Böse gibt es einen Raum.*
*Dort will ich Dir begegnen …*
HAZRAT INAYAT KHAN

Wertvolle Vergebungsrituale können Ihnen helfen, Ihrem letzten und tiefsten Geheimnis – Ihrem unbegrenzten Wesen, Ihrem Ursprung – näherzukommen: DAS, was durch uns und aus uns geboren werden möchte, immer wieder neu, die Essenz unseres Lebens, die durch uns und durch alle Lebewesen verkörpert und in der Welt verwirklicht und gelebt werden möchte. Wählen Sie die Vergebungsrituale aus, die für Sie in Ihrer jetzigen Situation angemessen sind.

Beginnen wir mit unseren Eltern. Es gibt einen Unterschied zwischen dem, was wir in der Tiefe unseres Herzens wünschen, und dem, was wir tatsächlich zu verwirklichen bereit sind. In dieser Übung geht es darum, die Kluft zwischen unseren Sehnsüchten und der Fähigkeit, diese zu verwirklichen, zu überbrücken. Diese Kluft kann heißen: «Ich will nicht» – «Ich kann nicht.» – «Es geht einfach nicht.» – «Ich bin es nicht wert.» Doch es gibt einen Weg, diese Hindernisse zu überwinden: *Die Aussöhnung mit unserem Vater und mit unserer Mutter.*

Es müssen nicht unbedingt unsere leiblichen Eltern sein, sondern jene Vater- und Mutterfigur, die die ersten Jahre unseres Lebens wesentlich beeinflußt haben. Ideen, schöpferische Impulse und Inspirationen zu empfangen entspricht dem weiblichen Prinzip. Die Schlüsselfigur zu unserer Fähigkeit und Bereitschaft, zu empfangen, anzunehmen und uns hinzugeben ist unsere Mutter. Schöpferische Impulse im Leben zu verwirklichen, unsere Kreativität sichtbar und erfolgreich umzusetzen, ist ein männlicher

Akt. Wenn beide Qualitäten im Gleichgewicht sind – Empfangen und Verwirklichen des Empfangenen –, leben wir in Harmonie. Das ist jedoch bei den wenigsten Menschen der Fall.

**Vergebung ist der Schlüssel, unseren persönlichen Schatten zu erkennen, zu akzeptieren und uns aus seinen Verstrickungen zu befreien.**

Als Kind empfinden wir noch bedingungslose Liebe und absolutes Vertrauen zu unserer Mutter und unserem Vater. Der Vater ist der erste Mann, die Mutter die erste Frau, die wir in unserem Leben geliebt haben. Irgendwann handelten sie so, daß dieses heile Bild mehr oder weniger gestört, ja sogar verletzt wurde. Es veränderte sich entsprechend unseren Verwundungen und dem damit verbundenen Schmerz. Der Schmerz und die Enttäuschung können manchmal so heftig und unerträglich gewesen sein, daß wir beides verdrängt haben, abgeschoben in unser Unterbewußtsein. Genauso haben wir das ursprüngliche, das heile Bild unserer Eltern verdrängt. Wir haben es durch ein Bild aus der Summe unserer schmerzhaften Kindheitserinnerungen ersetzt, die bis heute in unseren Zellen gespeichert sind. Gleichzeitig haben wir unseren Eltern die Anerkennung entzogen. Solange wir uns mit diesen negativen Bildern in unserem Inneren nicht aussöhnen, bleiben sie als Programme in uns, gespeichert wie in einem Computer. Sie können in unserem Körper, in unserer Seele und in unserem Denken erhebliche Störungen verursachen, deren Wirkung sich meistens in unserer Gesundheit, aber auch in wiederholten Konfliktsituationen in unseren Beziehungen zeigt.

Diese Störungen vergleiche ich mit unserem persönlichen «unerlösten Schatten», der in unterschiedlicher Weise auf sich aufmerksam macht und seine Erlösung oder seine Integration fordert. Der Schatten versteht es, sich gut zu tarnen. Er tritt beispielsweise gern in Gestalt von Personen auf, die von *außen* in unser Leben treten, um in unseren alten, tiefen, noch nicht ausgeheilten *inneren* Wunden herumzustochern. Zunächst verbirgt er sich vielleicht unter dem Deckmantel der Liebenden oder der Geliebten, der besten Freundin, des vertrauten Berufskollegen. Träte der Schatten unverhüllt in unser Leben, würden wir sofort weglaufen, soweit uns unsere Füße tragen. Später, wenn wir es am wenigsten erwarten, weil die ursprüngliche kindliche Vertrauensbasis wiederhergestellt ist, offenbart uns der Schatten plötzlich sein wahres Gesicht.

**Unser Schatten versteht es gut, sich zu tarnen – in unserer Außen- und in unserer Innenwelt.**

Was tun in unserer ersten Reaktion? Wir entziehen dem Lebens- oder Liebespartner, der besten Freundin oder dem Berufskollegen die Anerkennung und machen sie verantwortlich für unseren Schmerz. Damit meine ich unseren persönlichen Schmerz – jenen unerlösten Schmerz, den wir seit unseren Kindheitstagen in uns tragen und festhalten. Es ist derselbe Schmerz, derselbe unerlöste Schatten, der uns in unterschiedlichen Formen – beispielsweise als unterdrückte Wut, Angst, Verzweiflung oder Eifersucht – von innen annagen und auffressen kann und zwar körperlich, seelisch und geistig. Er kann uns von *außen* aber auch von *innen* «heimsuchen» oder in Form von Krankheiten. Krebserkrankungen treten häufig auf, wenn der Kranke unter starken Schuldgefühlen leidet, verbittert dem Leben gegenüber ist und Schwierigkeiten hat, sich selbst und anderen zu vergeben. Der Schatten kann uns aber auch über Depressionen und Angstneurosen bis hin zu schweren Psychosen sein Dasein signalisieren. Je weniger wir unserem Schatten begegnen wollen, desto unberechenbarer und heftiger kann er auf sich aufmerksam machen.

**Je mehr wir die Konfrontation mit unserem Schatten vermeiden, desto heftiger und unberechenbarer kann er sich zeigen.**

Wie aber können wir uns mit unserem eigenen Schatten vertraut machen und sogar anfreunden, nachdem wir durch schmerzhafte Erfahrungen erkannt haben, daß es uns nicht gelingt, «über ihn zu springen»?

*Eine der erfolgreichsten Methoden, unserem Schatten zu begegnen, ist die Aussöhnung mit unseren Eltern, ob sie noch am Leben sind oder nicht. In jedem Fall leben sie in unserem Inneren weiter. Die Aussöhnung, das heilende Ja, kann nur in und durch uns geschehen.*

## Das heilende Ja – Aussöhnungsbrief an die Eltern

Diese Schreibmeditation ist eine äußerst wirkungsvolle Übung:

1. Nehmen Sie sich mindestens eine Stunde Zeit, um je einen Brief an Ihre Mutter und Ihren Vater zu schreiben – vielleicht die zwei wichtigsten Briefe in Ihrem Leben. Beginnen Sie mit dem Vater. Die Vaterfigur symbolisiert das Schöpfungsprinzip, Ihre Fähigkeit, Ihre Kreativität nach außen zu tragen und in der Welt zu verwirklichen. In dieser Übung vergegenwärtigen Sie sich das Bild Ihres Vaters oder jener Männerfigur, die die ersten Jahre Ihres Lebens wesentlich beeinflußt und geprägt hat. Schalten Sie alle äußeren Störfaktoren ab. Vielleicht möchten Sie eine Kerze anzünden – eine rituelle Geste zur Vorbereitung, die Ihnen die Konzentration erleichtert. Richten Sie dann Ihre Aufmerksamkeit nach innen. Er-*innern* Sie sich an das Bild Ihres Vaters, das Sie von ihm haben. Visualisieren Sie Ihren Vater als Ihr Gegenüber, verdeutlichen Sie sich sein Äußeres, seine Kleidung. Wenn es Ihnen gelingt, schalten Sie alle Ihre Sinne «auf Empfang»: Hören Sie seine Stimme, die Worte, die er immer zu Ihnen sagte. Vielleicht können Sie sich an seinen Geruch erinnern, an seine Eigenarten?

**Unsere Vaterfigur symbolisiert das Schöpfungsprinzip, die Fähigkeit, unsere Kreativität nach außen zu tragen und in der Welt zu verwirklichen.**

2. Wenn Sie bereit sind, beginnen Sie zu schreiben. Schreiben Sie Ihrem Vater alles, was Sie ihm bisher verschwiegen haben, und teilen Sie ihm mit, was Sie ihm schon immer sagen wollten, was Sie aber nie zu sagen wagten, aus Angst, seine Liebe zu verlieren. Schreiben Sie aus der Tiefe Ihres Herzens. Lassen Sie sich Zeit: Sie werden sich wundern, was da alles an verschütteten Erinnerungen und Gefühlen hochgespült werden kann.

**Schreiben Sie aus der Tiefe Ihres Herzens.**

3. Erlauben Sie sich eine kurze Pause zum Nachspüren. Achten Sie aber darauf, nicht allzu lange in der Opferrolle zu verweilen oder sich möglicherweise sogar von neuem mit ihr zu identifizieren. In dieser Übung geht es um Befreiung: Nur wenn Sie hundertprozentig bereit sind, Ihre Opferrolle abzulegen, kann dieses Ritual wirken. Schreiben Sie anschließend alles auf, was Sie an Ihrem Vater geliebt haben. Lassen Sie ganz bewußt diese positiven Erinnerungen und Gefühle in Ihrem Inneren aufsteigen. Nehmen Sie sich auch hierfür Zeit.

4. Reflektieren Sie darüber, welche Erkenntnisse und welche positiven Einsichten Sie letztlich aus Ihren Verletzungen und schmerzhaften Erinnerungen gewinnen konnten. Vergegenwärtigen Sie sich, wie diese Verletzungen Ihr Verhalten und Ihr Leben zum Guten beeinflussen können und dies bereits auch schon getan haben. Dieser Übungsteil kann Ihnen anfangs schwierig erscheinen. Schreiben Sie Ihrem Vater trotzdem alles, was Ihnen dazu einfällt, auch wenn es nicht einfach ist. Es kann sein, daß Sie diesen Teil mehrmals wiederholen müssen, bis Sie innerlich wirklich bereit sind, Ihren Vater auch für sein negatives Verhalten zu akzeptieren. Solange Sie Ihrem Vater nicht wirklich die Anerkennung und Zuneigung zurückgeben, die Sie ihm als verwundetes Kind entzogen haben, werden Sie Ihr negati-

ves Männerbild nicht erlösen können. Und damit bliebe auch der Fluß Ihrer Kreativität blockiert und Ihre Fähigkeit, diese sichtbar und erfolgreich in der Welt zu verwirklichen.

*Mit diesem Brief geben Sie Ihrem Vater und damit sich selbst Ihre Anerkennung, Ihre Zuneigung, Ihre Akzeptanz und Liebe zurück. Sie machen sich selbst und Ihrem Vater das größte Geschenk:*

*Das heilende JA zu allem, was war,*
*zu allem, was ist …*
*Es ist das befreiende JA zu Ihrem Leben!*

Schritt vier hilft Ihnen, sich aus der ewigen Opferrolle zu befreien und Eigenverantwortung zu übernehmen. Doch Vorsicht – setzten Sie sich nicht unter Druck! Wenn Sie nicht sofort zum Ja bereit sind, üben Sie sich in Geduld. Erlauben Sie sich zunächst ohne Schuldgefühle das Nein, und üben Sie von Zeit zu Zeit weiter: Irgendwann, anfangs noch zaghaft, wird das befreiende, *heilende Ja* aus Ihrem Herzen zu strömen beginnen.

5. Fertigen Sie anschließend folgende Liste: Auf der linken Seite führen Sie alle negativen, auf der rechten alle positiven Eigenschaften Ihres Vaters auf. Suchen Sie dann auf jeder Seite eine Eigenschaft aus, die Sie innerlich am tiefsten berührt oder diejenige, mit der Sie am wenigsten zu tun haben wollen, die Sie für sich ablehnen. Haben Sie den Mut, die Bereitschaft und die Aufrichtigkeit, dieselben Eigenschaften in Ihrer eigenen Persönlichkeit aufzuspüren, sie dort wiederzuentdecken? Wenn ja, können Sie diese Qualitäten akzeptieren, ohne sich für die negative Seite zu

schämen, zu verurteilen oder gar schuldig zu fühlen? Auch das läßt sich üben! Sagen Sie ganz einfach innerlich *JA* zu sich selbst. Wiederholen Sie das *JA*, sooft Sie sich daran erinnern, bis Sie wirklich liebevoll akzeptieren können, daß es jetzt so ist, aber nicht immer so bleiben muß.

Punkt fünf kann mit jeder beliebigen Person – männlich oder weiblich – geübt werden, mit der Sie zu verschiedenen Zeiten schwierige Konfliktsituationen durchleben. Abschließend wäre es gut, den Brief an Ihren Vater einer vertrauten Person vorzulesen und mit ihr über Ihre bevorzugten Eigenschaften zu sprechen.

Wiederholen Sie diesen Brief (besonders Punkt vier!) so oft, bis Sie Ihrem Vater gegenüber wirklich friedvolle, harmonische und liebevolle Gefühle empfinden können. Es lohnt sich! Falls es sich für Sie stimmig anfühlt und Ihr Vater noch lebt, können Sie auch eine überarbeitete Version dieses Briefes an ihn persönlich schicken. Wenn Ihr Vater bereits verstorben ist, können Sie den Brief an seinem Grab laut oder leise vorlesen und ihn anschließend verbrennen. Stellen Sie sich dabei vor, daß der Rauch ihm Ihre Zeilen vermittelt – in die geistige Welt oder wo immer auch er sich jetzt befindet.

Verfassen Sie nun in gleicher Weise einen Brief an Ihre Mutter beziehungsweise an die erste weibliche Bezugsperson in Ihrem Leben. Die Mutterfigur symbolisiert das Prinzip des Empfangens, des Annehmens, der Hingabe und die Klarheit des Herzens, die Welt der Gefühle. Sie lebt in Ihrem Inneren weiter mit all ihren Eigenschaften, und sie möchte *in* Ihnen und *durch* Sie erlöst werden. Visualisieren Sie Ihre Mutter in gleicher Weise wie Ihren Vater. Erinnern Sie sich an ihre Stimme, ihr Aussehen, ihre Lieblingskleider, vielleicht auch an ihren Geruch. Falls notwendig, wiederholen Sie diesen Brief, bis Sie auch hier

**Unsere Mutterfigur symbolisiert unsere Fähigkeit zu empfangen, die Welt unserer Gefühle und unsere Bereitschaft zur Hingabe.**

das Gefühl von Frieden, von Harmonie und Integration wahrnehmen. Dasselbe gilt für die Liste negativer und positiver Eigenschaften Ihrer Mutter, sowie für den überarbeiteten Brief, den sie persönlich erhält oder den Sie an ihrem Grab verbrennen.

Wenn es uns gelingt, die Welt auch nur für einen Augenblick aus den Augen unserer Mutter, aus den Augen unseres Vaters zu betrachten – und zwar zu jenem Zeitpunkt, als sie auf für uns so unverständliche Weise handelten –, werden wir erkennen, daß jeder Mensch zu jedem Zeitpunkt immer das Beste tut, zu dem er in diesem Augenblick fähig ist. Wenn wir unserem Vater und unserer Mutter vergeben können, indem wir ihnen unsere Anerkennung und unsere Zuneigung zurückgeben, können wir *uns selbst vergeben*, für alles, was wir jemals verursacht haben.

*Wenn wir die Beziehung zu unseren Eltern heilen können, können wir die Beziehung zu allen Menschen heilen. Auf diese Weise heilen wir die einzige wahre Beziehung:*

*Es ist die Beziehung zu uns selbst,*
*zu unserer inneren Wirklichkeit,*
*zu der Wahrheit, die wir wirklich sind. …*

## Der Abfallkorb

1. Stellen Sie sich vor, Sie sitzen oder stehen an Ihrem Lieblingsplatz in der Natur. Vor Ihnen befindet sich ein großer aufgeblasener Luftballon, an dem ein Korb hängt.

2. Gehen Sie tief in sich und spüren Sie, was sie *jetzt* in diesem Moment in den Korb werfen möchten, was Sie jetzt im Augenblick bereit sind, aus Ihrem Leben zu «entrümpeln». Lassen Sie die Gedanken, Bilder und Gefühle in Ihrem Inneren aufsteigen: Ängste, Trauer, Wut, Verzweiflung, Schuldgefühle, Schmerzen, Krankheiten …

3. Werfen Sie mit einer Geste Ihrer rechten Hand alles, was Sie jetzt wirklich loslassen können, was Sie nicht mehr in Ihrem Leben brauchen, in den visualisierten Abfallkorb. Diese Geste begleiten Sie, indem Sie die betreffenden Umstände, Gefühle – was auch immer – laut aussprechen oder bewußt und klar im Geist zitieren. Nehmen Sie sich genügend Zeit!

4. Visualisieren Sie dann, wie sich der Ballon, an dem Ihr Abfallkorb hängt, langsam vom Boden abhebt und nach oben steigt. In dem Korb trägt er Ihren überflüssigen Ballast – die niederdrückende Last, von der Sie sich soeben befreit haben – nach oben. Er wird kleiner und kleiner. Schließlich sehen Sie nur noch einen winzigen farbigen Punkt, der hinter den Wolken oder im blauen Himmel verschwindet und sich im Äther auflöst. Nach wiederholtem Üben können Sie feststellen, daß Sie sich ebenfalls leichter und freier fühlen.

*Achtung: Erspüren Sie genau, was Sie wirklich loszulassen bereit sind. Sie wissen bereits, Ihr Unterbewußtsein reagiert immer konkret – auf Bilder, Farben, Gefühle, Vorstellungen, Gedanken und Worte!*

## Hilfesuchende Hände

Meistens reagieren wir auf Anschuldigungen und Vorwürfe von außen mit einem Gegenangriff. Wir verteidigen oder rechtfertigen uns oder antworten mit versteckter Aggression: Wir reagieren mit Rückzug. Unsere «Attacke» besteht dann aus einem inneren Monolog negativer Gedanken, die uns letztlich selbst vergiften und zerstören. Das Bild *der hilfesuchenden Hände* ist eine sehr wirkungsvolle Methode, uns aus dieser tatsächlich krankmachenden «Routine» zu befreien. Mit Hilfe dieser Übung können wir lernen, mit den Aggressionen anderer Menschen und deren Schuldzuweisungen umzugehen.

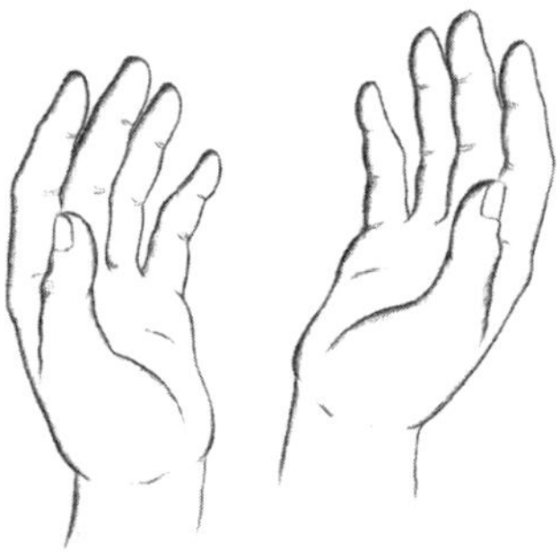

Jedesmal, wenn Sie sich in einer Situation wiederfinden, in der Sie sich angegriffen fühlen, stellen Sie sich vor, daß die Person, die Sie gerade attackiert, Sie in Wirklichkeit liebt. Sie ist lediglich nicht in der Lage, das zu zeigen. Visualisieren Sie Ihr Gegenüber, wie er oder sie die Hände nach Ihnen ausstreckt, in Wirklichkeit Angst hat und Hilfe und Liebe bei Ihnen sucht. Sehen Sie die Person als jemanden, der Sie hinter dem vordergründigen Angriff mit geöffneten Händen um Verständnis und Liebe bittet. Sie werden sich wundern – über Ihre eigene Reaktion und über die Reaktion Ihres Gegenübers.

## Lösungen träumen

Legen Sie abends, bevor Sie schlafen gehen, Schreibzeug oder ein Diktiergerät neben Ihr Bett. Bitten Sie Ihr Höheres Selbst, Ihren inneren Führer oder Ihren inneren Heiler um informative Träume, die Person betreffend, mit der Sie zur Zeit Probleme haben.

Schreiben Sie die empfangenen Träume und die darin

enthaltenen Bilder, Emotionen und Gefühle unmittelbar nach dem Aufwachen auf, oder sprechen Sie sie auf Band. Reflektieren Sie über das «Warum» Ihrer Konfliktsituation. Beobachten Sie tagsüber, wie sich in Ihrem Inneren mehr Klarheit und Entspannung der entsprechenden Person und Situation gegenüber entwickeln.

## Die Tafel löschen

1. Entspannen Sie sich. Visualisieren Sie jene Person, mit der Sie augenblicklich Schwierigkeiten haben. In Ihrer Vorstellung stehen Sie vor einer großen schwarzen Tafel. Schreiben Sie in großen Buchstaben mit einer Kreide von kräftiger Farbe – eine Farbe, die für Sie zu diesem Zweck paßt – alles auf die Tafel, was Sie an diesem Menschen stört. Lassen Sie Ihrem Groll dabei freien Lauf, egal, was an Gefühlen von Zorn, Wut, Traurigkeit, Verzweiflung und Hilflosigkeit hochkommen mag. Nehmen Sie sich Zeit.

2. Treten Sie bewußt einige Schritte zurück, und lesen Sie das Geschriebene noch einmal langsam durch. Verbinden Sie sich dabei mit den Emotionen und Empfindungen, die in Ihnen aufsteigen. Stellen Sie sich jetzt vor, daß Sie einen nassen Schwamm in Ihre Hand nehmen. Löschen Sie die Tafel mit einer bewußten Geste Ihrer rechten Hand, während Sie folgende Worte laut oder im Geist sprechen: «Die Tafel ist gelöscht. Es bleibt nichts zurück.»

3. Wenden Sie sich anschließend der betreffenden Person zu und sagen Sie zu ihr: «Ich verspreche dir, weitere Projektionen über dich, darüber *wer, was* und *wie* du bist, zurückzunehmen … und ich bitte dich, jetzt selbst an die Tafel zu schreiben, wer du wirklich bist!»

4. Warten Sie einen Augenblick, ob die Person zu schreiben beginnt oder ob in Ihnen befreiende Erkenntnisse geschehen. Wenn nicht, beenden Sie die Übung. Kontrollieren Sie in den folgenden Tagen oder Wochen ab und zu, ob sich die Spannung zwischen Ihnen und der betreffenden Person, Ihrem «Spiegel», verändert.

## Atemmeditation

Diese *heilende Atemmeditation* können Sie jederzeit und überall durchführen, entsprechend Ihren jeweiligen Bedürfnissen. Sie hilft Ihnen, sich selbst zu akzeptieren und so anzunehmen, wie Sie sich im Augenblick fühlen. Gleichzeitig wird es Ihnen zunehmend gelingen, Gegensätzliches als gleichwertig zu erkennen.

*Einatmen* – «Harmonie»
*Ausatmen* – «Aggression, Wut»

*Einatmen* – «Friede»
*Ausatmen* – «Haß»

*Einatmen* – «Freisein»
*Ausatmen* – «Schuldgefühle»

*Einatmen* – «Toleranz, Mitgefühl»
*Ausatmen* – «Schuldzuweisung»

*Einatmen* – «Liebe»
*Ausatmen* – «Eifersucht, Neid, Mißgunst»

*Einatmen* – «Gesundheit»
*Ausatmen* – «Krankheit»

*Wählen Sie die für Sie geeigneten Wortpaare aus oder finden Sie Ihre eigenen Begriffe, Ihrer jeweiligen Situation entsprechend.*

## Frei von Schuldgefühlen

Diese Affirmationen – regelmäßig zitiert – helfen Ihnen, sich von nagenden, krankheitsfördernden Schuldgefühlen und unbewußten Schuldzuweisungen zu befreien:

- *Ich … (Name) … entscheide mich, heute alle wertenden und verletzenden Gedanken über mich und andere loszulassen und zu löschen!*
- *Meine Gedanken sind frei von Angst und Schuldgefühlen!*
- *Meine Gedanken sind frei von Verurteilung meiner selbst und anderer!*
- *Ich … bin jetzt bereit, alles zu akzeptieren, was ich jemals verursacht habe. Ich vergebe mir selbst auf allen Ebenen – auf der körperlichen, auf der seelischen und auf der geistigen. Ich bin frei von Schuld!*
- *Ich … bin jetzt bereit, allen zu vergeben, die mich jemals gekränkt und verletzt haben. Ich entlasse sie jetzt aus meiner Welt. … Sie sind genauso frei wie ich!*

## Die violette Flamme

In vielen Kulturen symbolisiert die Farbe Violett Erlösung, Befreiung und Vergebung. In der Chakrenlehre wird diese Farbe dem obersten Energiezentrum, dem siebten Chakra an der Krone des Kopfes zugeordnet. Man spricht auch vom «Tausendblättrigen Lotus». Dieses Energiezentrum symbolisiert Vollendung, die Vereinigung mit dem Universellen Bewußtsein, mit dem Absoluten.

1. Setzen Sie sich bequem auf einen Stuhl. Ihre Wirbelsäule ist aufrecht. Lenken Sie Ihre Aufmerksamkeit an die oberste Stelle Ihres Kopfes. Visualisieren Sie dort – etwas oberhalb Ihres Kopfes – eine violette Flamme, die mit jeder Einatmung größer wird. Nach einiger Zeit kann es geschehen, daß Sie an dieser Stelle ein Prickeln auf Ihrer Kopfhaut spüren.

2. Stellen Sie sich vor, wie Sie diese violette Flamme mit jeder Einatmung von dort oben tief in Ihren Körper ziehen und wie sie sich mit jeder Ausatmung gleichmäßig über Ihren Körper verteilt und darüber hinaus in Ihr Energiefeld, in Ihre Aura strömt. Mit jedem Atemzug werden Ihr Körper und Ihr Energiefeld mehr und mehr von der violetten Flamme durchdrungen. Atmen Sie so lange weiter, bis Sie fühlen, daß Sie vollkommen in violettes Licht gehüllt sind: Ihr ganzer Körper, von den Haarspitzen bis zu den Fußsohlen und darüber hinaus, Ihr Energiekörper, Ihr Unterbewußtsein – alles wird von dieser reinigenden violetten Flamme durchströmt.

3. Visualisieren Sie nun, wie Sie mit jeder Ausatmung der violetten Flamme alles übergeben, was Sie nicht mehr brauchen, alles, was Sie jetzt gerade besonders belastet: Schmerzhafte Erinnerungen, Krankheiten, Angst, Wut, Depression, Schuldgefühle werden mit jeder Ausatmung von dem reinigenden violetten Licht transformiert.

Diese Übung können Sie überall und jederzeit durchführen, solange Sie sich ausreichend Zeit dafür nehmen –

wenigstens fünf bis zehn Minuten täglich. Wenn Sie 21 Tage «durchhalten», werden Sie überrascht sein, um welche Lasten Sie sich erleichtert fühlen. Es ist ratsam, sich beim Üben anfangs von äußeren Störfaktoren freizumachen. Nach einiger Zeit gelingt es Ihnen auch im größten Trubel, sich in die violette Schutz- und Vergebungsflamme zu hüllen, auch wenn es nur für einige Sekunden ist.

## Der «Tausendblättrige Lotus»

Auch diese Übung können Sie überall und jederzeit durchführen. Sie wird Ihnen jedoch leichter gelingen, wenn Sie sich ungestört fühlen und einige Minuten für sich allein zur Verfügung haben.

1. Schließen Sie die Augen. Stellen Sie sich vor, Sie atmen nur durch Ihr Gehirn ein und aus. Spüren Sie, wie Ihr Atem durch Ihre Nasenlöcher nach oben strömt. Er entspannt Ihren ganzen Kopfbereich, besonders Ihr Gehirn und Ihre Augen. Mit jedem Atemzug wird Ihr Gehirn heller, weicher, gelöster. In Ihrem Kopfinneren entstehen mehr Raum und Weite sowie eine tiefe, wohlige Entspannung.

2. Visualisieren Sie, wie Sie mit jeder Ausatmung störende Gedanken, alte Programmierungen und festgehaltene Konzepte aus Ihrem Gehirn nach oben aus Ihrer Schädeldecke entlassen. Spüren Sie, wie Ihre Einatmung in die hintersten Windungen Ihres Gehirns einströmt und wie Sie mit jeder Ausatmung aus den verstecktesten Winkeln und Nischen alles herausspülen, was Sie jetzt in Ihrem Leben nicht mehr brauchen – alles, was sich über Jahrzehnte dort eingenistet und festgesetzt hat.

3. Nach einigen Minuten stellen Sie sich vor, daß an der Krone Ihres Kopfes die Knospe einer zarten Lotusblüte erscheint. Millimeter für Millimeter beginnt sie sich zu öffnen, jedesmal während Sie ausatmen. Die Blüte wird größer und größer und dehnt sich in Ihre rechte und linke Gehirnhälfte. Mehr und mehr Blätter entfalten sich in Ihrem Gehirn. Lassen Sie die Blütenfarbe entstehen, die sich im Augenblick für Sie geeignet anfühlt.

4. Stellen Sie sich vor, wie die zarte, subtile Kraft der Blüte in der Ihnen entsprechenden Farbe alles ausheilt und auflöst, was sich über Jahre in Ihrem Kopf festgesetzt hat und Ihre klare Erkenntnis, Ihre Unterscheidungskraft und den Fluß Ihrer kreativen Intelligenz behindert hat. Der nach oben geöffnete Kelch der Blüte ist jetzt bereit, die für Sie notwendigen Inspirationen und Erkenntnisse zur Verwirklichung Ihrer Kreativität im Alltag zu empfangen.

Wenn Sie diese Übung 21 Tage lang durchführen, können Sie möglicherweise neben Veränderungen in Ihrer Außenwelt auch subtile Wirkungen im Kopfbereich und in dem Energiefeld um Ihren Kopf herum wahrnehmen.

## Samen der Unsterblichkeit

*... und wenn alle Knoten des Herzens gelöst sind,*
*dann wird selbst hier – in diesem Menschenleben –*
*das Sterbliche unsterblich.*
*Das ist aller Lehren Lehre ...*

AUS DEN VEDEN

Die folgenden drei Übungen helfen uns, unser verlorengegangenes Paradies im Herzen unseres Herzens als unsere innere Kraftquelle wiederzuentdecken. Es ist der Lebenskeim, jener Lichtfunke, den jeder von uns aus dem Garten Eden als Erbe mitgebracht hat: ein kleiner Punkt in unserem innersten Zentrum, der seit der «Vertreibung aus dem Paradies» darauf wartet, wieder zur Entfaltung, zum Blühen und zum Leben gebracht zu werden.

**Der Garten Eden ist unser Urzustand – ein Seinszustand unserer transzendenten Wirklichkeit, den wir vorübergehend vergessen und verloren haben.**

### Die lächelnde Zelle

1. Sitzen Sie entspannt und gelöst auf einem Stuhl oder auf dem Boden. In Ihrer Vorstellung blicken Sie jetzt durch ein Mikroskop. Es ist ein besonderes Gerät, das es Ihnen ermöglicht, mit Hilfe durchdringender Lichtstrahlen tief in Ihren Brustraum zu blicken. Klar und deutlich können Sie dort jede einzelne Zelle entdecken, wie einen Mikrokosmos für sich, in dem alles enthalten ist. Am tiefsten Punkt in Ihrem Brustraum spüren Sie Ihr Herz-Chakra auf. Der Strahl des Mikroskops führt Sie noch weiter, bis ins Innerste dieses wichtigen Energiezentrums, das «Herz des Herzens». Dort entdecken Sie plötzlich eine goldene vibrierende Körperzelle in der Größe einer Münze. Und auf dieser Münze ist ein Gesicht – ein Gesicht, das Sie kennen und das Sie erkennt, das Ihnen liebevoll und wissend zulächelt.

Fühlen Sie dieses Lächeln, dort in der Tiefe Ihres Herzens. Es ist jener Raum, in dem weder Urteil noch Schuld, noch Angst, noch Sühne existieren. Es ist Ihr wahres Zuhause, die Endstation Ihrer Sehnsucht, der Ort reiner absichts- und bedingungsloser Liebe. Bleiben Sie eine Weile in diesem Raum. Lenken Sie sanft Ihre Aufmerksamkeit und Ihren Atem dorthin, ganz sachte ... ein ... aus ... ein ... aus.

2. In dieser Zelle im Herzen Ihres Herzens, die wie ein Mikrokosmos für sich ist, ist die Essenz Ihres Wesens enthalten. Das Lächeln zeigt die Zufriedenheit, das Wissen und die Information, daß alles, was Sie brauchen, da ist, immer da war und immer dasein wird. Nach einiger Zeit sehen Sie durch Ihr Mikroskop, wie aus dem Kern der goldenen Zelle Energie strömt: sicht- und fühlbare Energie, reines, leuchtend-klares Licht. Das Licht wird langsam heller und heller, dehnt sich aus und aktiviert die Energie und das Licht in den noch schlummernden benachbarten Zellen. Jetzt sehen und fühlen Sie Ihr Herzzentrum wie einen goldenen Lichtball, der in der Tiefe Ihrer Brusthöhle immer wärmer und größer wird, bis er die Form einer Weltkugel annimmt, die Ihnen zulächelt. Vielleicht gelingt es Ihnen, sich mit diesem wissenden Lächeln zu verbinden. Bleiben Sie eine Weile bei diesem «Weltball» in der Tiefe Ihrer Brusthöhle. In diesem Raum fühlen wir uns mit der Welt und mit allen Lebewesen verbunden, und aus diesem Raum heraus nehmen wir Verbindung mit ihnen auf.

3. Lassen Sie dann das Licht und die Energie aus dieser goldenen Kugel, die die «lächelnde Weltkugel» oder ein «lächelndes Weltenherz» symbolisiert, in alle Teile Ihres Körpers strömen. Sehen und spüren Sie, wie Ihr ganzer Körper von diesem goldenen, warmen Licht durchströmt wird. Lassen Sie jede Zelle von der Wärme und dem Licht

«infizieren». Bleiben Sie mit Ihrer Aufmerksamkeit eine Weile an jenen Stellen Ihres Körpers, die Disharmonie signalisieren, an denen Sie Blockaden oder Schmerzen verspüren. Lenken sie bewußt Ihre Ausatmung dorthin, mit der Vorstellung und dem Wissen, daß das Licht alle Disharmonien auflöst.

4. Denken Sie nun an eine Person, die Sie verletzt hat oder die Sie selbst verletzt haben. Führen Sie mit dieser Person in Ihrer Vorstellung dieselbe Übung durch: Beginnen Sie, mit Ihrem Mikroskop die lächelnde Zelle im Zentrum seines oder ihres Herzens aufzuspüren. Entdecken Sie die goldene lächelnde Münze, die sich allmählich zur «lächelnden Weltkugel» in der Mitte des Brustraums vergrößert. Wenn schließlich der ganze Körper in das warme goldene Licht gehüllt ist, sagen Sie ihm oder ihr: «Ich vergebe dir und ich vergebe mir für alle Mißverständnisse, die uns voneinander trennen!» Gehen Sie auf Ihr Gegenüber zu, reichen Sie diesem Menschen Ihre Hand oder umarmen Sie ihn.

Beachten Sie: Diese Übung wirkt nur, wenn Sie Ihre Herzensenergie strömen lassen. Es kann sein, daß Sie Teil 4 häufiger wiederholen müssen, bis Sie wirklich ein Gefühl der Erleichterung und Befreiung in Ihrem Herzen verspüren.

## Drei Rosen

Freunde, Gegner, neutrale Personen – ihnen bringen wir häufig eine ganze Skala verschiedener Einstellungen entgegen: von Schuldzuweisungen bis Haß, von Begehren über Gleichgültigkeit bis zu Langeweile. Werden diese Gefühle genährt, ist es uns nicht möglich, Frieden mit uns selbst zu schließen und uns von Schuldgefühlen oder Schuldzuweisungen zu befreien.

Oft haben wir erlebt, daß einstige Gegner zu Freunden geworden sind – und umgekehrt. Wenn unsere Beziehungen im Laufe unseres Lebens diesem Wandel unterliegen, kann es nicht sinnvoll sein, einen Menschen ausschließlich als Freund oder als Feind zu betrachten.

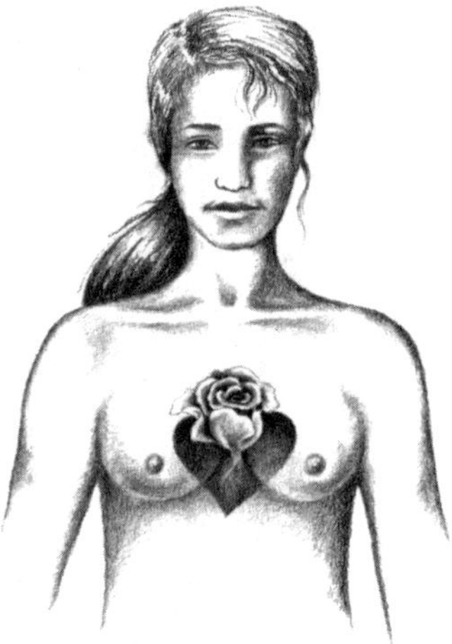

*Drei Rosen*

1. Setzen Sie sich entspannt auf einen Stuhl oder im Schneidersitz auf den Boden. Lenken Sie Ihr Bewußtsein in Ihr innerstes Zentrum, tief in Ihren Brustraum. Sie können zur Unterstützung die Fingerspitzen auf Ihr Brustbein legen. Atmen Sie einige Zeit zu diesem Punkt hin.

2. Stellen Sie sich dann vor, wie sich diese Stelle millimeterweise öffnet und wie sich aus der Öffnung heraus ganz langsam die Knospe einer Rose bildet. Mit jeder Einatmung wird sie größer, mit jeder Ausatmung entfaltet sie sich, Blatt für Blatt. Lassen Sie die Rose farbig werden. Spüren Sie, welche Farbe sich für Sie im Augenblick stimmig anfühlt.

3. Wenn Ihre Rose voll aufgeblüht ist, holen Sie in Ihrer Vorstellung nacheinander drei Personen zu sich:

- einen Freund oder jemanden, der Ihnen sehr nahe steht;
- eine neutrale Person;
- einen Gegner oder jemanden, mit dem Sie augenblicklich Probleme haben.

Visualisieren Sie diese drei Personen nacheinander, einzeln Ihnen gegenüber sitzend. Lassen Sie bei jeder Person eine Rosenblüte in der Farbe Ihrer Intuition aus dem Zentrum Ihres Herzens wachsen, und überreichen Sie Ihrem

Gegenüber diese bewußt und langsam wie eine heilende Geste für sie beide. Es ist wichtig, diese Übung immer konkret auf jene Personen bezogen durchzuführen, die Sie in Ihrem Leben im Augenblick besonders berühren. Sie bleibt andernfalls zu allgemein und unbestimmt, um eine Wandlung unserer Einstellung zu uns selbst und zu anderen Menschen bewirken zu können. Wenn Sie diese Meditation einige Zeit lang durchführen, werden Sie bald bemerken, wie sich Ihre Einstellung ändert. Sie erkennen, daß es tatsächlich keine Gewißheit darüber geben kann, ob jemand immer nur Freund, Feind oder neutral bleiben wird. Sobald Sie Freund, Gegner und neutrale Personen als Spiegel erleben, die Anteile von Ihnen selbst reflektieren, werden Sie auf einer tieferen Ebene erfahren, daß zwischen diesen drei Personen und Ihnen selbst kein Unterschied besteht, keine Trennung existiert.

*Ich* suche *nicht – ich* finde!
Suchen, *das ist das Ausgehen von alten Beständen und ein Finden-Wollen von bereits Bekanntem im Neuen …*
Finden, *das ist das völlig Neue!*
*Alle Wege sind offen, und was gefunden wird, ist unbekannt. Es ist ein Wagnis – ein heiliges Abenteuer!*
*Dieses Offensein für jede neue Erkenntnis im Außen und Innen ist das Wesenhafte des modernen Menschen, der in aller Angst des Loslassens doch die Gnade des Gehaltenseins im Offenwerden neuer Möglichkeiten erfährt …*

PABLO PICASSO

## Das letzte Geschenk – «die Frucht vom Baum der Erkenntnis»

1. Setzen Sie sich entspannt auf einen Stuhl oder auf den Boden. Begeben Sie sich in Ihrer Vorstellung an einen Kraftort, an einen Platz der Ruhe und Stille – einen Ort, an dem Sie sich sicher und geborgen fühlen. Vielleicht erkennen Sie diesen Ort inzwischen als den Raum Ihrer innersten Geborgenheit, tief in Ihrem Brustraum, im Herzen Ihres Herzens. Bitten Sie nun eine Person, von der Sie das Gefühl haben, Sie möchten ihr für irgend etwas vergeben, sich zu Ihnen zu gesellen. Sie haben das Bedürfnis, Frieden zu schließen – *außen* und *innen*. Sagen Sie dieser Person im Geist alles, was Sie belastet, was Sie fühlen, was zwischen Ihnen steht und was Sie von ihr trennt.

2. Lassen Sie nun ganz spontan ein Geschenk vor Ihrem geistigen Auge entstehen, das Sie jetzt überreichen möchten. Etwas, das auch für Sie in der Tiefe Ihres Herzens wichtig ist und das Sie mit dem betreffenden Menschen teilen möchten. Beobachten Sie dabei Ihre augenblickliche Bereitschaft und Fähigkeit zu teilen und loszulassen, besonders, wenn es um ein Herzensgeschenk geht: ein Geschenk aus der Tiefe Ihrer Seele, das Sie selbst sich auch wünschen, etwas, was Ihre eigene tiefste Sehnsucht stillt.

Das Geschenk zu teilen ist eine Übung, die Sie selbst in der Tiefe Ihres Herzens erlöst und befreit! Ihre Ursehnsucht, nach Hause zu kommen und sich für immer von den Früchten aus dem Garten Eden zu nähren, kann auf diesem Weg gestillt werden.

3. Stellen Sie sich anschließend vor, wie Sie beide Ihre Verkleidungen, Ihre äußeren Hüllen, fallen lassen, wie Sie ihre verschiedenen Masken ablegen. Können Sie sich diesen

körperlich-seelisch-geistigen «Striptease» erlauben? Auch das kann unbeschreiblich befreiend und erleichternd sein. Möglicherweise benötigen Sie dafür etwas mehr Zeit. Seien Sie versichert: Es lohnt sich, und Sie werden es nicht bereuen! Werfen Sie alle Ihre *äußeren* und *inneren* Verkleidungen auf einen Haufen zwischen Ihnen beiden. Sehen Sie, wie Ihr vermeintlicher Gegner dasselbe tut. Dort liegen jetzt alle Hüllen, die Sie von sich selbst und von Ihrem Gegenüber, dem Menschen, trennen.

4. Nehmen Sie in Ihrer Vorstellung nun ein Streichholz und zünden Sie diesen Haufen an. Visualisieren Sie ein loderndes Feuer, einen «Scheiterhaufen», auf dem Ihre überflüssigen Hüllen von der Kraft des Windes geschürt und verbrannt werden. Anschließend stellen Sie sich Wasser vor – als Regen, Fluß oder Meer –, das die Asche wegspült oder in sich aufnimmt. Was zurückbleibt, ist Ihr wahres Wesen – strahlend, unbegrenzt, zeitlos, ewig. Es ist Ihr paradiesischer Urzustand, verbunden mit allem und jedem, was IST …

Wenn Sie diese Übung eine Zeitlang konsequent durchführen, können Sie – zunächst nur für Augenblicke, allmählich aber immer länger und intensiver – Ihren *paradiesischen Urzustand, Ihre Unsterblichkeit* wahrnehmen und wiedererkennen. Sie erleben, wie dieses Bewußtsein Ihren Körper durchströmt und nach und nach in alle Bereiche Ihres Lebens fließt …

*Das Herz, das aufbricht,*
*kann das ganze Universum enthüllen …*

AUS DEN UPANISCHADEN

# Dank

Ich danke allen Meistern – den sichtbaren und den unsichtbaren, den bekannten und den weniger bekannten. Sie alle haben mich Schritt für Schritt während meiner vielen Reisen durch Ost und West unterstützt und begleitet. Dazu gehören auch die vielen Lehrer und Lehrerinnen, die Kollegen und Kolleginnen und die Freunde aus der unmittelbaren «Schule des Lebens», die mich als Spiegel immer wieder auf mich selbst zurückwerfen. Sie alle sind Meilensteine, Wegweiser auf einer wesentlichen Reise, der wichtigsten aller meiner Reisen – nach Hause zu meinem Ursprung. Ich möchte hier einige von ihnen nennen:

Ramana Maharshi, Meher Baba, Sai Baba, B.K.S. Iyengar, Mira Alfassa, Aurobindo, der Dalai Lama, Swami Divyananda Saraswati, Maharishi Mahesh Yogi, Mantak Chia, Prof. Bernhard Woisien, Don Stevens, Harry Palmer, Michael Barnett, Frank Natale, die Kahunas El und Alen, Elaine Willis, Gerald Jampolsky, Margo Anand, Volker Karrer, Dr. Roque Lobo, Luise Wöhrle, Samadhi und Sarito Griebl, Inge Mitchell, Carlos Liebetruth, Dr. Kurt Schweighardt, Prof. Dr. Lothar Seiwert, Gerda Scherrieble, Gudrun Knab.

Weiter möchte ich mich bei allen meinen Kurs- und Seminarteilnehmern für ihr Vertrauen bedanken, das sie mir all die Jahre entgegengebracht haben. Aus unserer gemeinsamen Zusammenarbeit, den wiederholten Feedbacks und den vielen inspirierenden Anregungen sind große Teile des vorliegenden Buches entstanden, und so konnte sich auch das *InnerFitness*-Trainingsprogramm entwickeln.

Weiter danke ich Frau Beate Willich, meiner Illustratorin, für ihre Kreativität, mit der sie die Illustrationen zu den Übungen gestaltet hat. Mein aufrichtiger Dank gilt ganz besonders meiner Lektorin Frau Irina Mamula, die durch ihre inspirierende Beratung und geduldige Bemühung das vorliegende Buch bearbeitet und ihm den letzten Schliff gegeben hat.

# Literaturhinweise


Berner, Hans-Günter, *An vollen Töpfen verhungern*, Hamburg: Medi Verlagsgesellschaft, 1997.

Chopra, Deepak, *Ageless Body, Timeless Mind*, New York: Harmony Books.

Gray, Robert, *Das Darm-Heilungsbuch*, München: Droemer Knaur.

Griebl, Günter, *Mit Liebe im Herzen – die Wunderkarten*, München: Griebl, 1982.

–, *Die Schwingen der Freiheit*, München: Rowohlt, 1991.

Jampolsky, G. Gerald, *Die Kunst zu vergeben*, München: Goldmann, 1987.

–, *Lieben heißt die Angst verlieren*, Zürich: Felicitas Hübner, 1981.

Kilham, Christopher Scott, *Lebendige Sexualität*, Wessobrunn: Integral, 1990.

Lowen, Alexander, *Bio-Energetik*, Reinbek: Rowohlt, 1979.

Magyarosy, Maruscha, *Intelligenz des Herzens durch die Fünf »Tibeter«*, München: Scherz, 1997.

–, *Surya Namaskar, das andere Fitness-Rezept*, Chieming: Laredo, 1993.

–, *Vom Ozean zum Gipfel – Unterwegs mit der Sehnsucht*, München: Laredo, 1990.

–, *Körpermeditation im Alltag*, München: Peter Erd, 1990.

–, *Ich finde mich – Lebens-ReiseNotizen*, Wessobrunn: Integral, 1993.

Meher, Baba, *Das Buch des Herzens*, München: Hugendubel/Sphinx, 1996.

Natale, Frank, *Trance Dance, der Tanz des Lebens*, Berlin: Simon und Leutner, 1993.

Orr, Leonard/Halbig, Konrad, *Bewußtes Atmen*, München: Goldmann, 1992.

–, *Für die Ewigkeit geboren*, München: Goldmann, 1992.

Palmer, Harry, *Resurfacing – Techniken zur Erforschung des Bewußtseins*, Bielefeld: Context, 1995.

–, *Die Kunst, befreit zu leben*, Bielefeld: Context, 1996.

Ramm-Bonwitt, Ingrid, *Mudras – Geheimsprache der Yogis*, Freiburg: Bauer, 1987.

Reindjen, Anselmi, *Der Lichtkörper – ein Überblick über den globalen Transmutations-Prozeß*, Santa Maria Calanca: Assunta, 1997.

Saathen, Michael, *Ein Hauch von Himmel*, Wessobrunn: Integral, 1993.

Satprem, *Das Leben ohne Tod*, München: Goldmann, 1985.

Schirm, Rolf, *Strukturen der Persönlichkeit*, Zürich: Organisator, 1987.

Sharamon und Bodo Baginski, *Das Chakra-Handbuch*, Durach: Windpferd, 1989.

Spinola, Roland und Peschanel, Frank, *Das Hirn-Dominanz-Instrument*, Speyer: Gabal, 1988.

Walter, Johannes, *Die heilende Kraft des Atmens*, München: Peter Erd, 1987.

Weber, Divo Helche, *Alta-Major Energie*, München: Erd, 1982.

Weise, Devanando Otfried, *Die fünf Tibeter Feinschmecker Küche*, Wessobrunn: Integral, 1993.

# Einladung ins Paradies

Waren Adam und Eva wirklich die letzten, die im Garten Eden gelebt und ihr Paradies wieder verloren haben? Nach dem «Sündenfall» und ihrer «Vertreibung» ist es uns heute selbst überlassen, unseren paradiesischen Urzustand wiederzuentdecken …

**inFit «InnerFitness»©**
**Tages-Workshops – Seminare – Ausbildung**

- *InnerFitness*© ist eine Körper-, Atem- und Bewußt-Seins-Schulung für jedermann/frau – eine Synergie aus Ost und West, geeignet für jedes Alter. Es ermöglicht dir
- Augenblicke des tiefen Erlebens deines Ursprungs;
- die Erforschung der Intelligenz deines Herzens, der Weisheit deines Körpers und der Grenzenlosigkeit deines Geistes und
- die Transformation des Herzens – die Alchimie des Körpers.

Die Ausbildung zum *InnerFitness*©-Trainer ist eine qualifizierte Körper-, Atem- und Bewußtseinsschulung mit bewährten Methoden aus Ost und West. Die Teilnehmer werden befähigt, eigenverantwortlich Gruppen zu leiten. Zertifikat nach erfolgreichem Abschluß.

*Aus dem Programm:*

- Aktive und passive Entspannungsmethoden
- Heilung durch die Kraft des Atems
- Harmonie der Gehirnhälften
- Unser Körper, «das Buch mit den sieben Siegeln»
- Vom «dichten» Körper zum «lichten» Körper
- Die Macht der Gedanken, die Kraft des Wortes und die Magie der Vorstellung
- Das letzte Geheimnis, der wichtigste Schlüssel zu deinem Ursprung

Die Methode und der Begriff *inFit – InnerFitness* sind urheberrechtlich geschützt.

*Informationen und Anmeldung:*

*Zentrum für InnerFitness©*, Maruscha Magyarosy,
Pernerkreppe 22, 81925 München, Tel./Fax 089-957 81 20

*frankfurter ring e.V.*, Kobbachstraße 12, 60433 Frankfurt,
Tel. 069-51 15 55, Fax 069-51 22 20
e-mail: frankfurter-ring@t-online.de
http://www.frankfurter-ring.org